인권 감수성을 기르는
그림책 수업

그림책
학교 3

인권 감수성을 기르는
그림책 수업

이태숙 지음

학교
도서관
저널

작가의 말

불편한 이야기 '인권'을 꺼내며

인권 관련 책을 써야 할 것 같은 예감은 첫 책 『하루 한 권, 그림책 공감 수업』을 쓰면서 시작되었다. '인권'을 하나의 장으로 이야기하기에는 너무 방대한 분야였기 때문이다. 마음속으로 언젠가는 인권 관련 그림책(이하 '인권 그림책')을 엮어 밥벌이를 가능케 한 교직에 감사의 마음을 담아야겠다고 생각했다. 그것은 교직을 떠나기 전에 해결해야 할 숙제로 나를 압박하며 계속 공부하고 그림책을 수집하게 하는 원동력이 되었다.

아이들과 수업을 진행하면서 교육과정에 들어온 '인권교육'이 자연스럽게 녹아들지 않고 겉돌고 있다는 느낌을 받았다. 다문화 가정이 늘어나고 혐오의 정서가 확장되는 요즘 인권을 강조하는 교육

과정의 편성은 옳은 방향으로 가고 있다. 하지만 교과서의 지침으로 가르쳤을 때 인권교육의 목표가 달성될지 의문이다. 교과수업을 받음으로 인권이 무엇인지 알고 상대방을 존중하는 마음이 길러진다고 믿는 것은 착각이다. 지식 전달의 인권교육으로는 마음속 편견을 깰 수 없다. 인권교육은 마음을 움직이게 해야 하고, 몸이 움직이게 해야 한다.

그동안 한 달 정도 읽어 주던 인권 그림책 읽기를 한번 '가는 데까지 가 보자' 하는 심정으로 2학기 시작과 함께 아침 그림책 읽어 주기의 주제로 잡았다. 책을 읽어 주면서 '내게 이렇게 많은 인권 그림책이 있었나?' 하는 생각을 들 정도로 끊임없이 나왔다. '환대'와 '차별'을 말하는 책이 많다는 것은 더불어 살면서 평화를 꿈꾸는 사람들이 세계 곳곳에서 목소리를 내고 있다는 뜻이다.

우리 사회의 상황을 조금 짚어 보면 분단국가로 북한 이탈주민이 늘어나고 '통일'에 대하여 각기 다른 꿈을 꾸고 있다. 저출산 고령사회로의 진입은 세대간 갈등을 만들어내고 있으며, 빈부격차는 양극화로 치닫고, 외국인 근로자와 다문화 가정은 매년 늘어나고 있다. 또 '여성 혐오'라는 성차별이 점점 표면화되고 있다.

이는 한국사회의 면밀한 진단은 아니다. 누구나 인정하는 우리 사회의 단면인데 모두가 행복한 사회로 가기 위해 해결해야 하는 사회적 문제들이기도 하다. 이러한 상황을 '인권'이라는 안경을 쓰고 보았을 때 마음 편하게 바라볼 수 있을까?

 나는 많이 불편하다. 사선을 넘어온 북한 이탈주민인 아이가 보육시설에 살면서 학교 다니는 모습은 참으로 안타까웠다. 다문화 가정의 아이가 학급에서 낙오되는 모습, 한부모 가정의 아이가 마음 아파 주눅 들어 사는 모습, 공부를 잘해야 한다고 밤늦게까지 학원을 다니며 공부에 시달리는 모습을 보면서 어떻게 해야 하나 걱정됐다. 연일 서로 다른 주장으로 시위를 벌이는 사람들로 채워지는 광화문은 또 어떤가? 고개 들어 바라보면 우리 사회는 참으로 닫혀 있고, 무관심이 일상이 된 사회 같다.

 사람답게 살아가는 보편적 권리가 인권이다. 사회에서 누구나 이 보편적 권리를 누리며 살면 된다. 하지만 인권은 나 혼자 소중히 여긴다고 보장되는 게 아니다. 보편적 권리를 상대가 억압하거나 무시할 때 문제가 되는데 이를 알면서 하는 경우가 있고, 모르고 하는 경우도 있다. 그래서 교육은 어려서부터 '인권 감수성'을 기르는 방향으로 나가야 한다. '나'의 소중함을 알고, '너'의 소중함을 인정하며, '우리'로 함께 해야 인간의 존엄성을 지킬 수 있다.

 겨울방학 하는 날, 아이들에게 한 가지 질문을 던졌다.

 "우리가 2학기 내내 수업 시작하기 전 20분 동안 100여 권 정도의 인권 그림책을 읽었는데 이 책들을 읽기 전과 읽고 난 후 마음의 변화가 있나요?"

아이들은 처음에 '인권'이 뭔지도 몰랐다고 한다. 하지만 한 권 한 권 읽어 나갈 때마다 이렇게 많은 차별이 있었으며, 얼마나 많은 사람이 희생되었는지 알게 되었고 '존중하는 사람'이 되겠다는 각오를 다졌다고 한다. 한 아이의 표현을 빌리자면 자신이 평소 가지고 있던 생각들이 '깨졌다'고 했다.

아이들의 글을 보면서 희망이 생겼다. 인권교육은 교육과정 속 몇 시간으로 해결되는 것이 절대 아니며 지속적인 교육이 필요하다. 또 인지적 교육도 중요하지만, 아이의 마음에 다가가 정서적으로 울리는 교육이어야 한다. 마지막으로 마음이 움직였으면 몸이 움직이도록 해야 한다(혹은 그 반대이거나).

그림책으로 하는 인권교육은 이 모든 요건을 충분히 만족시켰다. 인권 그림책은 꾸준히 읽어 주는 것만으로도 마음의 편견을 깨는 데 훌륭한 도끼의 역할을 했다. 장기적 계획 아래에 다양한 인권 그림책을 읽고 머리와 몸과 마음을 움직이게 하면서 인권 감수성을 키워 나가면 인권교육은 그리 어려운 일도 아니다.

인권 그림책으로 책을 엮어야겠다는 생각이 싹을 틔우자 나는 몹시 바빠졌다. 그림책을 찾아보고 모으는 일도 중요했지만 먼저 나의 철학과 가치를 정립하는 것이 중요했다. 내 마음속에 자리 잡은 편견은 없는가? 나도 모르게 고정관념에 사로잡혀 있지는 않은가? 불편한 생각들을 정리할 필요가 있었다. 그래서 환대에 대한 현대철학과 우리 사회를 진단하는 서적을 찾아 읽어 가며 나름의 공부를 시작했다. 하지만 공부는 완전하지도 충분하지도 않았으며 끝이 없었다. 그러함에도 불구하고 집필을 시작한 데는 이유가 있다. 초등학교 교육 현장에서 인권 감수성을 기르는 일은 저학년부터 시작해야 하는데 교육과정을 살펴보면 단편적이고 예화 중심의 내용이라 밀도 있는 교재가 절실했다.

'그림책을 이용하면 좋은데……'

언제까지나 이 생각을 품고 있을 수만은 없었다. 부족하지만 우선 정리해 놓으면 미흡한 부분은 누군가 나서서 또 정리해 줄 것이라는 생각에 용기를 내고 서두르게 되었다.

『인권 감수성을 기르는 그림책 수업』은 세 개의 장으로 나뉜다. 먼저 '나와 내 주변의 이야기'로 시작했다. 주변 이야기에서 시선을 확장하여 사회적 약자에 대해 생각하도록 구성했다. 2장은 역사에 등장한 차별을 이야기했다. 우리와 거리상으로, 역사적으로 좀 먼 유대인 학살의 이야기나 흑인차별 등과 같은 이야기로 시작해 우리 역사로 다가갔다. 3장은 인권을 지키기 위해 노력한 사람들의 이야기를 중심으로 엮었다.

한 가지 당부하고 싶은 것은 몸으로 하는 독후활동을 반드시 병행하라는 것이다. 인권은 머리로 이해한 대로 길러지는 심성이 아니다. 머리로 이해한 것이 가슴으로 와야 하고, 정서적 반응이 활발하게 일어나야 행동으로 옮길 수 있는 동력이 생긴다. 읽어 주기만 한 책과 활동한 책을 나중에 비교해 보면 아이들의 마음에 새겨진 것은 당연히 활동한 책이다.

인권 그림책 읽기는 연간 계획으로 추진하길 부탁드린다. 일시적으로 한두 권 읽었다고 마음속에 타인을 존중하는 마음이 저절로 길러지고 성장하는 것은 아니다. 일주일에 한두 권은 인권 그림책을 읽어 늘 더불어 살아가기를 강조했으면 좋겠다. 인권 그림책 읽는 요일을 정하고 시작하면 학기말에 놀라운 결과를 경험하게 될 것이다. 그냥 하는 말이 절대 아니다.

아이들의 인권 감수성을 기르기 위한 교육으로 이 책을 이용할 때 차례대로 따를 필요는 없다. 경험상 가까운 곳, 우리 사회와 밀접한 이야기를 하면 불편한 감정이 올라와 거부할 수 있는데 이럴 때는 우리 사회와 좀 먼 이야기를 하면서 보편적 인권을 충분히 경험한 뒤에 우리의 이야기로 가는 것이 무리 없었다. 또 '나'와 '너'의 이야기로 시작해 '우리'의 이야기로 확장해 나가는 것도 하나의 방법이다. 학년 수준에 따라 흐름을 잡아가는 것도 고려할 만하다. 그러니 이 책을 자료로 활용하며 장의 분류와 관계없이 수시로 넘나들기를 바란다. 순서나 횟수, 시간은 활용하기 나름이다. 이 책의 저자로서 노력한 점은 되도록 관련 목록을 많이 넣어 책을 선택하기 쉽게 했다는 거다.

책을 쓰며 참스승 여러분을 만났다. 그 길은 시간이 걸리고, 머리 아프고, 눈이 빙빙 도는 경험을 동반했지만, 내 마음가짐은 하루가 다르게 경건해졌다. 위인들을 소개하는 글을 쓸 때, 이 글이 생명력을 잃으면 어쩌나, 알지 못하면서 아는 척 쓰면 어쩌나, 성인께 누가 되면 어쩌나 걱정되어 한 자 한 자 쓰는 일이 조심스러웠으며, 정직하게 글을 쓸 수 있기를 아침마다 간절히 기도하며 하루를 시작했다. 그러다 보니 읽어야 할 책이 너무 많았다. 각각의 위인마다 평전을 읽으며 삶을 심도 있게 이해하는 것이 우선이었다. 그런데 그 과정은 감동의 시간이었으며, 기도의 시간이었다. 내가 부서지고, 또 다른 내가 깨어나 성장하는 시간이었다. 그저 감사할 뿐이다.

또한 이 책이 나오기까지 많은 도움을 받았다. 함께 그림책을 읽으며 성장하는 그림책 공부방 선생님들, 응원과 격려로 지치지 않게 힘을 실어 준 친구들 , 늘 재치 있는 이야기로 나를 무장해제시키는 5학년 4반, 5학년 3반 친구들, 끝까지 지지해 준 지훈, 수현에게도 감사드린다. 또 생각만 듣고 책을 만들자고 용기를 주신 학교도서관저널에 감사드리고, 이렇게 예쁜 책으로 마무리해 준 오선이 선생님께도 감사드린다.

이태숙

추천사

마음과 몸을 움직이게 하는 그림책 인권 수업

저에게 '인권'이란 단어는 무겁고, 깊은 철학적 사유가 필요해 보이며, 잡히지 않는 추상적인 느낌이었습니다. 그런데 이태숙 선생님의 『인권 감수성을 기르는 그림책 수업』을 읽고 인권은 나 자신을 이해하고 인정하는 것에서부터 시작한다는 것, 사람을 향한 관심과 사랑으로 이어져 나가는 것임을 깨닫게 됩니다. 그리고 이태숙 선생님은 모든 것을 행동으로 보여 주신 분이기도 합니다.

    이 책에서는 '인권'이라는 주제로 인간에 대한 깊이 있는 탐색과 배움에 대한 열정, 겸손, 타인을 향해 기꺼이 마음 한 켠을 내어 주는 선생님의 넉넉함을 발견할 수 있습니다. 사실, 책을 읽으며 저 자신이 부끄러웠습니다. 타인의 아픔보다는 내 아픔을 훨씬 크게 느끼고, 주어진 삶의 목표를 향해 달려 나가는 것만으로도 벅차고 지칠 때가 많습니다. 뉴스에 나오는 누군가의 사연, 마주 보고 대화를 나누고 있는 사람의 삶에 둔감해지는 과정이 '나' 자신에게 온전히 집중하기 위함이라 애써 생각하고 살아왔는데, 그건 결국 자신의 모습을 잃어가고 있었다는 것임을 알게 되었습니다.

이태숙 선생님과 그림책 공부를 시작한 지 벌써 2년이 되어 갑니다. 토요일 아침이 되면 '오늘은 어떤 책을 읽어 주실까?' 기대하며 학생으로 돌아가지요. 그림책 공부는 저를 조금씩 성장시켰습니다. 『이렇게 멋진 날』을 함께 읽었을 때, 마냥 갤 것 같지 않던 제 마음속 먹구름을 장애물이 아니라 디딤돌로 여기게 되었고, 『슈퍼 거북』은 힘주며 눈치 보지 말고, 쉬엄쉬엄 나답게 살아가는 것의 소중함을 알게 해 주었지요. 『아나톨의 작은 냄비』를 읽으면서 숨기고 싶은 단점이라고 여기던 것들을 있는 그대로 바라볼 수 있는 용기를 얻었고, 『울타리 너머』를 읽으며 최선이라고 붙잡고 살았던 삶을 뛰어넘어 새로운 경험을 시작할 수 있다는 격려를 받았습니다.

선생님께서 인권 그림책 수업의 첫 장으로 '만남과 환대'를 쓰신 것도 결코 우연의 일치가 아니라는 생각이 듭니다. 이태숙 선생님은 교사로서 학생들에게, 친구로서 주위 사람들에게, 가장 먼저 자신을 내어 놓는 모습을 보여 주셨습니다. 내 주변 사람들을 향해 열린 마음으로 다가선다는 것의 힘은, 나를 있는 그대로 인정하는 것에서부터 출발하는 것이겠지요.

다음 '역사와 인권'에서는 내가 알지 못했던 역사의 사건들이 나에게도 영향을 주며 더불어 살아간다는 것을 느끼게 해 줍니다. 학생들의 눈높이에 맞는지, 놓치고 있는 부분은 없는지, 우리가 무엇을 읽어 내야 하는지, 그림책을 읽고 난 후에 어떤 활동을 하면 좋을지 하나씩 짚어 주시는 글 속의 선생님은 '다정해서 다정한 선생님'입니다. 인권 수업을 하고 싶지만 어려움을 겪는 교사에게, 이 책은 옆에서 함께 길을 걸어 주는 좋은 친구가 될 것입니다.

마지막 '인권을 위해 노력한 사람들'에서는 이태숙 선생님의 배움에 대한 열정과 사고의 깊이가 온전히 묻어납니다. 그림책에 등장하는 역사적 인물을 입체적으로 해석해 깊은 울림을 주고 있습니다. 역사적 인물을 업적 위주로만 기억하며 다 안다고 자만했던 것은 아닌지 스스로 반성하게 됩니다. 이태숙 선생님은 '위대하다고 생각하는 인물들에게 시작은 무엇이었을까? 무엇이 그들에게 끝까지 행동하도록 했을까?' 하는 질문을 시작으로 우리에게 '그럼 나는? 내가 시작할 수 있는 것은 무엇이 있을까?'라는 실천적 질문을 할 수 있도록 이어 주고 있습니다.

오늘도 이태숙 선생님께서는 시청 앞을 지나, 덕수궁 돌담 옆을 걸으며, 그림책으로 대화를 나누고픈 학생들이 있는 학교로 향하고 계실 것입니다. 그리고 그림책으로 아이들을 만나고 싶은 사람들이 있는 곳에 기꺼이 달려가시겠지요.

  이 책을 읽는 모든 분이 책을 통해 배우고 성장하고, 나아가 타인과 배움을 나누며, 이태숙 선생님처럼 온 마음으로 학생들을 마주하는 모습이 삶에 스며들길 바랍니다.

서울서빙고초등학교 교사
김주숙

차례

작가의 말 • 불편한 이야기 '인권'을 꺼내며 • 4
추천사 • 마음과 몸을 움직이게 하는 그림책 인권 수업 • 11

1장 • 나를 열어 환대하라 : 만남과 환대

평범한 아이가 되고 싶어요 —『아나톨의 작은 냄비』• 22
만날 수 없어도 잊지 않을 거야 —『아모스와 보리스』• 29
절대 안 되는 게 어디 있어! —『코끼리는 절대 안 돼!』• 36
나는 어떤 엄마? —『너 왜 울어?』• 43
도움이 필요해요! —『앵그리맨』• 51
내일 또 놀러 오렴 —『나의 다정한 돼지엄마』• 60
왕자를 구하는 공주라고? —『봉지공주와 봉투왕자』• 68
내 곁에 있어 줘서 고마워 —『도둑맞은 이름』• 75
네 잘못이 아니야! —『비밀』• 82
이제 안녕을 고할 때다, 톡 톡 톡 —『매미』• 90
내 동생은 시각장애아입니다 —『동생을 데리고 미술관에 갔어요』• 98
나와 상관없잖아! —『아저씨, 왜 집에서 안 자요?』• 105
마음의 소리를 들어! —『나, 화가가 되고 싶어!』• 112
누구나 늙어가는 중 —『할머니의 정원』• 119
방을 하나 더 만들자! —『벌집이 너무 좁아!』• 126
길 잃은 이들에게 빈 의자를 —『모든 것이 사라진 그날』• 134

❖ 1장 주제별 도서 목록 _141

2장 · 아픔의 역사를 되풀이하지 않도록 : 역사와 인권

장벽을 넘어가면 —『The Wall(장벽)』· 152

뿌리내리고 뻗어 나가는 자유 —『울지 마, 레몬트리』,『파란 나무』· 159

나도 너랑 똑같이 하고 싶었어 —『1964년 여름』· 170

소리 없이, 빠르게, 점점 커지는 괴물 —『전쟁(A GUERRA)』· 177

평화를 꿈꾸는 사람들 —『장군님과 농부』· 183

열네살 소녀는 무엇을 꿈꾸었나 —『나무들도 웁니다』· 191

서로를 보듬다 —『나무 도장』· 199

할아버지는 아직도 열다섯 살 소년병
—『우리 할아버지는 열다섯 살 소년병입니다』· 208

누나는 왜 집으로 돌아오지 않을까? —『오늘은 5월 18일』· 215

기억의 소환, 되풀이하지 말자 —『천의 바람이 되어』· 223

❖ 2장 주제별 도서 목록 · 230

3장 · 내어 주는 삶을 실천하다 : 인권을 위해 노력한 사람들

유대인 어린이 2,500명을 살리다 —『희망이 담긴 작은 병』· 238
굶주리는 아이들이 없는 세상 —『야누슈 코르착』· 246
아이들만이 희망이다 —『방정환』· 255
평화와 인권 보호에 앞장선 영부인 —『엘리너 루스벨트』· 263
총 대신 악기를 들어라 —『못된 녀석』· 271
세상으로 나가는 계단 —『여섯 개의 점』· 280
장애를 넘어 인권 운동으로 —『손으로 말하는 헬렌 켈러』· 289
가난한 사람들의 어머니 —『가진 것이 많을수록 나눌 것은 적습니다』· 298
생명외경 사상을 실천하다 —『슈바이처』· 306
낮은 곳으로 향하는 마음 —『선생님, 바보 의사 선생님』· 315
모든 걸 받아 주는 낙서장 같은 어른
—『아프리카 톤즈 마을을 울린 신부님 : 이태석』· 325
평화로 가는 길 —『간디의 소금행진』· 335
불씨가 된 위대한 용기 —『일어나요, 로자』· 344
공존과 평화, 함께 사는 법 —『마틴 루터 킹』· 353
인종 차별을 화합으로 —『넬슨 만델라』· 361

❖ 3장 주제별 도서 목록 · 370
❖ 인권을 공부하며 읽은 책 · 374

1장
나를 열어 환대하라

만남과 환대

'인권'을 불편하고 어렵게 여기며 고민하고 있을 때 한 편의 시를 만났다. 바로 정현종 시인의 「방문객」이다.(정현종, 『섬』, 2009) 내가 만나는 모든 이를 이 시의 마음으로 대한다면 인권의 문제는 단번에 해결될 것 같았다. 하지만 그런 마음을 갖는다는 게 그리 쉬운 일인가.

시인은 방문객이 오는 것은 '실로 어마어마한 일'이라고 한다. 방문객은 그의 과거와 현재와 미래가 함께 오기 때문이다. 세상에 태어나는 사람도, 나와 인연을 맺는 사람도 모두 그렇게 소중한 사람이라는 뜻이다. 그런데 그중에서도 "부서지기 쉬운 / 그래서 부서지기도 했을 / 마음이 오는 것이다"라는 구절이 마음을 울렸다. 사람을 '실체'로만 받아들이는 게 아니라 '부서지기 쉬운', '부서지기도 했을' 그 마음도 헤아린다는 의미였다. 기쁨과 환희는 물론 슬픔과 두려움, 절망과 불안 등도 그대로 받아준다는 거다. 상대가 누구인지 판단하기 전에 그 사람 마음의 갈피를 더듬던 바람의 마음으로 맞이하는 것이 바로 '환대'라고. 매일매일 마주치는 그 모든 사람을 바람의 마음으로 환대하라고 주문했다.

이것이 가능한 일인가? 나는 쉼 없이 질문했다. 상대의 처지나 살아온 삶의 이야기에 공감하고 이해할 수는 있으나 나를 열어 그를 환대로 받아들이는 일은 쉬운 일이 아니었다. 현실은 문학 작품 속 이야기와 다르지 않은가. 요즘 세상이 얼마나 강력한 범죄가 많은 시대인데 상대가 누구인지 확인하지도 않고 환대한단 말인가.

내 주변 사람들을 생각했다. 생면부지 이방인이 아니라 하루에도 수없이 부딪치고 있는 나의 지인들. 나는 그들에게 바람의 마음으로 대하고 있는가? 그들은 내게 낯선 이방인도 아니고 내게 칼날을 휘두를 사람이 아닌데도 환대하지 않았다. 끊임없이 견줘 보고 따져 보며 저울질하고 있었다.

결국 '환대'의 마음을 지닌 사람은 큰 그릇의 사람이었나 보다. 자존감이 높고, 연민의 마음이 크며, 진심으로 경청할 수 있는 따뜻한 가슴을 지닌 사람. 환대는 사회적인 언어가 아니라 개인의 심리적 언어였다.

1장에서는 '나와 내 주변의 타자'에 대하여 이야기하고자 한다. '나'는 보다 '열린 나'로 가야 한다. 구분 짓고, 벽을 쌓고, 차별하는 '나'가 아니라 이해하고, 감싸 안고, 보듬을 줄 아는 '나'로. 그러자면 '나'는 따뜻한 품성과 높은 자존감이 바탕이 되어야 한다. '주변의 타자'를 가족에서 친구로 확장하며, 두리번두리번 고개 돌려 우리 사회에서 만날 수 있는 타자들을 차례로 떠올리며 정리했다.

평범한 아이가 되고 싶어요

『아나톨의 작은 냄비』

"저는 아주 큰 냄비를 가지고 있어서 힘들어요. 아나톨처럼 냄비를 이용하는 방법을 알아내지 못해 지금도 끌고 다니는 기분이에요."

그림책 공부 중 『아나톨의 작은 냄비』를 읽고 난 직후 한 분이 이렇게 말했다.

이 책은 어떻게 읽느냐에 따라 많은 이야기를 나눌 수 있는데 그날의 주제는 '내가 가지고 있는 걸림돌'이었다. 나답지 못하게 하고, 나아가지 못하게 하고, 다른 사람 앞에 당당하지 못하게 하는 갖가지의 냄비를 꺼내 놓고 난도질해 보자는 게 의도였다. 참여자들은 물론 나도 크고 작은 냄비를 꺼내 자랑 아닌 자랑을 했다. 서로 위로하고 다독이며 시간을 보내니 한결 가까워진 기분이었다.

작가 이자벨 카리에는 장애를 지닌 딸을 위해 이 책을 썼다고 한다. 우리에게 냄비는 심리적 걸림돌일 수 있지만, 장애인에게 냄비는 '장애'였다.

아나톨은 똑같은 아나톨입니다
아나톨은 어느 날 몸에서 떨어지지 않는 냄비를 갖게 된다. 상냥하고 장점이 많은 아나톨인데 사람들은 아나톨의 냄비만 바라봐 평범한 아이가 될 수 없다. 아나톨은 냄비가 거추장스럽고 버거워 힘든 나날을 보내다 아예 숨어 버린다. 하지만 평범하지 않은 사람이 찾아와 냄비와 잘 지내는 법을 가르쳐 준다. 그리고 냄비를 넣고 다닐 가방을 받은 뒤 예전의 명랑하고 행복한 아나톨로 돌아간다.

 아나톨은 냄비를 보고 피하거나 무서워하는 사람들의 시선이 힘들었지만, 냄비 때문에 남들처럼 할 수 없다는 것에 화가 난다. 화가 나면 소리 지르고, 나쁜 말을 하고, 친구를 때리기도 하다 결국 벌을 받는다. 자꾸 작아지는 아나톨을 보며 어린 시절의 내 모습이 겹쳐졌다. 숫기 없고 뒤처지던 아이. 그래서 눈에 잘 띄지도 않고 삐죽삐죽 울기도 잘했던 내 모습이 보였다. 나는 어릴 적 부모님께도, 형제자매에게도 따뜻한 위로를 받았던 특별한 기억이 별로 없다. 고등학교 때부터 객지 생활을 하며 너무 일찍 어른이 되어 버렸다. 아나톨에게서 인정받으려 애쓰는 내가 보였다.

『아나톨의 작은 냄비』
이자벨 카리에 지음, 씨드북, 2014

가로로 긴 판형으로 모서리를 둥글게 마무리하여 부드럽고 따뜻한 인상을 준다. 한 컷의 그림에 한 문장 정도다. 그림은 단순한 선으로 완성되며 배경이 생략되어 그림책 만들기 수업에서 활용하기 좋다.

다행히 아나톨은 자신이 한없이 작아져 사람들의 기억에서도 사라질 즈음에 만난 평범하지 않은 사람에게서 냄비를 가지고 살아가는 방법을 배운다. 차츰 자신만의 색깔을 회복하고 무서운 것을 그린다. 바로 자신의 냄비다. 작가는 결국 마음 바닥의 어둠을 끄집어내야 자유로울 수 있다고 이야기한다. 감추고 싶고 아무도 모르기를 바라는 내 마음 바닥의 감정을 드러내어 까발리고 자유로워지라는 거다. 모르는 척 그대로 놓으면 어둠은 더 짙어지고 커져서 결국 나의 발목을 잡고 휘두를 테니. 이 책은 그림책에서 그치는 것이 아니라 마치 심리 치유서 같다.

"아나톨은 예전과 똑같은 아나톨이랍니다."라는 마지막 문장을 두고 열띤 토론이 이뤄졌다. 문장의 의미는 과거나 지금이나 냄비를 가지고 있다는 점은 '똑같다'지만 그 냄비를 바라보는 아나톨의 마음은 예전과 같지 않다는 결론이다. 아나톨은 냄비와 함께 사는 방법을 터득하고 자신의 삶을 있는 그대로 받아들이는 보다 성숙한 인간으로 변모했다. 그래서 아나톨은 예전의 아나톨이 아니다.

이 책은 장애로도 읽을 수 있지만, 작가는 누구나 가지고 있는 걸림돌로 이야기를 풀어냈다. 그래서 책이 이끄는 스펙트럼은 '본성 발현 – 걸림돌 인지 – 걸림돌 인정 – 편안함'이다. 이것이 아나톨만의 삶일까? 결국, 너와 나, 우리의 이야기다.

인권은 나를 인정하고 받아들이는 것에서 시작한다. 나를 부정하고 나의 본모습을 회피하면 타자와 관계를 잘 맺을 수 없다. 나를 받아들이는 것은 특별해서가 아니라 보잘것없고, 내세울 게 없다 해도 나를 인정하고 사랑하는 것에서 시작된다. 아나톨은 두려운 것을 그림으로 그리며 직면하는 과정을 거쳤기 때문에 성장할 수 있었다. 나의 걸림돌을 받아들이는 과정은 기본적으로 걸림돌과 직면하는 것에서 출발한다. 그 걸림돌과 이야기하고, 안아 주고 보듬어 주는 과정을 거쳐야 한다. 이 과정을 거치지 않으면 나의 자존감은 낮아지고 다른 사람이 내 마음 한구석으로 비집고 들어올 수 없다. 상대를 존중할 수 있는 마음 바탕은 먼저 나를 받아들이고 인정하고 사랑하는 일에서 시작한다.

그림책 모임에서는 책을 읽고 나면 마음 나누기를 한다. 말하는 사람은 자신의 이야기를 터놓을 수 있어서 시원함을 느끼고, 듣는 사람은 상대방의 마음을 느끼고 이해할 수 있다. 한 분이 "정말 정리를 못 하겠어요!"라고 고백하는 순간 '아, 그래서 그의 공간에 가면 어수선했구나!' 하는 이해의 마음이 고였다. 단점을 떠벌리고 너스레를 떨어도 된다. 창피함은 잠시지만 덕분에 더 큰 이해를 얻는다.

실수 잔치가 벌어진 교실

『아나톨의 작은 냄비』는 자신의 감추고 싶은 이야기를 꺼내 쓰는 치유하는 글쓰기에 좋은 모범이 되었고, 단순한 선으로 표현된 그림은 아주 편안했다. 배경이 생략되었으며 한 컷의 그림에 한 문장의 서사가 아이들이 따라 하기 좋다. 그래서 2학기 그림책 만들기 과정에서 본보기로 좋은 책이다.

그림책 만들기 프로젝트 수업이 있는 날 아침, 이 책을 읽어 주니 감상을 묻기도 전에 "음, 좋다.", "아나톨이 아름다워요."라며 반응을 보였다. 치유하는 글쓰기는 자신의 부끄러운 부분을 주제로 글을 써서 부끄러움을 극복하는 것이라고 설명하고, 자신의 장점보다는 버리고 싶은 단점에서 글의 주제를 찾아보라고 했다. 그러면서 이 책에 그려진 그림의 특징을 설명했다. 캐릭터의 크기 변화가 없으며 배경 없이 하얀 바탕에 동작만 있다고 하니 특징이 한눈에 들어오는지 고개를 끄덕였다. 그림을 못 그린다, 잘 그려야 한다고 스트레스받을 필요가 없다고 했더니 "그 그림은 매우 예뻐요."라며 내 말을 뚝 잘랐다. "단순해서 따라 그리기는 아주 쉬울걸. 잘생긴 사람도 아니고 공룡 머리처럼 그렸잖아. 심지어 선도 몇 개 안 된다니까."라고 말하니 곧바로 아나톨을 따라 그리기 시작했다.

책을 읽고 마음 나누기를 할 때는 "단점을 들여다보고 드러내야 한다는 점이 감동적이에요.", "전, 감추고 싶은 마음이 강해지면 더 단점이 크게 보인다는 걸 느꼈어요.", "아나톨이 단점이나 걸림돌을 받아들이고 명랑해지는 게 자랑스러워요."라고 한마디씩 했다. 아이들은 자기 나름대로 책을 받아들이고 있었다.

독후활동은 4인 모둠으로 진행했다. '내 실수(혹은 억울한 일) 들어 볼래?'가 활동 제목이다. 10분 타이머를 작동시키고 실수나 억울했던 경험을 한 가지씩 계속 돌아가며 말하면 된다. '변기에 수건을 빠뜨린 아이', '로그인도 안 한 채로 신청화면 띄우고 기다렸다 허탕 친 아이', '지나가는 사람을 가족이라 생각하고 손잡은 일' 등 실수 잔치가 벌어졌다. 가만 듣고 있던 아이가 "너도 그랬니? 나도 그런 적 있어."라며 맞장구를 쳤고 이곳저곳에서 웃음이 마구마구 터졌다. 아이들의 표정만으로 마음이 어떻게 청소되는지 보였다. 공감 능력은 덤이다.

만날 수 없어도 잊지 않을 거야

『아모스와 보리스』

"저는 이 책을 환대로 읽었어요."
교수님의 말에 순간 머릿속이 환해지는 느낌이 들었다. 인권을 어떻게 풀어가야 하나 고민이었는데 이 책을 '환대'로 읽었다는 말에 머릿속에 전깃불이 켜진 것이다. 나는 연신 머리를 주억거리며 마음속으로 '맞다', '맞다' 외치고 있었다.

그림책은 이렇게 어떤 관점으로 읽느냐에 따라 다르게 읽히고, 다르게 해석된다. 『아모스와 보리스』를 만나 아이들과 함께 읽으며 공부한 지는 한참 되었다. '마음을 보듬는 독서' 활동에서도 한 시간 주제 책으로 다룬다. 그렇게 여러 해 읽으면서 이 책을 '환대'로 해석하기보다는 '깊은 우정'으로 읽었다.

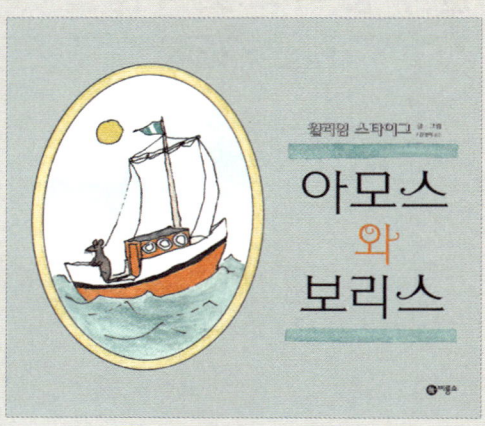

『아모스와 보리스』
윌리엄 스타이그 지음, 비룡소, 2017

앞표지에서는 세로로 긴 동그라미에 배를 타고 있는 아모스를, 뒤표지에는 가로로 긴 동그라미에 보리스를 넣었다. 항해 도구인 망원경으로 본 모습을 상징적으로 표현한 것으로 보인다. 면지는 선 몇 개로 쓱쓱 바다를 표현하고 있다. 그림은 강렬한 선이나 색을 사용하지 않으면서도 풍성한 감정을 전달한다.

작가 윌리엄 스타이그는 60이 넘은 나이에 그림책의 세계에 발을 들여놓았다. 그래서일까? 그의 작품에는 인생이 녹아 있다. 읽을 때마다 깊은 울림이 있고 따뜻한 가르침이 있으며 잔잔한 위트에 미소 짓게 된다. 이 책은 작가가 예순넷의 나이에 출판한 책이다.

생쥐와 고래의 우정 혹은 환대의 이야기

넓은 바다로 항해를 나간, 바다를 좋아하는 생쥐 아모스는 딴생각에 골몰하다 망망대해에 홀로 빠진다. 살아날 방법이 없어 죽음을 각오하는 순간 고래 보리스가 등장하여 둘은 친구가 된다. 보리스는 아모스를 집에 데려다주고 둘은 각자의 삶으로 돌아간다. 그 후 시간이 흘러 어른으로 성장한 뒤, 아모스는 허리케인 예타가 지나간 다음 날 해변에 갔다가 목숨이 위태로운 보리스를 만난다. 자신의 생명을 구해 준 은인이 위태로운 지경에 빠지자 아모스는 보리스를 살리기 위해 최선을 다한다.

『아모스와 보리스』는 입말체로 진행되는 내용이 제법 긴 책이다. 책을 읽다 보면 멈추게 되는 순간이 있는데, 하찮은 생쥐의 모험담이라기보다는 인생이 보이고, 삶의 모습이 보이기 때문이다. 생쥐 아모스는 자기가 좋아하는 공간에서 좋아하는 일에 빠졌을 때는 호기심과 모험심, 그리고 삶을 사랑하는 마음이 부풀어 거대한 우주 안에서 만물과 하나라는 걸 느낀다. 그러다 물에 빠지자 어찌할 바

모르고, 몹시 지치고, 너무 춥고, 비까지 내리는 막막한 상황에 처하자 마지막 순간을 생각했다.

> 물에 빠질 때 어떤 기분이 들까 궁금해지기 시작했어. 시간이 오래 걸릴까? 그저 무섭기만 할까? 내 영혼은 하늘나라로 올라갈까? 하늘나라에는 다른 생쥐들이 있을까?

이 부분을 소리 내어 읽으면 울컥하는 마음이 든다. 글에 '죽음'이 비친다. 나라면 죽음을 앞에 두고 어떤 생각을 떠올릴까? 아모스는 죽음의 그림자가 드리워진 바다에서 영혼의 존재를 떠올렸다. 두렵지 않았을까? 책을 다 읽은 뒤 이 장면을 가장 인상적인 장면으로 꼽는 아이도 있었다.

아모스가 바다로 항해를 떠났고, 항해 도중 난파되는 어려움을 겪고, 보리스가 극적으로 등장하여 아모스를 데려다주고 각자의 삶으로 돌아갔다면 이야기는 끝나야 하지 않을까? 기승전결의 아귀가 맞는데도 이 책은 끝나지 않는다. 한갓 작은 점과 같은 생쥐가 어마어마한 고래를 살려내어 은혜를 갚는 반전의 기회를 만들어 놓은 것이다.

생쥐 아모스가 보리스를 살리기 위해 갑자기 자리를 떠나는 장면에서 보리스는 "날 도와주지 못할 거야. 정말로 무엇인가 하고 싶긴 하겠지만, 저렇게 작은 친구가 무슨 일을 할 수 있겠어?"라고 완전히 체념한다. 이 장면에서 퀴즈를 내듯 보리스의 심정은 어떨지, 아모스가 어떤 방법으로 해결할지 아이들에게 물으면 빨리 책장을 넘기라고 성화다. 좀 뜸을 들이다가 슬그머니 책장을 넘기면 아이들은 그림만 보고도 감탄한다. "아하, 아모스 정말 똑똑해요!", "휴, 다행이다!" 아이들이 안심하고 소란이 잦아들 때까지 잠시 기다렸다가 책을 다시 읽어 나간다. 이미 아는 내용이지만 가슴 뭉클한 감동이 따뜻하게 퍼져 나간다. 대가의 작품은 다 알고 있는 내용인데도 읽을 때마다 감동을 선사한다.

다시 처음으로 돌아가서, 이처럼 내용은 주인공들이 서로 생명의 은인이 되는 깊은 우정과 사랑의 이야기다. 그런데 이 이야기를 어떻게 '환대'로 읽을 수 있을까?

생쥐와 고래는 포유류라는 공통점이 있으나 완전 다른 종의 개체다. 생김새는 물론, 살아온 환경도 너무나 다르다. 둘은 서로를 다른 개체로 인식하고 배타적으로 대할 수도 있다. 그런데 아모스와 보리스에게는 서로의 차이점이 호기심을 갖게 하는 요소가 되었다.

두 주인공이 처음 만났을 때 보리스는 "넌 무슨 물고기니?"라고 묻자 아모스는 "난 생쥐라고. 고등동물인 포유류에 속하지."라며 당당하게 자신을 소개한다. 방금까지 죽음의 두려움에 떨던 아모스는 스스로 고등동물이라고 자부하며 자신을 소개한다. 우리는 진작에 아모스를 알아봤어야 한다. 자기가 좋아하는 바다를 항해하고 싶어서 배를 만들고, 항해 기술을 익히고, 필요한 물건을 꼼꼼하게 챙기고, 항해를 즐기는 아모스, 적극적이고 호기심과 자존감이 높은 아모스다. 그렇다면 보리스는? 보리스는 자신도 포유류라고 말하며 "오히려 영광인걸. 세상에 어떤 고래가 너처럼 희한한 동물을 알 기회를 얻게 되겠니! 자, 내 위에 올라타렴." 하고 등을 내어 준다. 보리스의 말과 행동에서 무한 긍정과 호기심, 친절, 또 타자를 향해 활짝 열린 마음이 보인다. 이것이 바로 이방인에 대한 '환대'다. 자신이 살아온 기준으로 판단하지 않고 있는 모습 그대로 인정하고 받아 주는, 그리고 기꺼이 나를 내어 주고 공유하는 모습이 감탄스럽다. 둘은 서로 같지 않음에 감동하고, 삶의 환경을 바꿔서 경험할 수 없음을 안타까워했다.

자주 만나 우정을 쌓지 않아도, 관계를 확인하지 않아도 '너는 영원한 내 친구'라고 자신 있게 말할 수 있는 사람이 있는가? 아모스와 보리스처럼 생애 한 번이나 두 번 만나는 것으로 우정과 사랑과 신뢰를 유지할 수 있을까? 나는 내 주변의 사람들에게 사랑과 신뢰를 보내고 있나?

친구와 마주 앉아 인터뷰하기

『아모스와 보리스』를 읽고 친구를 인터뷰하는 활동을 했다. 나와의 공통점을 3가지 이상 찾고, 나와는 너무도 달라 감탄사가 나올 정도의 차이점을 찾는 활동이다. 차이점을 찾기 힘들어 하는 아이들에게 나의 예를 들려주었다.

"내게는 나보다 15살 정도 어린 친구가 있는데 키가 얼마나 큰지 난 그 친구의 겨드랑이 수준이라 그 친구를 만나면 매번 올려다봐야 한다니까."

아이들은 최대 몇 시간이나 자 봤는지, 게임을 어느 정도까지 해 봤는지 등 색다른 경험을 나누며 상대방을 이해하게 되었다. 이런 마음 나누기는 다음 날 얼굴만 봐도 미소 짓게 하고 마음을 열게 한다. 시간이 충분하다면 여러 명을 인터뷰해도 좋지만, 시간이 많지 않을 때는 한 명과 심층 면접을 해도 좋다.

인터뷰가 끝나면 발표를 하는데 공통점보다는 너무도 달라 감탄사가 나올 정도의 차이점이 흥미로운 이야깃거리가 된다. 분위기가 붕 뜨며 장난스럽게 흘러도 서로의 차이점에 감탄하며 친구가 될 수 있는 분위기를 만드는 게 좋다.

"잘 모르는 친구인데 이야기를 나누다 보니 관심이 생겼어요."

"같은 점보다는 차이점이 더 많은데 친하게 지내는 게 신기해요."

아이들은 한마디씩 소감을 이야기했다. 신학기, 친구에게 쉽게 말 걸기 어려운 시기에 이 책을 읽고 마음을 툭 터놓고 같은 반 친구를 있는 그대로 환대하는 분위기는 교사도 학생도 즐거운 일이다.

절대 안 되는 게 어디 있어!

『코끼리는 절대 안 돼!』

우리의 일상에서 '절대'의 영역은 그리 많지 않지만, 이 말을 자주 쓴다. 절대 안 된다고 법으로 정해 놓아도 법정은 붐비기만 하고, 아이들과의 관계에서도 '절대'는 그저 협박의 언어일 뿐이다. 하지만 책 제목에 '절대'가 붙으면 빙그레 미소가 지어지고 어떤 내용일지 궁금해진다. 이런 책은 반드시 철옹성이 무너지는 반전이 있기 때문이다.

『코끼리는 절대 안 돼!』를 만났을 때도 흥분과 기대로 책장을 열었다. 작가가 어떻게 저 '절대'를 무너뜨릴지 호기심이 생겼다. 역시 기대를 저버리지 않았다. 친구 관계의 문제로 읽을 수 있는 책이지만 나의 눈에는 '차별'과 '편견'이 보기 좋게 무너지는 통쾌함으로 다가왔다. 게다가 유태은 그림 작가의 따뜻한 그림이 읽는 내내 기분 좋게 했다. 끈으로 연결되어 주인 곁을 떠나지 않던 반려동물들이 끈으로부터 자유로워지고, 서로의 반려동물과 친구가 되는 그림은 글 너머의 많은 이야기를 보여 주고 있었다.

모두 다 들어오세요

주인공은 반려동물로 어린 코끼리를 기른다. 그런데 코끼리는 반려동물이라기보다 함께 산책하고, 놀고, 서로의 기분을 알아주는 절친이다. 반려동물 모임이 있는 날, 둘은 빨간색 커플 목도리를 하고 모임 장소로 갔다. 그런데 문에 '코끼리는 절대 안 돼!'라고 적혀 있는 게 아닌가? 풀이 죽어 돌아오는데 비가 내린다. 마음에도 주룩주룩 비가 스민다. 스컹크를 데리고 갔다가 들어가지 못한 친구를 만나 둘은 새로운 모임을 만든다. '모두 다 들어오세요!'라는 모임이다.

   친구 관계의 조건은 '서로서로 도와주기', '친구를 위해 용감해지기', '절대 누구든 뒤에 남겨 두지 않기', '모르면 가르쳐 주기'다. 이 책에서는 사람이 반려동물을 챙기거나 반려동물이 인간의 마음을 헤아리는 등 친구로서의 모습을 보여 준다. 친구라면 서로의 마음을 이해하기 때문에 어느 한쪽의 일방적인 희생을 강요하지 않으며, 어느 한쪽이 주도권을 갖지도 않는다. 서로 의지하고, 서로 위로하고, 힘이 되는 관계를 평등하게 그리고 있다.

『코끼리는 절대 안 돼!』
리사 맨체프 글, 유태은 그림, 한림출판사, 2017

그림을 그린 유태은 작가는 한국과 미국을 오가며 작업한다. 이 책에서 이야기를 구체화시키고 살을 붙이며 다채롭게 이끌어 가는 것은 그림이다. 글 작가와 그림 작가가 소통하며 만든 작품일 것이다.

이 책의 또 다른 묘미는 문에 붙은 경고문이다. 17번지에 붙여진 경고문은 '코끼리는 절대 안 돼!'이고, 주인공이 공원에 붙인 경고문은 '낯선 사람, 말썽꾸러기는 절대 안 돼!'라는 말을 지운 다음 다시 쓴 '모두 다 들어오세요!'다. '절대 안 돼!'라고 소리 내 보자. 그 폭력적이고 차별적인 언어가 뿜어내는 부정적 에너지가 느껴지지 않는가. 벽을 세우고, 문을 닫고, 문 안쪽의 삶에서 안락함과 평화를 찾고자 하는 소녀에게서 우리의 모습이 겹쳐진다. 주인공의 행동에 흐뭇한 미소가 떠오르기 전에 '너는 안 돼!'라면서 문을 '쾅!' 닫은 소녀가 내 모습처럼 불편하다.

마지막에 '모두 다 들어오세요!'라는 장면에서 독자로서 아쉬운 점이 있다. 코끼리는 안 된다고 거절하며 문을 닫았던 아이가 자신의 반려동물과 함께 새로운 놀이터에 등장하는 장면으로 서운했던 감정이 살짝 풀어지긴 했지만, 그림에는 반려동물을 동반한 아이들만 등장한다. '모두'인데 좀 아쉽지 않은가? 반려동물을 기르고 싶지만 기를 수 없는 아이가 있을 수 있으며, 자유롭게 날아다니는 새처럼 사람 친구가 없는 동물도 있지 않을까? 그 경계를 무너뜨리고 하나가 되는 장면으로 연출했다면 더 좋겠다는 생각이 들었다.

이 작품은 그림을 읽어야 한다. 그림은 한 바닥 가득 펼친그림으로 되어 있으며 그림의 빈 여백에 최소한의 글을 넣었다. 글이 길지 않아 그림을 방해하지 않는다. 글 작가는 등장인물에게 이름을 주지 않았다. 반려동물 이름이 나오는 건 고작 코끼리와 스컹크뿐이다. 하지만 그림을 보면 정말 다채롭다. 주거 지역의 창문마다 서로 다른 반려동물과 주인들이 보인다. 반려동물이 다채로운 만큼 주인들의 피부색도 다양하다.

반려동물 모임에서 거부당하고 오는 장면에서는 비가 주룩주룩 내리는데 거부당한 또 다른 친구를 만나는 장면은 넓게 보여 주던 앵글을 차츰 줌인해 두 사람의 얼굴이 커진다. 마치 영화를 보는 듯하다. 새로운 생각으로 희망찬 장면은 순식간에 맑은 하늘로 변한다. 가벼운 발걸음으로 합류하는 아이들을 보라. 그들의 반려동물을 보라. 같은 반려동물이 없다. 아이들의 피부색도 다양하다. 작가의 의도가 보인다.

공원에 도착한 아이들과 반려동물은 자기만의 공간에서 자기의 반려동물과 끈으로 이어져 있다. 하지만 시간이 지나자 모두 친구가 되고 어느새 끈은 사라졌다. 작가는 붉은 끈으로 용의주도하게 자신이 전하고 싶은 말을 하고 있다.

반려동물 자랑대회

『코끼리는 절대 안 돼!』를 읽어 주기 전에 제목부터 살폈다. 나처럼 언어가 주는 선입견이 있는지 의문이 들어 제목의 의미를 생각해 보라고 하니 아이들도 '절대 안 돼!'가 마음에 걸리는 모양이다.

"혹시 집주인 아이는 남자아이가 코끼리를 기르는 걸 이미 알고 있었던 거 아닌가요? 코끼리가 싫은 게 아니라 아이가 싫은 거죠."

이건 생각지도 못한 말이다.

"그럴 수도 있겠구나! 좋은 발견인데."

격려를 하고 책에서 확인해 보라고 했다. 그리고 글과 그림의 관계를 설명했다. 글만 읽어서는 작가가 말하고자 하는 내용의 반도 건지지 못한다는 엄포 덕분인지 아이들은 책에 집중했다.

책을 다 읽고 나니 아까 말했던 아이가 한마디 했다.

"사람을 싫어했다기보다는 집주인 아이의 동물에 대한 선입견 때문인 것 같아요. 자신이 좋아하는 동물은 들어오라고 하고 싫어하는 동물은 안 된다고 하고."

나는 그 아이를 향해 환한 미소와 함께 엄지를 척 올렸다. 아이들 눈이 참 예리하다.

마음 나누기로 '친구라면 어떠해야 하는가?'에 대해 더 추가할 내용이 있는지 이야기해 보라고 하니 참 다양한 의견이 나왔다. '비밀을 지켜 주기', '공감하며 들어 주기', '(과자 등 먹을 것)나누기', '편들어 주기', '웃어 주기', '함께 다니기', '함께 놀기', '이해해 주기' 등 친구의 조건은 다양했다. 친구의 노력도 중요하지만, 무엇보다도 나의 노력이 중요하다고 마무리하고 활동으로 넘어갔다.

친구의 조건을 다 이야기하여 정리한 후에 스스로 어느 부분이 부족한지 살펴보고 발표하라고 했다.

"저는 공평하게 나눠 먹기가 어려워요. 내 과자를 나누면 내가 먹을 양이 줄어들어 손해인 기분이 들어요."

"저는 친구를 위해 용감해지기가 어려운 것 같아요. 친구가 힘들 때 위로해 주는 게 힘들었어요."

"모든 친구를 공평하게 대하기가 힘들어요. 사귀다 보면 더 친한 친구가 생기는데 그러면 다른 친구는 소외감을 느낄 것 같아요."

발표를 듣고 그 행동을 계속한다면 친구 관계가 어떻게 될지 생각해 보라고 했다. 그랬더니 아이들은 다른 설명 없이도 자신들의 행동을 바르게 바로잡았다.

마무리 활동은 '반려동물 자랑대회'다. 세상에 모든 동물이 반려동물이 될 수 있다. 지금은 사라진 동물, 환상 속의 동물도 포함시켰다. 어떤 동물도 반려동물이 될 수 있다. 하나뿐인 반려동물을 자랑하는 거라 종이의 앞면에 반려동물을 자세하게 그려 색칠하고 이름을 쓰도록 했다. 뒷면에는 무슨 종인지, 먹이는 무엇을 좋아하는지, 어떤 환경을 좋아하는지, 생김새의 특징은 무엇인지, 성격은 어떤지, 어떻게 소통하는지 등 반려동물의 특징을 썼다. 상상해 써도 무방하다. 우리는 지금 편견을 깨는 중이다. 한 명 한 명 발표하며 보니 전혀 없었던 모습의 반려동물이 대세다. 그리고 성격이나 먹이, 특징을 보니 완전 자신의 분신이 되어 있다.

나는 어떤 엄마?

『너 왜 울어?』

"잠깐만요, 우리 좀 쉬어요."
나는 생전 처음으로 책 읽는 중간에 잠시 쉬기를 요청했다.

"빨리 좀 걸어! 시간이 별로 없어. 그 끈 버려! 엄마가 땅바닥에 떨어진 건 아무것도 줍지 말라고 백 번도 넘게 말했지."

그림책의 글은 모두 엄마의 질책이었다. 내가 학교에서 하는 말만 녹음해 들어 본다면 저런 말들이 얼마나 쏟아져 나올까? 우리 반 아이들의 모습이 떠오르고 엄마의 질책이 언제까지 계속될지 답답해졌다. 소리는 내뱉는 순간 사라지지만 아이의 마음에 각인된 상처

『너 왜 울어?』
바실리스 알렉사키스 글, 장-마리 앙트낭 그림, 북하우스, 2009

표지의 회색 배경은 책 전체 그림의 배경색이다. 회색은 겨울날을 표현한 것이기도 하지만 아이의 마음이기도 하다. 감정을 드러내고 자신을 표현하는 것이 가능하지 않은 회색지대다.

는 사라지지 않는다는 걸 알면서도 쉽게 고쳐지지 않는 것이 언어 습관이다. 다른 사람은 어떤 마음인지, 나만 이렇게 느끼는지 궁금해 책을 다 읽기도 전에 지금 드는 순간적인 느낌을 말하자고 제안했다.

"불편한 그림책이네요. 다그치는 제 모습이 자꾸 떠올라요."

"그러게요. 우리가 알게 모르게 얼마나 언어폭력을 행사하는지 모르겠어요."

"전 '새엄마인가?' 생각했어요."

"저는 저 정도로 아이를 닦달하지는 않은 것 같아요."

책을 다 읽고 이 책은 우리의 '거울'이라는 이야기를 주고받았다. 발령 초기 수업을 녹음해 듣고는 내가 하는 말에 놀라 어쩔 줄 몰랐던 경험이 떠올랐다. 그림책이 이런 내용을 담을 수 있다는 게 놀랍다. 작가는 양육자를 질책하고 있는 거다.

엄마는 모르는 엄마의 언어

『너 왜 울어?』는 자기관리에 철저한 고상한 엄마가 한나절 아이를 데리고 외출했다 돌아오는 과정을 그린 이야기다. 엄마는 긴 손톱에 빨간 매니큐어를 발랐다. 아이 옷을 빨며 사는 것이 절대 즐겁지 않다며 아이와 산책할 때 본인의 코트가 더러워질까 걱정한다. 자신의 아이가 다른 아이 공을 가지고 놀면 "아휴, 아주머니, 죄송해요."

하고 인사를 건네기도 하고, 놀이터에서 헤어질 때는 "아주머니, 안녕히 가세요!"라고 인사하는 예의 바른 엄마다. "목에 찬바람 들어가서 감기 걸리면 의사 선생님한테 가야 되잖아.", "땅바닥엔 세균이 득실득실 하단 말이야. 너 병에 걸려서 의사 선생님한테 가고 싶어?", "엄마는 여기 있을게. 너무 멀리 가지 마, 알았지? 엄마 볼 수 있는 데서 놀아."라고 말하는 걸 보면 아이를 무조건 방임하는 엄마도 아니다. 그런데 왜 우리는 엄마 편이 될 수 없을까?

엄마는 염려의 마음을 담아 일상적으로 말하지만 한 발짝 떨어져 들어 보면 유독 아이를 향한 "코트 입어.", "장화, 어디 있니?", "어서 가서 장화 찾아와!", "장화 못 찾아오면 엉덩이 한 대 맞고 우리 그냥 집에 있는 거다!"라는 날 선 말들이 가슴을 찌른다. 아이를 데리고 외출 한 번 하려면 준비할 게 많고 공공장소로 갈 때는 더욱 번잡하다. 나도 한 번 나가려면 천하태평인 아이를 어지간히 닦달하고 재촉해야 움직였다. 명령하는 말, 묻는 말, 협박하는 말은 사실 내 레퍼토리다.

"너무 멀리 가지 마.", "그 공 당장 돌려주지 못해!", "손가락으로 콧구멍 만지지 마!" 등 행동을 통제하는 부정의 말들이 가득하다. 또 남들에게는 "우리 애가 꼭 남의 장난감 가지고 노는 것만 좋아해서요."라며 자녀를 비난하는 말을 거리낌 없이 한다. 이러한 말을 들은 아이는 자존감이 어떻게 될까? 설마 자녀가 의기소침하고, 주눅 들고, 자신감 없는 아이로 자라기를 바라는 것은 아니겠지.

생각하고 싶지 않은 끔찍한 문제는 이 언어가 아이에게 하는 '모든' 말이라는 거다. 엄마는 이 언어밖에 모른다. 명령하고 협박하고, 물었으면서 대답은 듣지도 않고 또 쏘아댄다. 명령하고, 협박하고, 비난하고. 아이는 이 엄마 앞에서 제대로 숨은 쉴 수 있을까? 작가는 아이에게 한마디의 대사도 주지 않았다. 엄마의 언어로만 한 권의 책을 만들었다. 엄마로서 이 책을 읽고 나면 착잡해져 멍한 상태가 된다. 그러길 바란 작품이다. 엄마에게 반성문을 요구하는 책이다.

이 엄마와 인터뷰한다면 분명 "늘 아이에게 최선을 다했으며 아이가 안전하게, 건강하게, 예의 바르게 자라기를 기도하며 양육했습니다."라고 할 것이다. 의도는 분명 아이가 잘 자라도록 하는 마음이었을 것이지만 엄마는 자신의 언어가 아이를 주눅 들게 하고, 자신감 없게 하고, 자존감을 꾹꾹 눌러 마음 아픈 아이로 성장하게 한 폭력인 걸 모른다.

엄마는 전체 모습이 등장하지 않고 화자로만 표현된다. 그림은 엄마의 말을 듣고 있는 아이를 표현하는데 늘 사각의 프레임 안에 존재하다가 나중에 엄마 치마 안에 갇히게 된다. 사각 프레임! 독자는 이 사각 프레임을 해석해야 한다. 또 아이가 엄마의 치마 속에 갇힌 그림이 주는 의미심장한 작가의 언어도 해석해야 한다.

마음 상하지 않는 언어

엄마의 반성을 요구하는 이 책을 아이들은 어떻게 보고 해석할까? 작가의 의도를 아이들은 알아챌까? 이런 엄마의 치부를 드러내는 책을 아이들에게 읽어 줘도 되는 걸까? 많은 궁금증과 호기심이 일었다. 부모 연수라면 흔쾌히 가지고 나갈 책이지만 아이들에게 읽히는 건 고민이었다. 그러다 선한 의도로 했어도 반복적인 언어폭력은 그 결과가 치명적이라는 작가의 경고를 모르는 척할 수가 없어 아이들과 함께 읽기로 했다.

사전 안내 없이 표지부터 보면서 이야기를 나누었다.

"아이를 향해 손가락질하고 있네요. 매니큐어를 칠한 걸 보니 어른인가 봐요. 손가락질하는 그림자의 크기가 커요. 손가락은 한 마디도 채 나오지 않았는데 왜 그랬을까요?"

"어마어마하게 큰 잘못을 했나 봐요. 그림자가 커서 아이가 작게 보여요."

"손가락질을 받은 저 아이의 기분은 어떨 것 같아요?"

"기분 나쁘죠."

책을 읽기 시작하면서 어투를 바꿨다. 명령어에 맞게 차가운 어조로 읽어 내려갔다. 아이들이 그림을 읽을 때는 가만히 시간을 주고 책에 대한 설명은 생략하고 냉정함을 유지하면서 읽었다. 아이들은 금방 책 속의 아이에게 감정 이입했다. 찡그린 얼굴이 되더니 구석에서는 '휴~' 한숨이 새어 나왔다.

첫 반응은 "엄마가 계모가 아닌가요?"였다.

"여러분 부모님은 이렇지 않으시죠?"

"이럴 때도 있지만 매 순간 이렇지는 않아요."

"이런 엄마의 잔소리를 들으면 어떻게 해요?"

"들으려고 할 때도 있지만 또 잔소리구나 하면서 무시해요."

"대들지는 않나요?"

"대든 적도 있지만 그랬다간 더 크게 혼나서 못 들은 척할 때가 많아요."

"이 엄마가 아이를 사랑하지 않을까요?"

"사랑하는 마음을 잘 표현하지 못하는 것 같아요."

"걱정하는 마음이 많은 거 같아요. 그냥 둬도 아이는 잘 노는데."

아이들의 마음은 벌써 어른이다. 책을 놓고 어른, 아이 구별할 필요가 없었던 거다. 나름의 해석으로 받아들이고 있는 게 기특하다. 나는 이 책의 엄마가 어떤 사람이냐고 물었다.

"아이를 사랑하는데 표현을 잘 못하고 아이 말을 들어주지 않는 엄마예요."

"아이의 입장을 헤아리지 못하고 화를 잘 내는 사람인 것 같아요."

"아이 입장에서는 무서운 엄마 같아요."

아이들은 엄마가 좀 답답한 사람이라며 자신들의 엄마는 잔소리가 없는 것은 아니나 이 정도는 아니라고 안심했다.

　언어가 얼마나 중요한지 이야기를 나누고, '나라면 이렇게 말할 거야!' 활동을 시작했다. 기분 나쁜 표현을 마음 상하지 않는 언어로 바꿔 보는 활동이다. 책을 인쇄해 모둠별로 나눠 줬다. 모둠원이 엄마가 되어 질문한 다음 기다렸다가 대답을 들어주고, 감정을 묻는 언어로 바꿔 본다. 이 활동을 통해 아이들이 만들어 내는 아이는 책 속의 아이와 전혀 다른 아이가 될 것이다. 밝고, 명랑하며 자연을 즐길 줄 아는, 그래서 자신을 사랑하는 긍정적인 아이가 될 것이다. 그걸 아이들이 직접 창조해 보는 거다.

　지렁이를 잡는 장면을 아이들과 함께 표현 바꾸기를 했는데 '징그러워!'라는 말은 "지렁이를 잡다니, 용감하구나!", "지렁이가 괴로울 수도 있어. 놓아주는 게 좋겠구나!", "지렁이가 아플 수도 있어!"라는 표현으로 바뀌었다. 언어 바꾸기가 끝나면 두 명은 원본대로 역할극을 하고, 두 명은 바꾼 내용으로 역할극을 한다. 시간이 좀 더 여유 있으면 이 역할을 바꿔서 해 보면 좋다. 역할극이 전체 극이 되도록 하려면 모둠별 활동 후, 발표할 때는 모둠별 원본 팀이 먼저 하고 수정된 팀이 나중에 발표한다. 재미를 위한 역할극이 아니라 '언어로 상처를 받는가'를 경험하게 하려는 목표를 잊지 말고 활동하는 것이 중요하다. 활동을 마친 다음 소감 말하기 시간을 갖는다. 표정으로만 연기했던 아이의 속마음을 들어 보는 것도 좋다.

도움이 필요해요!
『앵그리맨』

전통적 그림책에서 다루기 어려운 '폭력', '전쟁', '죽음' 등의 주제를 다룬 책들이 요즘은 많이 출판되고 있다. 『앵그리맨』은 그림책 이론서에서 처음 알고 손에 넣고 싶은 책이었다. 금기시되는 주제를 어떻게 풀어냈는지 설명만으로는 만족할 수 없었다. 하지만 까마득히 잊고 있다가 인권 공부를 하면서 번역 출간된 지 한참 지난 이 책을 만났다.

『앵그리맨』은 'SINNA MANN'이라는 애니메이션으로 제작되어 화제가 되기도 했는데, 몇 개의 조각 영상을 유튜브로 볼 수 있었다. 종이 위의 이미지로 보는 것도 충격적인데 영상에서는 음향이 더해진 덕분에 아이의 공포가 더 무섭게 다가왔다.

『앵그리맨』
그로 달레 글, 스베인 니후스 그림, 내인생의책, 2014

속표지를 두 번 반복했는데 첫 번째 속표지 그림은 망치를, 두 번째 속표지 그림은 종이비행기 뒤에 숨은 보이다. 망치는 앵그리맨을 상징적으로 보여 주는 것인데, 보잘것없는 종이비행기로 앵그리맨을 막을 수밖에 없는 것이 보이의 현실이라는 걸 알려 준다.

아이들에게 이 책을 쉽게 공개할 수 없었다. 그런데 가정폭력과 아동학대가 우리나라에서도 심각한 문제로 대두되면서 우리나라의 작가들도 이러한 주제의 그림책을 출간하기 시작했다. 아이를 보호하지 않는 부모, 이 은밀한 폭력에 노출된 아이들을 어떻게 보호한단 말인가.

사회 시간에 '아동 인권'을 주제로 수업할 때 고민, 고민하다 이 책을 들었다. 그나마 다른 책보다 문제해결의 과정을 분석적으로 접근하고 희망을 이야기하고 있는 데다, 폭력의 주체를 아버지로 보지 않고 아버지 안에 숨겨진 자아 '앵그리맨'으로 외제화하여 한 발 떨어져 볼 수 있었기 때문이다. 내용이 매우 긴 책으로 수업 시작 전 20분으로는 다 읽을 수 없었다. 하는 수 없이 끊어서 읽었는데 아이들의 걱정과 조바심은 쉬는 시간 내내 책 주위를 뱅뱅 돌게 했다. '인권 그림책 읽기' 동아리에서도 『울음소리』와 함께 다뤄 시간 내 다 읽을 수 없었다. 다음 시간으로 미루게 되었는데 아이들의 걱정을 일주일 연장한 셈이 되고 말았다. 동아리 시작 시간이 되기도 전에 아이들은 책을 읽어 달라고 졸랐다. 폭력이 무서운 만큼 그 속에 있는 아이와 엄마가 걱정되는 거다. 한 아이는 "걱정되고 궁금해서 동아리 날만 기다렸어요."라고 한다. 부디 우리 사회에 이런 일이 사라지길 간절히 기대해 본다.

마음속 지하실에 사는 앵그리맨

주인공은 어린 '보이'다. 늘 아빠의 기분을 살피고 아빠의 기분에 맞추려고 노력하지만, 그 일이 뜻대로 되지 않는다. 아빠의 마음속 지하실에는 앵그리맨이 살고 있는데 그 앵그리맨이 아빠를 타고 나오면 집은 공포의 도가니가 된다. 엄마는 보이를 보호하고자 하나 앵그리맨 앞에서는 너무나 작고 약한 존재다. 이 풍파가 지나면 아빠는 엄마와 보이에게 용서를 빈다. 잘못했다고, 다시는 그러지 않겠다고. 하지만 앵그리맨은 자꾸 아빠를 타고 나와 폭력을 휘두른다. 보이는 겹겹의 빗장을 열고 나와 개와 나무, 새들에게 자신의 이야기를 털어놓는다. 새들이 편지를 써서 도움을 요청하라고 하자 보이는 용기를 내 편지를 쓴다. 그러자 견고하게 닫혀 있던 보이네 집으로 임금님이 찾아온다. 임금님은 보이에게 '네 잘못이 아니다.' 말하고, 아빠를 데리고 가서 스스로 치유할 수 있도록 한다. 아빠는 내면의 앵그리맨을 모두 불러내어 위로하고 쓰다듬어 주며 그들과 함께 사는 방법을 배운다.

마치 분노조절장애를 앓고 있는 사람의 사례를 쓴 정신과 상담서 같다. 이 책을 처음 읽고는 잠시 멍해졌다. 그러다가 정신을 차리고 몇 번을 다시 읽었는지 모른다. 아이의 관점에서 진행되는 이야기는 비슷한 단어의 나열과 단문으로 긴장감을 끌고 간다. 눈으로 읽지 말고 소리 내어 운율을 따라가면 긴장감은 배가 된다. 한 장면

한 장면은 시의 언어로 되어 있다. 긴장감을 팽팽하게 당기다가 급기야 공포를 경험하게 한다.

이 책은 계몽서의 성격을 띠고 있다. '분노조절장애를 그대로 두면 상습적 폭력으로 발전한다. 폭력은 대물림으로 이어질 수 있어 반드시 치유의 과정을 거쳐야 한다. 가족이 감싸고 감추는 것으로는 일을 더 크게 만들 뿐이다. 외부의 도움이 반드시 있어야 한다.' 등 그림책 한 권이 '은밀한 가정폭력을 폭로하고, 폭력은 도움을 받아야 하는 질환'이라고 독자에게 소리치는 책처럼 느껴진다. 우리나라 사람들은 가정폭력에 대해 '팔자가 드세서 이렇게 살지.', '아이들 때문에 참으며 살지.' 하면서 체념한다. 하지만 이건 절대 용인할 수 없다. 가정은 가족의 울타리가 되어야 하고, 사랑의 보금자리가 되어야 건강한 다음 세대를 기약할 수 있는 곳이다. 이곳이 무너지면 희망도 사라진다. 책에서 보여 준 대로 외부에 도움을 요청하여 폭력 가해자는 물론 폭력 피해자도 마음 치유를 해야 폭력의 고리를 끊을 수 있다.

아빠, 제발 앵그리맨이 못 나오게 해 주세요.

못 나오게 해 주세요. 착해질게요.

아무 말도 하지 않을게요. 숨도 안 쉴게요.

(중략)

나 때문인가 봐. 더 잘할게요. 더 착해질게요.

뭐든 할게요. 죄송해요, 아빠. 용서해 주세요.

보이의 생각들을 읽을 때면 찌르르 고통이 함께 온다. 앵그리맨의 폭력을 경험할 때마다 이 아이의 가슴은 타들어 간다. 앵그리맨의 등장이 오롯이 자신 때문이라고 생각한다. 마음이 아려 읽는 내 목소리와 심장이 가늘게 떨린다.

글 못지않게 그림의 언어도 풍성하다. 상징을 곳곳에 놓고, 확대와 축소를, 색상의 변화를 밀도 있게 그려 나가 책에서 눈을 떼지 못하게 한다. 첫 장면에 보이는 아빠 같은 사람이 되겠다고 다짐하는데, 그림을 보면 서랍장 위 유리 어항에 가족을 상징하는 물고기가 세 마리 있고, 옆에는 언제든 어항을 깰 수 있는 망치가 있다. 그 밖에 그림 하나하나가 금방이라도 활활 타오르는 불길이 될 것 같은 불안을 만든다. 한 장 한 장 넘길 때마다 숨을 제대로 쉴 수 없어 참았다 토해 내야만 했다. 가정폭력의 공포가 열기와 함께 온몸으로 확 끼친다.

공포를 느끼는 순간

『앵그리맨』을 읽는 동안 아이들은 숨소리조차 잦아든다. 그러다 흥분하면 책 읽기와 상관없이 웅성웅성 자기들의 느낌과 감정을 토해 낸다. "보이가 너무 불쌍해요.", "아빠를 용서하면 안 돼요!", "아빤

데?", "이웃들은 뭐 하는 거예요. 저 정도면 경찰에 신고해야 하는 거 아닌가요.", "너무 무서워요." 한참을 떠들다 한 아이가 "좀 조용히 해 봐. 궁금해." 하니 아이들의 시선이 내게로 향한다. 나는 미소를 감추고 감정을 잡아 다시 읽었다.

　책을 읽다 보면 문장의 특징이 저절로 느껴질 때가 있는데, 이 책은 불안한 감정을 한껏 끌어올려야 한다. 목소리는 아주 작게, 다급한 부분은 빠르게, 두려움이 한층 커지면 읽는 속도를 아주 느리게 읽는다. 마치 1인극을 하는 것처럼. 아이들은 책에 집중하면서 보이와 함께 불안감을 키운다. 그러다 임금님이 등장하고부터 얼굴이 편안해진다. 임금님은 아빠가 따를 수밖에 없는 최고의 힘이다. 실질적으로 문제를 해결하는 사람은 정신과 의사겠지만 아빠가 고분고분 순종할 수밖에 없는 권위 있는 인물을 설정한 거다.

　마음 나누기는 폭력을 당하는 아이의 입장을 중심으로 이야기 나눴다. 다른 사람에게 공포를 느낀 적은 없는지 기억을 떠올려 보고 그때의 심정이 어땠는지 이야기 나눴다. 『앵그리맨』처럼 극단적인 공포 경험은 없으나 '꾸중 들을 때', '시험 많이 틀려 걱정될 때', '혼자 집에 있는데 소리가 날 때' 등 소소한 경험들을 말했다. 아이들은 주인공 보이가 느꼈을 공포가 무지 컸을 거라며 아빠가 빨리 치료를 받아 가족 모두 행복해질 수 있어 다행이라고 했다.

　독후활동은 몸을 움직이고 소통하는 것을 중심활동으로 하고 싶었는데 뾰족한 방법이 없었다. 아무리 역할극이라도 가정폭력을 경험시키고 싶지 않은 마음이 크게 작용했기 때문이다. 귀한 생명으로 태어나 부모라도 함부로 해서는 안 되는데 폭력 환경 속에서 살아가는 아이는 얼마나 불행할지 마음이 아팠다. 가정폭력은 대물림된다는 무서운 이야기도 꺼내고 싶지 않았다.

어떤 폭력 장면도 보여 주고 싶지 않아 글쓰기 활동을 했다. 진심을 담아 마음을 전하는 편지쓰기로, 등장인물 누구에게나 쓸 수 있도록 열어 놓았다. 그 편지를 받은 사람의 마음이 울리도록 정성을 다해 쓴다는 조건이다. 아래는 아이들이 진심으로 쓴 편지 중 일부이다.

> 오늘 나는 보이, 너의 심정을 읽었어. 그동안 얼마나 큰 고통을 받고 있었는지 솔직히 내게는 충격이었어. 괜찮니? 너의 하루는 얼마나 무섭고 두려웠을까? 마음이 아파. 그래도 임금님이 도와주셔서 얼마나 다행인지 몰라. 보이야, 너도 화가 나는 일이 있다면 먼저 '일단 멈추기'를 해 봐. 그리고 상대방의 입장으로 바꿔 생각해 보렴. 그러면 마음속 앵그리맨의 크기가 작아질 거야. (지훈)

> 보이 아버님, 많이 힘드신 걸 알겠어요. 화를 제어하지 못하는 자신이 너무 싫고 고통스러울 것 같아요. 내 맘대로 안 될 때 저도 몹시 나 자

신이 싫거든요. 하지만 아버님, 아버님은 훨씬 강하답니다. 마음속을 들여다보시고 앵그리맨을 이해하고 포근하게 안아 주며 길들이기를 바랍니다. 그러면 앵그리맨을 잘 조절할 수 있을 거예요. 힘내세요. 보이 엄마께, 너무 힘들어 보여요. 앵그리맨을 보이에게 보여 주고 싶지 않지요? 보이 엄마의 잘못이 아니에요. 이제 임금님이 도와주실 거니까 행복하길 바랍니다. 시간이 좀 걸리겠지만요. (수현)

내일 또 놀러 오렴

『나의 다정한 돼지엄마』

"『아기 돼지 삼 형제』가 무엇을 말하는 책인가요?"
"삶의 지혜 혹은 새로운 환경에 적응하는 이야기!"
"그렇게 볼 수도 있지만 '성장'을 다룬 책이라고 봐요."
교수님의 말에 나는 고개가 저절로 끄덕여졌다.

아이를 키우면서 『아기 돼지 삼 형제』를 안 읽은 집은 없을 것이다. 버전도 다양하여 두 형이 죽음으로 가는 이야기도 있고, 삼 형제가 모두 살아남는 이야기도 있다. 또 이 이야기의 패러디는 얼마나 많은가. 쉼 없이 세계의 작가들이 재생산하는 이야기인데도 지루하지 않고 어떻게 이렇게 풀어냈는지 궁금해지는 책이다. 앞으로도 새로운 버전의 『아기 돼지 삼 형제』는 계속해서 세상에 나올 것이다.

『나의 다정한 돼지엄마』도 『아기 돼지 삼 형제』의 패러디 작품이다. 나중에 해설서를 보니 '삼 형제'는 반드시 세 형제로 해석할 필요가 없다고 한다. 한 명의 자녀가 세 번의 경험으로 독립에 성공하는 이야기로 읽어도 무방하다고 한다. 그런데도 이제껏 그냥 아는 이야기라고 쉽게 넘긴 것은 아닌가 싶었다.

나는 이 책을 읽으면서 학부모 연수에서 읽으면 적격이라는 생각을 떨칠 수가 없었다. 아이들 사이에 문제가 생길 때면 부모는 자기 아이만 바라보게 되는 듯하다. 양쪽 아이의 말을 들어 보면 '일방적'이란 표현이 초등학교에서는 어울리지 않는다는 걸 알게 된다. 늘 '쌍방향'이다. 돼지엄마의 노력을 눈여겨보니 '내 자녀와 자녀의 친구는 같다'는 지극한 포용이 보인다. 그래서 학부모들과 이 이야기를 나누고 싶어 내심 찍어 놓은 책이다.

우선 『나의 다정한 돼지엄마』라는 제목을 보자. 돼지 삼 형제가 부른다면 그냥 '엄마'다. '돼지엄마'라는 호칭은 자신의 친엄마가 아닌 사람을 친근하게 부르는 말이다. 그럼 과연 누가 엄마 돼지를 '나의 다정한 돼지엄마'라고 부른 걸까?

포용으로 감싸는 엄마

사회에서 엄마를 지칭하는 말들은 아주 많다. 알파 맘, 베타 맘, 스칸디 맘, 헬리콥터 맘, 타이거 맘, 캥거루 맘, 돼지 맘, 사커 맘 등. 대부

『나의 다정한 돼지엄마』
크리스틴 나우만 빌맹 글, 마리안 바르실롱 그림, 그레이트북스, 2018

가로로 긴 판형에 표지에는 파란 원피스를 입은 엄마 돼지만 등장한다. 이 책의 주인공은 '아기 돼지 삼 형제'가 아니라 엄마 돼지임을 표지에서부터 분명히 보여 주고 있다.

분 자녀교육의 관점에서 분류하고 있는데 자녀의 장애물을 처리하는 엄마는 알파 맘과 헬리콥터 맘이고, 엄격한 훈육은 타이거 맘, 자율성과 창의성을 중요시하는 엄마는 베타 맘과 스칸디 맘이다. 특히 재미있는 부류는 '돼지 맘'인데, 사교육 시장을 꿰고 있으며 엄마들의 '대장'이란다. 그럼 우리의 다정한 돼지엄마는 어떤 엄마에 속할까?

엄마 돼지는 돼지 삼 형제에게 독립할 때가 되었다며 나가 살라고 한다. 그러면서 자주 찾아가 도움을 줄 거라고 말한다. 아기 돼지 삼 형제가 집을 나가 각각 집을 짓는 과정은 원전과 마찬가지다. 그리고 돼지를 잡아먹기 위해 예의 그 늑대가 등장한다. 원전과 다른 점은 엄마 돼지가 등장하여 호들갑스럽게 늑대의 혼을 빼며 아기 돼지를 구하는 점이다. 놀라운 건 엄마 돼지가 아기 돼지를 구할 뿐만 아니라 늑대를 변화시킨다는 거다. 엄마 돼지의 위대함이 빛나는 책이다. 그럼 엄마돼지는 어떤 '맘'으로 부를 수 있을까? '헬리콥터 맘'이 아닐까 생각했지만 사실 어느 부류에도 들지 않는다. 그저 천적도 포용으로 감싸 변화시키는 '위대한 엄마'다.

엄마 돼지는 늑대와 처음 만났을 때 늑대가 왜 왔는지 알고 있다. 하지만 처음부터 '천적'이란 개념 없이 '친구'로 대한다. 늑대에게 "우리 애 친구니?", "옷은 또 왜 이래?", "우리 애랑 싸웠니?"라고 질문을 하지만 대답을 기다리지는 않는다. 그런 다음 내일이면 화가 풀릴 테니 그때 다시 오라고 말한다. 결국, 격리다.

그런데 피자 한 조각을 주자 고맙다고 말하는 늑대에게 "고맙다고? 뭐가?"라며 되묻는데, 엄마 돼지의 지혜가 돋보인다. "고마워요, 아줌마."라는 대답을 통해 자신의 존재를 확인시킨다. 아이들은 '피자'가 고맙다고 할 것 같았는데 '아줌마'라고 말해, 고마운 대상을 정확하게 표현하도록 유도했다며 감탄했다.

엄마 돼지가 위대한 건 그다음 행동이다. 자식을 해칠 수 있는 존재가 가까이 있으며, 호시탐탐 노리고 있다는 것을 알면 엄마는 보통 어떤 반응일까? 교사인 나는 곧바로 '안전교육'에 들어갈 거다. 위험 요소를 어떻게 헤쳐 나갈지 아이들을 불러 놓고 교육할 거다. 하지만 엄마 돼지는 아기 돼지들에게 늑대의 존재에 대해 아무런 말 없이 오히려 늑대를 대면하며 변화시켰다. 엄마만의 기술로.

엄마 돼지는 늑대를 만나면서 단정한 옷차림을 칭찬하고 건강 상태를 걱정하고 집으로 초대한다. 예의, 인정, 칭찬, 염려, 초대가 대화 속에 다 들어 있다. 야성의 늑대는 사랑과 관심을 받으면서 자신도 모르게 엄마 돼지의 바람대로 움직인다. 지저분한 옷차림과 삐죽삐죽한 머리를 지적받자 돼지를 잡아먹으러 오는데도 옷차림을 단정히 하고 머리를 빗고 나온 걸 생각하면 쿡 웃음이 나온다. 낯선 사람, 그가 비록 나에게 해를 끼치러 오는 사람일지라도 그를 향해 엄마 돼지처럼 친절과 칭찬과 염려와 베풂을 실천할 수 있을까? 순수하지 못한 나는 자식을 살리기 위해 엄마가 영악한 연기를 하는 거고, 늑대는 속고 있다고 생각했다. 하지만 초대하고 진심으로 환영하는 모습을 보면서 사실 엄마 돼지는 처음부터 늑대를 진심으로 대한 게 느껴졌다. 오지랖 넓은 이웃집 아줌마처럼.

처음엔 내 자식의 안전과 내 자식의 성장에만 급급해 자녀가 성인이 되어도 쫓아다니며 간섭하는 엄마의 모습을 떠올렸다. 그러나 자식에게 경고하며 다그치지 않고 있는 그대로 받아들이도록 하며, 오히려 생면부지의 타자를 변화시킨다. 일요일, 늑대가 막내 돼지의 집을 방문할 때 은방울꽃다발을 준비하고 초인종을 누르며 예의를 갖췄다. 세 번의 만남이 삶을 바꿔 놓은 것이다. 늑대가 엄마 돼지에게 선물한 은방울꽃의 꽃말은 '다시 찾은 행복, 틀림없는 행복'이라고 한다. 늑대는 서로 어울려 사는 방법을 터득한 후라 '다시 찾은 행복'을 맘껏 누릴 것이다.

어느 모둠과 읽어도 반드시 짚고 넘어가는 대목이 있다. 제일 마지막 문장이다.

"참, 자다가 배고파서 깰지도 모르니까 간식을 준비해 놓을게. 뭘 해 줄까?"

"아니에요, 돼지엄마. 제게 필요한 건 여기 다 있는 걸요……."

친구가 된 늑대와 아기 돼지

아이들과 이 책을 읽을 때면 은근히 기대된다. 아이들의 반응이 궁금하고 얼마나 재미있어 할까 상상이 되기 때문이다. 작가도 우리를 바라보며 능청스럽게 웃고 있을 것만 같다.

아이들의 일차적 반응은 유머다. 엄마 돼지의 혼을 빼는 대사에 폭 빠진다. 그리고 엄마 돼지의 페이스에 말려 자신의 의지대로 행동하지 못하고 집으로 와서 후회하는 늑대의 모습에서도 아이들은 웃음이 터진다.

두 모둠으로 나누어 '늑대가 변한 원인이 뭘까?'와 '늑대는 그날 밤 어떻게 지냈을까? 혹은 그 후 늑대는 어떻게 되었을까?'로 이야기를 나눴다.

"이름을 불러 주는 일이 대단한 것 같아요. 늑대가 자신의 이름을 기억하지도 못하고 있는 걸 보면 친구가 한 명도 없는 거예요. 그런데 친구가 생겼으니 얼마나 좋겠어요. 예전의 늑대로 돌아가지 않을 거예요."

"엄마의 지혜로움과 따뜻함 그리고 아기 돼지들의 순수함이 빚어낸 변화라는 생각이 들어요."

"저도 그렇게 생각해요. 늑대는 그동안 미움의 대상이었는데 친구로 대해 주니 너무나 좋은 거지요."

"첫째와 둘째 돼지의 배려도 있는 것 같아요. 그들은 이미 늑대를 봤거든요. 문 열어 달라고 할 때 안 열어 줬잖아요. 늑대가 어떻다는 걸 이미 알고 있었지요. 그런데도 친구로 마음을 연 건 돼지의 배려가 있었기 때문이라 생각해요."

나는 엄마 돼지에게만 집중하고 있었는데 아이들은 내가 보지 못한 것까지 보고 있었다.

이야기를 나눈 후에는 엄마 돼지와 늑대가 만나는 장면으로 역할극을 했다. 엄마 돼지 역을 맡은 아이가 수완 좋게 대사를 하면 완전히 자지러졌다. 집에 돌아와서 꿀차를 마시는 늑대의 연기도 보는 재미가 있었다.

천적을 대할 때 친절하게 진심으로 대하면 그 정성을 모르지 않으며 선한 영향력은 주변으로 퍼져 나간다. 내 자식만 중요하고, 내 자식만 잘되면 된다는 생각이 널리 퍼져 있는 우리 사회에 이런 위대한 엄마가, 이웃집 아줌마가 더 많이 필요하다. 매년『나의 다정한 돼지엄마』로 나와 만나는 아이들은 행복하고 즐겁고 편안한 시간을 보내게 될 것이다.

왕자를 구하는 공주라고?

『봉지공주와 봉투왕자』

예전에는 여자아이를 위한 책으로 '공주' 책이 대세였고 그중에서도 가장 대표적인 책을 꼽으라면 '백설 공주'를 떠올릴 거다. 백설 공주는 누구나 알고 있듯이 너무 예뻐서 고난을 겪은 캐릭터다. 백설 공주는 그림 형제가 채록하고 재구성한 책이지만 여러 가지 버전으로 조금씩 다른 이야기가 전한다.

　백설 공주 이야기는 역사상 실존했던 마르가레테(1533~1554)를 바탕으로 한 이야기라고 한다. 마르가레테는 발데크의 탄광촌에서 계모와 살았던 아름다운 처녀다. 마르가레테가 16세 되던 해 브뤼셀에 가게 되었고 아름다운 미모로 몇몇 귀족들과 교제가 있었는데, 펠리페 2세가 마르가레테에게 한눈에 반해 청혼한다. 그러나 얼마 뒤 마르가레테는 독살되고 만다. 중세에 왕가의 결혼은 동맹 유지 등 매우 민감한 정치적 문제였기에 모종의 음모가 있었던 모양이다. 아름다운 아가씨의 애달픈 죽음은 많은 사람의 기억에 각인되었고 이후 여러 이야기의 소재가 되었다.

'신데렐라'는 조금 다른 신화적 근원을 갖고 있는데 신데렐라의 '저편 세계'와 대비되는 '이편 세계'는 새엄마와 의붓딸들의 세계다. 선물로 무엇을 받고 싶으냐는 아버지에게 의붓딸들은 금은보화를 요구하나, 신데렐라(재투성이)는 '아버지의 모자에 부딪히는 어린 나뭇가지'를 달라고 한다. 이는 저편 세계가 숨기고 있는 축복과 보물을 알아보고 감지할 수 있는 능력이 신데렐라에게 있다는 것을 암시한다. 신데렐라는 아버지에게서 받은 개암 나뭇가지를 어머니 무덤 위에 심고, 개암나무 앞에서 매일 엄마가 그리워 눈물을 흘린다. 나무는 신데렐라의 눈물을 먹고 자라 신데렐라의 소원을 들어주는 신목이 된다. 그녀는 재투성이에서 황금신을 신은 사람으로 변한다.

공주 이야기도 자세히 알고 보면 심오한 세계를 담고 있지만, 아이들이 접하는 이야기는 단순하고 화려하고 직선적인 언어로 되어 있다. 그래서 공주 이야기를 오늘날 부모들은 읽어 주기 꺼린다. 요즘은 여성의 사회적 역할이 커지고 남성에게 구속된 존재로서 여성을 바라보지 않는다. 남성이 신분 상승을 시켜 줄 것이므로 예쁘게 치장하고 기다리고 있던 여성상에서 성 평등의 이야기로 발전하고

『봉지공주와 봉투왕자』
이영경 지음, 사계절, 2018

표지 그림은 봉투왕자가 보낸 듯한 편지를 읽고 있는 사랑스러운 봉지공주의 모습이다. 창밖에 있는 봉투왕자와 얼굴을 붉히는 봉지공주의 사연이 궁금해진다.

있다. 지금은 한 발 더 나아가 '나다움'을 강조하는 시대로 변했다.

　책을 선정하는 과정에서 '나다움'을 직접 이야기하는 책으로 할지, '성 역할'이란 고정관념에 멈춰 있지 않고 적극적으로 행동하는 이야기가 좋을지 선택이 어려웠다. 그러다 아이들에게 친숙하고 유머 있는 이야기로 뭐가 좋을까 고민하며 고른 것이 『봉지공주와 봉투왕자』다. 마치 비꼬듯이 또 공주와 왕자의 이야기지만.

봉투왕자를 사랑한 봉지공주

평화롭던 시절 봉지공주와 봉투왕자는 서로 사랑하는 사이였다. 두 나라가 갈라지고 난 뒤 만날 수 없게 되자 서로 보고 싶어 애가 탄다. 봉투왕자는 비닐봉지에 비밀특파원을 숨겨 봉지공주에게 편지를 보낸다. 은하수 강가에서 만나자고. 봉지공주와 봉투왕자가 은하수 강가로 가고 있을 때, 분리수거대마왕은 봉지공주를 페트병왕자와 결혼시키려는 계획이 어그러진 것을 알고 봉투나라를 침략한다. 전쟁이 일어났다는 소식을 들은 봉투왕자는 발길을 돌려 전쟁터로 향하고, 적과 싸우다 끈적끈적한 풀투성이가 되어 강물에 던져진다. 은하수 강가에서 봉지공주는 떠내려오는 봉투왕자를 발견하고 봉투왕자를 구하기 위해 물속으로 뛰어든다.

　전통적 여성상은 공주들처럼 예쁘게 치장하고 자신의 아름다움에 감탄할 왕자님을 기다리는 모습이다. 위기에 처한 사람은 늘 예쁘기는 하지만 힘이 없는 여자이고 여자를 구한 사람은 힘이 세고 돈이 많으며 권력을 쥔 왕자여야 한다. 그러나 성 평등을 주장하는 책에서는 공주 스스로 삶을 개척해 나가고 오히려 남성을 구하는 여성으로 그려진다.

봉지공주는 비닐이라 가벼워 봉투왕자에게 다가가지 못하자 자신의 몸에 물을 채우고, 물이 가득 차 가라앉는 상황이 되자 물을 빼내기 위해 봉지를 찢어 버린다. 찢어진 비닐봉지라! 봉투왕자를 구하기 위해 스스로 쓸모없는 비닐봉지가 된 거다. 봉지공주의 도움으로 살아난 봉투왕자는 봉지공주의 찢어진 치마를 묶어 새지 않도록 한다. 그리고 자신의 빳빳해진 몸을 일부러 구겨 비슷한 처지로 만들며 외모는 중요하지 않고 사랑은 지극한 마음이 우선이라는 걸 보여 준다.

이 책을 읽는 재미는 코러스에 있다. 중간중간 노래를 부르는 듯한 가사가 재미있다. '도깨비 빤스' 원곡의 유머 때문에 개사된 가사도 절로 웃음이 나오고 흥얼거리게 된다. 아이들과 함께 합창으로 부르면 더 흥이 나고 신난다. 그림책에 이런 풍자적 노래가 나오면 아이들은 말 그대로 자지러진다. 유튜브에 작가가 올린 '빵구송'을 함께 보면서 불러 보는 것도 흥미롭다. '빵구송'은 '동대문을 열어라'를 개사한 것인 줄 알았는데 작가의 자작곡이었다. 하지만 뭐 어떤가? 내 식대로 불러도, 랩으로 불러도 괜찮다.

또 하나의 풍자는 전쟁 중에 딱풀부대가 외치는 말이다. 기상천

외한 '딱풀의 전쟁'도 웃기는데 "다– 붙여 버리겠다~~~ 항복하면 살 것이고 반항하면 붙을 것이다~~ 붙으면 죽을 것이다~~~"라는 함성은 벤자민 플랭클린이 한 '뭉치면 살고 흩어지면 죽는다'는 말의 패러디다.

　보통 전쟁 장면이라고 하면 심각하고 걱정스러워야 하는데 독자는 웃음이 실실 새어 나온다. 딱풀이 봉투에 다가가서 풀칠만 하면 이기는 전쟁이다. 봉투왕자의 전투 장면은 빵칼로 풀을 잘라내는 거다. 풍자적인 착상과 해학적인 창의성이 빛난다. 작가는 여기저기에 재미를 뿌렸다. 우린 따라가며 웃고 즐거워하면 된다. 그러면서 우리는 자기 삶의 적극성을 생각하고 나다움을 어떻게 발현할 것인가 고민하면 된다.

여성과 남성의 역할

이 책을 읽기 전에 『신데룰라』와 『종이봉지공주』를 먼저 읽었다. 여성이나 남성이라는 고정관념에서 벗어나는 이야기를 읽어서인지 패러디 작품을 바라보는 마음이 열려 있다. 이야기가 끝났는데도 소란스럽다. 흥겨운 노래라면 온몸을 흔들며 부르는 찬이는 벌써 '도깨비 빤스'에 꽂혔다.

　마음 나누기는 비닐봉지와 종이봉투의 쓰임과 장단점을 따져 보는 것으로 시작했다. 비닐이 노래한 500년 넘어도 '까딱없다'는 의미를 해석하며 제법 열띤 이야기를 나눴다. 차이에 따른 쓰임이 중요하고 비닐봉지가 이기는 전쟁이지만 비닐봉지가 이겨서는 안 된다는 환경을 생각하는 발언도 나왔다.

여성과 남성의 역할에 대해서도 진지한 대화를 나누었다. 아이들의 결론은 '성차별은 절대 안 된다'였다. 또한 그 누구와도 같지 않은 나 자신으로 사는 것이 중요하다고 말한다. 이영경 작가는 아이들이 '<u>스스로</u> 잘났고, <u>스스로</u> 아름답고, <u>스스로</u> 옳다'는 마음을 가졌으면 좋겠다고 했다. 그래서 '완벽하지 않지만, 그 자체로 사랑스러운 나'를 주제로 아는 노래를 개사해 부르거나, 랩을 만들어 즉흥적으로 발표하는 시간을 가졌다. 말 그대로 폭소 대잔치였다.

내 꿈은 거창해요.
빛나고도 환하지요.
누가 뭐래도 안 흔들려요.
될 때까지 살아 있어요.

내 계획은 완벽해요.
잘 만들고 대단하죠.
굳은 마음으로 다짐했어요.
여러 날 지나도 지킬 거예요.

내 곁에 있어 줘서 고마워

『도둑맞은 이름』

『도둑맞은 이름』은 하얀 배경에 판화 기법으로 그려진 그림인데 첫인상은 그저 어둡게 보이기만 했다.

 이 책은 사람의 얼굴을 사과로 표현했다. 실제 얼굴을 보여 주지 않는데, 나중에 인터뷰 내용을 보고서야 작가의 의도를 알 수 있었다. 하지만 첫 문장부터 마음속으로 파고드는 힘이 있었다. 우리의 현실과 똑 닮아 있어서, 우리 이야기를 하는 것 같아 불편하기만 하다. 학교 안에 있는 사람은 학교 안에서 일어나는 모든 일을 알고 있을 것 같지만 교실 안에도 사각지대는 있다. 은밀하게, 어른 없을 때만, 안 보이는 곳에서 일어나는 부도덕한 일은 평소에 촉을 예민하게 세우지 않으면 알아채기 쉽지 않다. 아이들이 적당히 얼버무리고

『도둑맞은 이름』
호세 안토니오 타시에스 지음, 푸른숲주니어, 2013

검은 난간에 기대어 턱을 괴고 있는 그림이 표지에 나오는데, 앞표지는 얼굴이 사과, 뒤표지는 얼굴이 사람이다. 면지로 이어진 검은 선은 난간이다. 이야기를 끝까지 읽으면 이 난간이 옥상의 난간임을 알게 된다.

애매한 미소를 지으며 고단수로 나가거나 모두 침묵으로 일관할 때 실상을 파악하기란 쉽지 않다.

평소 학교폭력과 관련된 책을 모르는 척 넘기지 못하는 이유는 나름으로 촉을 세우고 있기 때문이다. 이 분야는 그림책이건, 소설책이건, 보고서 형식의 어른 책이건 가리지 않고 본다. 최근에 본 학교폭력 보고서는 간담을 서늘하게 했다. 정말 내가 가르친 아이들이 고학년이 되고, 중·고등학교에 가면 저렇게 되는 건가 싶어 책을 놓을 수가 없었다. 피해자가 가해자가 되기도 하고, 가해자가 피해자가 되기도 하는 학교폭력 주변엔 늘 다수의 방관자가 있다. 학교는 가해자, 피해자, 방관자가 있는 곳이다. 하지만 어느 한 꼭짓점도 제외할 수 없는 모두가 소중한 우리의 아이들이다. 썩은 이를 뽑듯이 처벌하고 전학시키고 격리하는 일은 근본적인 문제해결이 아니다.

어려서부터 배우는 '존중'이 그래서 중요하다. 모두 같지 않음이 너무나 당연한 이야기인데도 우리는 획일화된 한 가지 방향으로 가다 문제가 커진 것은 아닌가 주먹구구 생각해 본다. 다양성을 축복으로 받아들이고 수용하는 일이 언젠가는 가능하겠지 꿈꿔 본다.

옥상으로 향하는 아이

주인공은 햇살, 고소한 냄새, 푹신한 잔디, 부드러운 미소, 웃음소리는 자신의 것이 아니고, 자신을 위한 것은 하나도 없다고 말한다. 따뜻하고, 환하고, 달콤하고, 행복하고, 부드럽고, 활기차고, 싱그럽고, 폭신하고, 향긋하고, 고소하고, 매끄럽고, 포근한 이 모든 것이 허락되지 않는다면, 내게 다가온 낱말들은 무엇일까? 메마르고, 거칠고, 암울하고, 퇴색되고, 버려지고, 고약하고, 우울하고, 가라앉고, 춥고, 외롭고, 아슬아슬하고, 위태롭고, 불안하고, 힘이 하나도 없고……. 하루를 버티며 사는 것 자체가 인생을 건 도박인 듯하다. 행복한 낱말들은 깔때기 위에서 다른 아이들이 차지하고, 깔때기를 빠져나온 암울한 낱말들이 주인공을 겹겹이 에워싸고 있는 듯 숨이 막히는 장면이다.

 이름 대신 '벌레', '겁쟁이'라고 불리는 아이. 학교는 감옥 같고, 새 학기가 되면 감옥으로 끌려가는 기분이라고 말하는 아이. 운동장에 아이들이 사라질 때까지 숨어 있다가 뒤늦게 터벅터벅 나오는 아이. '빨간 사과' 얼굴 사이에 자신만 '초록 배'라고 느끼는 아이. 이 아이가 향하는 곳은 옥상이다. 아이는 옥상 난간 사이로 아래를 내려다보며 "생각보다 어지럽지 않아."라고 말한다.

 주인공이 느꼈을 그 감정을 우리는 얼마나 느끼며 공감할 수 있을까? 말로 이해하고 공감했다고 혹시 착각하고 있는 것은 아닐까? 나라를 떠들썩하게 하는 학교폭력 피해 학생들의 자살 사건을 접하면 우리는 가슴 깊이 그 아이의 심정을 공감하지 못했다는 생각에 가슴이 쓰리고 아프다. 그러나 옥상을 향하는 아이는 '하루 버티기'를 끝내는 유일한 방법이 옥상을 오르는 것이었을지 모른다. 주변의 누구도 귀를 기울이지 않았다. 작가는 마지막에 희망을 담았다. '들어주는 이'가 이 아이를 살리고, 학교폭력에 시달리는 아이를 살려낼 것이라고 한다. 그러니 주변의 친구들에게 '들어주는 이'가 되어 달라고. 그 곁에 단 한 사람이라도 '들어주는 이'가 있다면 아이는 침침하고 암울한 세계에서 따뜻하고 보드라운 세상으로 나올 수 있다는 거다.

작가가 생각한 주인공의 얼굴은 '정체성'의 표현이라고 한다. 학교에서 아이들의 얼굴이 모두 사과인 건 보편적인 모습인데 친구들에게 폭력을 당하는 자기는 사과 얼굴이 아닌 배 얼굴이라고 느낀다. 수없이 폭력에 시달리고 이름을 빼앗기다 보니 자신의 정체성을 확립하지 못한 거다. 그래서 더 위축되고, 자신감이 없고, 숨고 싶고, 죽고 싶은 마음이 커지는 건 아닐까.

탈의실에서 바지를 빼앗아 주인공을 곤란하게 만드는 장면에서야 실제 얼굴이 등장한다. 폭력에 가담한 세 명의 얼굴과 깜짝 놀라는 방관자의 얼굴을 낱낱이 보여 준다. 이 장면은 사과 얼굴의 익명성에서 개별적 얼굴로 폭력을 고발한다. 이것은 결코 장난이 아니며, 학교 안에서 덮고 넘어갈 문제가 아니라 공론화를 거쳐 죄를 따져야 한다는 작가의 고발이다.

책을 모두 읽고 나면 좀 허탈한 기분이 든다. '들어주는 이'만이 아이를 구할 수 있을까? '연대'는 답이 될 수 없는가? 놀라는 방관자가 피해자와 '연대'할 수는 없는 건가. '연대'를 가르치는 것도 아주 어려서부터 시작해야 두려움을 이기고 용기를 낼 수 있을지도 모르겠다는 생각이 들었다. 결국, 교육은 '존중'이라는 씨앗을 단단하게 심고, 폭력에 맞서는 '연대'의 힘도 가르쳐야 한다.

따뜻하게 손잡아 주는 일

『도둑맞은 이름』은 심각한 주제를 다루고 있어서 아이들의 집중도가 높다. 아이가 폭력을 당하는 장면이 반복되면 안타까워 신음을 토해 낸다. 주인공이 옥상으로 가 아래를 내려다보는 장면에서는 여기저기서 "안 돼!"라고 소리치기도 한다. 마지막 장면을 읽으니 아이들은 어리둥절해진다. '왜 갑자기 독자에게 말을 걸지?' 하는 의아한 표정이다. 누구에게나 '들어주는 이'가 필요하며 특히 이런 집단 따돌림을 받는 아이에게는 아이 편인 '들어주는 이'가 중요하다고 설명했다. 학급에서 소외된 친구에게 친절한 말 한마디를 건네고 따뜻하게 손잡아 주는 일이 생명을 구하는 일이 될 수 있다고 덧붙였다.

마음 나누기는 '들어주는 이'가 되는 내용으로 시작했다. 평소 말을 잘 들어주느냐는 질문에 "능숙하게 말하는 게 어려워요. 낯선 사람이면 더 긴장해서 더듬거리거나 짧게 표현해요."라는 아이가 있었다. 그런데 수업을 마칠 때가 되자 자신도 용기를 내는 사람이 되어야겠다고 각오를 다졌다. 소심한 성격의 아이인데 자신에게 '용기'를 주문하는 걸 보니 대견했다. 또 마음이 불편했던 일을 이야기하면서 들어주고 위로를 전하는 시간을 가졌다. 한 아이가 이야기를 마치면 이번에는 역할을 바꿔 말한 아이가 들어주는 이가 된다. 규칙은 지도하고 조언하며 평가하는 것이 아니라 그냥 들어주고 공감해 주는 것뿐이다.

다음 활동은 '연대'를 경험하는 활동이다. '쥐와 고양이' 게임으로 연대하지 않을 때는 원을 만들지 않고 그냥 자기 자리에 서 있으면서 서로 돕지 않는 상황에서 고양이가 쥐를 잡도록 하고, 연대할 때는 원을 만들어 쥐를 보호하면서 고양이 접근을 막는다. 쥐는 1명, 고양이는 3명 정도가 적당하다. 집단 따돌림이나 폭력에는 한 명의 주동자에 여러 명의 추종자가 있기 때문이다. 학급에서 힘을 장악하는 아이가 쥐 역할을 하도록 하는 것도 하나의 방법이다. 하지만 평소 친구들과 잘 어울리지 못하는 아이에게는 쥐 역할을 맡기지 않아야 심적 부담을 줄일 수 있다. 게임이 끝난 다음에는 각각의 역할 경험을 이야기 나누며 마무리한다.

네 잘못이 아니야!
『비밀』

독서 치료를 공부하던 때 김현희 교수님이 강의 중에 충격적인 그림책을 보여 주었다. 『가족 앨범』과 『슬픈 란돌린』이었다. 두 권 모두 어린이 성폭력을 다룬 책이다. 그림책으로 이런 민감한 이야기를 다룰 수 있다는 게 당시에는 충격이었다. 어렵게 책을 구해 읽어 보았지만, 책꽂이 구석진 자리를 차지하고 있을 때가 많았다. 내게 이 책은 우리의 전통적 사고처럼 '금기'였던 거다. 그러다 몇 차례 충격적인 사건에 몸서리치며 지켜보다 아이들에게 예방 교육으로 읽어 줘야겠다 결심했다. 하지만 매년 이 책을 읽지는 못하고 비슷한 사건이 보도되면 '아차!' 하고 꺼내 읽어 주는 책이다.

성폭력 주제 책을 그동안 알아보지 않았다는 생각이 뒤늦게 들어 여기저기 뒤져 성폭력 예방에 관한 책들을 찾아보았다. 불편하지 않게, 아이들이 받아들이기 쉽게 만든 책을 여러 권 찾았다. 이제는 이 주제도 자연스럽게 매년 읽어도 되겠다는 자신감이 생겼다. 아이들이 받을 충격을 완화시키면서 부모와도 읽을 수 있는 책으로 진화한 것은 참 반가운 일이었다. 요즘은 이런 사건이 심심치 않게 발생해서인지 성폭력 예방 교육을 가정에서도 시키고 있어 아이들 스스로 자기 몸의 소중함을 알고 받아들이는 모습이 자연스럽다.

세상에 알려지길 바라는 비밀

『비밀』은 '우리 모두가 들어야 하는 이야기'라는 부제가 붙어 있다. 비밀에 대한 일상적인 이야기를 다루면서 말해야 하는 비밀도 있다는 걸 알려 주는 책이다. 앞표지는 갈색 배경에 가방을 메고 아래를 바라보고 있는 소녀가 있고, 위로 가시가 돋친 넝쿨손이 아래 소녀를 향해 뻗치고 있다. 뒤표지는 수염이 까칠까칠한 어른이 손가락을 입에 대고 '쉿!' 하는 모습이 사각 프레임 속에 담겨 있다.

비밀에는 두 가지의 느낌이 있다. 비밀이어서 웃음이 나오고, 재미있고, 신나는 비밀이다. 이 비밀을 나눈 사람과는 감정을 공유하게 되어 더 즐거워지는 비밀이다. 사실 이런 비밀은 많이 가져도 된다. 두 번째 비밀은 손톱 끝이 아리고 아픈 것 같이 따끔거리는 비밀이다. 내 잘못을 고백하지 않아 생긴 비밀은 고백하고 나면 세상이

『비밀』
허은미 글, 박현주 그림, 문학동네, 2012

그림은 전체적으로 노란색 톤을 유지한다. 따뜻한 느낌이 들도록 신경 쓴 그림이다. 성추행 장면만 아저씨를 검은색으로 강조했다. 그림 작가는 노란색을 사용해 아이가 갖은 명랑함을 잃지 않으려 하고, 자연스러운 일상의 모습을 안정감 있게 표현했다.

환해지고 가벼워진다. 비밀이지만 비밀이기를 거부하는 비밀인 거다. 거기에 어른들이 강제로 입을 다물도록 협박한 비밀이 있다. 마찬가지로 세상에 알려지길 바라는 비밀로, 비밀이길 거부한다. 이 비밀은 빨리 알릴수록 나를 보호하고, 무서움에서 헤어날 수 있다. 책은 이렇게 다양한 비밀들에 대해 말해 준다.

성폭력은 어려운 주제다. 요즘은 또래끼리의 성폭력이 심각해지는 상황이라 학년 구분 없이 성폭력 예방 교육을 자주 한다. 저학년 아이들은 친구끼리 장난을 치며 신체 접촉에 대한 경계가 모호하다. 간지럼 같은 경우, 장난으로 시작했어도 상대방이 "그만!" 하면 반드시 멈춰야 함을 강조한다. 신체적 접촉이 불쾌해지는 수준이라면 당연히 '멈춤'을 요구해야 하며, 멈춤을 요구하면 반드시 멈추는 훈련이 필요하다. 이런 교육이 어려서부터 자연스럽게 이뤄져야 위기 상황에서도 용기를 내어 말할 수 있는 거다. "싫어요.", "안 돼요." 외치며 큰 소리가 주는 힘을 직접 경험하는 것도 좋다. 아이의 수준에 맞춰 이뤄지는 성폭력 예방 교육은 몇 번을 강조해도 지나치지 않다.

존중이라는 씨앗을 심자

『비밀』은 내용을 이해하는 시간보다는 성폭력이 일어나는 상황과 대응 방법으로 어떻게 해야 하는지 이야기 시간을 많이 갖는 것이 좋다. 성폭력은 얼굴을 아는 사람, 주변에 가깝게 지내는 사람이 가해자일 때가 많다. 가해자가 힘이 강한 사람이고 협박하기 때문에 피해자는 위협 속에서 두려움에 떨게 된다. 그 두려움은 아이를 위축시키고 우울감에 빠져 생활하게 한다. 아이가 평소와 다르다고 느낀다면 주변 사람들이 세심하게 관찰하고 대화하는 것이 좋다.

성폭력 상황에 직면했을 때는 성폭력을 당한 후의 행동에 대해 깊이 있는 대화가 중요하다. 아이들은 자신이 직접 겪은 일이 아니라서 그동안 들은 이야기를 비교적 자유롭게 이야기했다. 아이들의 말을 수용하며 행동강령을 하나하나 만들듯 정리하고 강조하면 좋다. 무엇보다도 일이 일어난 후에는 '네 잘못이 아니다'라는 생각을 심어 주는 것이 중요하며, 주변에서도 편견 없는 시선으로 대해야 한다는 걸 강조한다.

아이들과 흥미롭게 이야기를 풀어갈 때 만화, 영화, 드라마, 소설 등에서 위기 상황에서 어떻게 벗어나는지 알려 주는 것도 한 가지의 방법이다. 아이들과 미리 어떻게 행동하는 게 좋을지 이야기 나눈다. 두려움에 떨며 몸이 굳을지라도 호랑이 굴에 들어가도 정신만 차리면 산다는 정신으로 무엇을 할 수 있고, 어떻게 할 수 있을지 생각하며 이성을 잃지 않고 의지와 용기를 갖는 것이 중요함을 아이들이 알았으면 좋겠다. 위기 상황에 대처하는 상황 판단의 중요함을 강조할 필요가 있다.

아이들은 만화, 소설, 영화 등의 이야기를 꺼내며 주인공은 그 위기 상황에서도 자포자기하지 않는다고 했다. 폭력을 당하면서도 포기하지 않고 살 궁리를 한다는 것이다. 그리고 살아남으려면 어떤 행동을 해야 하는지 머리를 써서 꾀를 부린다고 했다. 아마도 무섭고 두려워 벌벌 떨면서는 그런 생각이 좀처럼 나지 않을 거라면서 정신 차리는 게 무엇보다 중요하다고 했다. 그래서 위기 상황에 닥쳤을 때 제일 부족한 면이 무엇이냐고 물으니 '용기'가 제일 필요할 것 같다고 했다.

할 수만 있다면 어린이에게 가해지는 모든 폭력을 사라지게 하고 싶다. 강한 자가 약한 자를 힘으로 누르고 신체적으로 정신적으로 상해를 입히는 일을 근본적으로 차단하는 특단의 조치가 있었으면 좋겠다. 엄격한 법이 존재해도 잡히지 않는 범죄라 생각하니 사람의 마음에 '존중'이라는 씨앗을 심는 일이 중요하게 여겨진다. 누구는 이런 대처 방안이 소극적이고 무슨 변화가 있겠냐고 생각할 수도 있지만 어려서부터 충분한 사랑과 존중을 받고 자라도록 보살피고, 상대방을 존중하도록 가르치면 그런 괴물은 없을 것이다. 사랑과 존중의 가치를 아주 중요한 가치로 여기며 다음 세대로 이어진다면 이런 마음 아픈 일들이 줄어들지 않을까. 우리 사회가 '인간 존엄성'의 가치에 좀 더 관심을 기울여야 할 것 같다.

또래들간의 성희롱이 많아지고 있다고 해서 어떻게 대처하는 것이 좋을지 이야기를 나눴다.

"상대방에게 그런 성희롱적인 말을 하는 사람은 '노는 아이들', '수준이 낮은 아이들'이라고 생각하고 무시할 거예요."

"생김새, 외모에 대하여 말하면 기분 나쁘니까 하지 말라고 단호하게 이야기할 거예요."

"직접 말하기는 겁나니까 어른들께 알릴 거예요."

"그럼 우리 외모로 비웃는 친구들에게 단호하게 말하기 연습하면 어떨까요?"

교실 안은 "싫어요.", "안 돼요." 하고 갑자기 소리치는 목소리로 가득 찼다. 부디 위기 상황에서도 저 목소리가 제 역할을 다하길 바랄 뿐이다.

기분 나쁜 신체 접촉을 시도하는 사람이 있다면 어떻게 할 것인지에 대해서도 이야기를 나눴다. 아이들은 우선 사람 많은 곳으로 가야 한다고 했다. 늦게 귀가할 때는 어른을 불러 함께 가고 어둡고 으슥한 곳으로 들어가지 않는다고 했다. 어려서부터 누구든 자신의 몸을 함부로 만지지 않도록 거부하는 훈련이 필요하다. 낯선 사람과의 대화는 장소에 따라 대응하지 않는 것이 중요하다. 외진 곳에 혼자 있는데 말을 걸어오면 피한다고 말했다.

이 책에서처럼 지켜야 하는 '비밀'이 있는가 하면 드러내야 하는 '비밀'도 있다. '약속'도 마찬가지다. 지켜야 하는 '약속'도 있지만 깨야 하는 '약속'도 있다. 성착취 영상을 제작, 배포하고 온갖 불법적인 일을 저지른 일명 'n번방 사건'을 보면서 '교육'이라는 이름으로 행해지는 모든 활동이 허무해졌다. 어떻게 가르쳐야 저런 괴물을 기르지 않고, 자기 자신을 지킬 수 있도록 할 수 있을까? 한 방향으로만 가르치기보다는, 어떤 상황에 놓였을 때 스스로 상황을 판단하고 민첩하게 움직일 수 있는 실질적이고 능동적인 방향으로 교육이 전환되어야 할 것 같다.

이제 안녕을 고할 때다, 톡 톡 톡

『매미』

숀 탠이 5년 만에 발표한 『매미』를 인터넷 서점에서 미리보기로 보았을 때 충격적이었다. 우리 사회를 날카롭게 지적하는 불편한 그림책이었다. 숀 탠은 묵직한 주제의 책을 몇 년에 한 번씩 내고 있다. 모처럼 신간 소식은 반갑기도 하지만 사회의 민낯을 보는 것 같아 편하지만은 않았다.

우리 사회는 힘과 권력을 가진 자가 부당하게 권력을 휘두르는 것을 흔히 '갑질'이라고 한다. 한 항공회사의 '땅콩 회항' 사건이 발생하고부터 이곳저곳에서 발생한 갑질 이야기가 인터넷 공간에서 번지자 각 매체에서 언론화해 이제는 직장 내 갑질을 신고하고 처벌하는 환경이 정착되고 있다. '갑질'이란 검색어를 넣으면 우리 사회의 갑질을 정말 다양하게 볼 수 있는데 가슴이 서늘해진다. 인간적인 대우는 고사하고 노예 취급이 아닌가 생각이 들 정도다. '돈'이 사람 위에서 무서운 권력을 행사하고 있다.

이탈리아 철학자 조르조 아감벤은 벌거벗은 삶의 역설을 강조하기 위해 '호모 사케르(homo sacer)'라는 고대 로마의 형상에 주목했다. 호모 사케르는 고대 로마에서는 희생물로 바칠 수는 없지만(이미 범죄자라서) 죽여도 처벌받지 않는 사람을 말한다. 그러나 현대 사회에서는 공권력에 의해 억압받는 개인들을 말하는 개념으로 널리 쓰인다. 곧 사회적, 정치적 삶을 박탈당하고 생물적 삶밖에 갖지 못한 존재다. 살아 있으나 죽은 삶이고, 사회적 테두리에서 배제된 이들을 일컫는다. 곧 책 속 매미의 삶이자 사회의 약자인 우리의 모습이다.

문학 작품은 신문 기사보다 독자에게 주는 충격과 감동이 크다. 은유와 상징이 있고 감동을 극대화하기 위한 구조로 만들어진 이야기이기 때문이다. 한 노동자의 사연을 신문 기사로 읽었다면 내용이 우리의 머리에 각인될까? 우리는 문학 작품을 통하여 인간 삶의 모습을 더 강도 있게 받아들이는지도 모르겠다. 이 책은 글과 그림으로 호모 사케르의 삶을 강렬하게 이야기한다.

2학기 이주노동자를 읽어 나가는 마지막에 이 책을 넣었다. 먼저 동아리 부서 아이들과 읽고, 학급 아이들과는 좀 뒤에 읽었다. 아이들이 매미에 대한 소외와 차별, 냉대와 혐오를 우리 사회와 연결해

『매미』
숀 탠 지음, 풀빛, 2019

세로로 긴 판형인데 그림은 전체적으로 암울한 회색과 검은색 톤이며 매미의 머리 부분만 녹색으로 표현했다. 앞면지와 뒷면지를 비교하면 작가의 의도를 짐작할 수 있다.

서 해석할 수 있을지 의문을 가지고 읽어 나갔다. 아이들은 매미를 안타까워하다가 짓밟는 장면을 보고는 "아!" 하는 신음을 토했다. 부당함이 온몸으로 느껴진 모양이다.

껍질을 벗고 날아오르는 매미

매미는 회사에서 데이터를 입력하는 일을 17년간 해 오고 있다. 쉬는 일도 없고, 실수도 안 한다. 인간이 아니라 승진도 없고, 회사 화장실을 쓸 수 없으며, 밤늦게까지 일하지만, 동료들은 매미를 좋아하지 않는다. 매미는 집이 없어 회사 벽 틈에서 산다. 17년 일한 매미가 은퇴하는 날, 매미는 옥상으로 올라간다. 이제 안녕을 고할 때다.

매미는 사람 대접을 제대로 받지 못하고 있는 호모 사케르다. 노동자다. 비정규직이다. 이주노동자다. 난민이다. 화장실에서 밥 먹는 청소노동자다. 온갖 하대를 다 받는 아파트 관리인이다. 쉴 틈 없이 물건을 나르는 택배원이다. 음식 배달원이다. 매미는 아파트 옥상으로 올라가 껍질을 벗고 매미로 환골탈태하는데, 우리는 어디로 가서, 어떻게 환골탈태할 수 있을까?

이 이야기의 특징은 객관적 사실만 아주 짧은 단문으로 이야기한다. 보통 한 줄에 5개의 낱말이 넘지 않는 선에서 시적으로 구성되는데 매미의 마음을 표현하는 것은 허락하지 않는다. 객관적 묘사를 읽다 보면 주인공 매미에게 감정을 이입하기보다는 자꾸 인간의 행동을 보게 되고 생각하게 된다. 마치 독자가 갑이 되어 만행을 저지르는 듯 착각이 든다. 매미에게 가해지는 모든 행동이 인간인 독자가 하는 행동처럼 변한다. 작가가 언어를 다루는 기술이 기막히다.

문장 끝에는 후렴처럼 '톡 톡 톡!'이 나온다. 자판을 두드리는 소리의 표현이라고 생각했는데 인간의 매미에 대한 학대가 느껴지면서 '톡 톡 톡!'은 매미의 심장에 새겨진 소리로 여겨진다. 매미가 속으로 인간을 비웃으며 '그래 봤자 너희는 그대로 인간이야!'라며 가슴에 새기는 것만 같다. 물고문의 물방울 떨어지는 소리처럼 느껴지는 건 나뿐일까? 소리가 갈수록 차갑고 긴장감을 더하는 소리로 들린다.

사람의 온전한 형태를 넣지 않은 그림은 소통의 부재를 말하는데, 사람의 위치나 행동을 보면 소통 부재라기보다는 소통 거부의 모습으로 읽힌다. 또한 그림은 원색적으로 표현되어 있다. 글은 '못된 짓도 많이 한다.'라고 표현하였는데 그림은 인간이 둘러서 매미를 짓밟고 있다. 매미의 자리에 나의 모습이나 우리 부모의 모습을 넣는다면 어떻게 느껴지는가? 말로 표현하기 어렵다.

이야기가 끝나고 제일 마지막 서지정보 위에 하이쿠가 하나 나온다. 하이쿠는 보통 17자로 된 일본 특유의 짧은 시다. 책에 나온 시는 일본 에도시대의 하이쿠 작가 마츠오 바쇼(1644~1694)가 야마가타 현에 있는 절 류샤쿠지(입석사)에서 쓴 시다. 시의 원본은 '閑さ

や / 岩にしみ入る / 蝉の声 '다. 이 책에서의 번역은 '고요하고 평화로이/ 매미 소리가/ 바위를 뚫는다.'로 되어 있다. 인터넷 하이쿠 공부 사이트(https://hse30.tistory.com/130)에서는 '적막함이여/ 바위에 스며드는/ 매미 소리'로 번역되어 있다. 어느 해석이 더 하이쿠답게 들리는지, 작가의 의도가 담겨 있는지는 독자의 판단이다. 다만 작가가 눈에 잘 띄지도 않는 그곳에 왜 하이쿠를 넣었을까 의미를 새겨 보자.

사회적 약자는 누구

아이들은 『매미』라고 하니 제목에서 여름의 울음소리 요란한 곤충 매미를 떠올렸다가 옷을 입은 매미를 보더니, 호기심이 발동하는지 눈빛을 반짝이며 집중했다. 면지를 보여 주며 어디일 거 같냐고 물으니 '삭막한 도시'란다. 매미는 삭막한 도시 한복판의 회사원이다. 목소리를 크지 않게, 감정을 담지 않고, 차갑게, 천천히 읽어 나갔다. 아이들은 한층 더 집중한다. 난 읽으면서 자꾸 우리 사회 약자의 모습이 떠오르는데 아이들은 누구를 떠올리면서 보고 있을까.

　마음 나누기를 할 때는 『매미』를 읽으면서 누가 떠올랐는지 이야기를 나눴다. 장애인, 노숙자, 좀 부족한 사람, 임금을 제대로 받지 못하는 외국인 근로자 등 사회적 약자들이 떠올랐다고 한다. 그들의 심정이 어땠을 것 같으냐는 질문에 "다들 자기를 따돌리고 무시해

외롭고 하루하루 살기가 고통스러울 것 같아요.", "답답하고 억울한 마음이 들 것 같아요."라고 했다.

나는 한 발짝 더 나갔다. "그 사회적 약자가 나의 가족이면 어떨까요?"라고 물으니 아픔이 구체화되는지 아이들 얼굴이 불편해진다.

"억압하는 사람을 짐승보다 못한 사람이라고 생각할 것 같아요. 또 못 본 척하는 사회가 공정하지 않다고 생각할 것 같아요."

"다른 사람이 아니라 가족이라고 생각하니 가슴이 더 아픈 것 같아요. 내가 어떻게든 도움이 되고 싶어요."

질문하는 만큼 아이들의 사고는 퍼져 나가나 보다.

"그럼, 사람을 경제적 가치로 생각할 수 있을까요?"

"사람은 부려 먹는 수단이 되어서는 안 된다고 생각해요."

"능력이 뛰어난 사람이 더 많은 임금을 받는 건 당연한 일이라고 생각해요. 하지만 인간으로서 누릴 권리는 경제적 가치 이전에 보호받아야 한다고 생각합니다."

아이들의 반응을 보고 있으면 순간순간 감동하게 된다. 이런 생각을 지닌 아이들이 만들어 갈 세상이 기대되고 기다려지기도 한다.

활동은 우리가 할 수 있는 작은 친절을 직접 해 보는 역할극을 했다. 우선 각각의 상황을 쓴 학습지를 미리 준비했다가 나눠 주고 어떤 말을 건네며 그들에게 다가갈지 몸으로 해 보았다. 예를 들면, 폐지를 끌고 가는 할머니를 만났을 때, 더운 날 무거운 짐을 들고 엘리

베이터 없는 4층까지 배달 온 배달원을 보았을 때, 아파트 청소하는 아주머니와 마주쳤을 때, 정류장에서 거동이 불편한 분이 버스를 타려고 할 때 등 다양한 상황에 친절을 베푸는 행동을 하나하나 몸으로 해 보는 거다. 혹시 아는가. 짐이 많은 사람을 위해 문을 잡아 주며 기다릴 줄 아는 아이로 변할지. 부디 그렇게 될 거라 믿으면서 하는 활동이다. 한 아이는 용기가 없어서 힘들겠다고 생각해 선뜻 다가가 말하기는 어렵겠다고 했다. 하지만 상황마다 직접 큰 소리로 외치니 용기가 생겼는지 조금씩이라도 변화해 나가겠다고 다짐했다.

내 동생은 시각장애아입니다

『동생을 데리고 미술관에 갔어요』

아이들과 '장애' 주제로 책을 읽으면서 생각거리를 주었던 책은 『동생을 데리고 미술관에 갔어요』와 『내가 개였을 때』였다. 둘 다 내용이 긴 책이다. 『내가 개였을 때』는 지적장애인의 가족으로 살아가는 어려움에 대하여 생각해 볼 수 있는 책이다. 주 양육자이자 보호자인 엄마가 세상을 떠나고 난 뒤에 성인이 된 장애인은 어떻게 살아야 하는가를 고민하게 하는 작품이다. 아이들은 이 책을 읽으며 여러 번 한숨을 토해냈고 안타까운 마음에 사건이 진행될 때마다 웅성거렸다. 어머니의 죽음도, 장애인 형을 보살피는 동생의 어려움도 이해할 수 있었다. 형의 보호자라는 책임감이 부담되었던 동생의 행동에는 모두 할 말을 잃었다. 책에서는 외삼촌이 데리고 가는 것으로 끝맺지만, 누가 형과 같은 장애인을 보호해야 할지 숙제를 안겨 줬다.

반면에 『동생을 데리고 미술관에 갔어요』는 중도시각장애가 있는 동생의 이야기를 누나가 풀어내고 있다. 아이의 시각으로 이야기가 진행되고 있어서 잔잔하게 장애를 이해하도록 한다.

은이와 찬이의 미술관 나들이

『동생을 데리고 미술관에 갔어요』의 화자는 누나 은이고 동생은 맹학교 3학년인 찬이다. '시각장애 아동을 위한 미술관 나들이' 프로그램에 신청했는데 엄마가 갑자기 일이 바빠져 못 가게 되어 은이가 대신 찬이를 데리고 미술관에 간다. 처음에는 내키지 않았지만, 말을 잘 하지 않던 동생의 이야기를 들으면서 은이는 동생이 고맙고 대견하기만 하다. 누나는 시적으로 사물을 받아들이는 동생을 새롭게 발견한다. 아마도 이 누나는 이제 동생을 바라볼 때 장애를 먼저 보지 않고 있는 그대로의 모습으로 바라볼 것이다.

누군가에게 동생과 가족의 이야기를 자세하게 들려주는 이야기 형식이지만 확실한 것은 제일 마지막 장에 가야 알 수 있다. 바로 시각장애인을 위해 전시회를 개최한 화가에게 전하는 편지가 이 책 전체의 서사다. 사실 이 책은 두껍고 딱딱한 장정의 그림책이 아니다. 그림이 아주 많은 61쪽짜리 이야기책이다.

『동생을 데리고 미술관에 갔어요』
박현경 글, 이진희 그림, 해와나무, 2016

그림은 배경을 넓게 주조 색으로 표현했는데 그 색은 등장인물의 감정이다. 첫 그림과 마지막 그림은 은이의 마음 같아서 반갑다. 아마도 이 책을 읽은 사람도 은이처럼 장애인을 바라보는 시선이 활짝 열렸으면 좋겠다.

다른 장애 이해 책과 다른 점은 마음 이해에 있다. 장애인의 형제자매가 느끼는 감정은 다른 책에서도 자주 언급되지만 중도장애를 받아들이는 어린 장애아의 마음을 표현한 책은 많지 않다. 중도장애이기에 장애를 받아들이는 건 쉬운 일이 아니다. 특히 어린 아이로서는 더더욱. 은이는 찬이가 장애로 인해 성격이 변했다고만 느끼고 그 과정이 장애를 받아들이는 과정이라고는 생각하지 못했다. 찬이가 어느 정도 자신의 장애를 받아들이고 나서야 지난 일들을 한 가지씩 누나에게 털어놓는다. 듣고 보니 동생은 마음이 따뜻하고, 생각이 깊으며, 예전 모습을 그대로 지니고 있음을 새삼스럽게 느낀다. 이 은이의 발견은 독자의 발견이기도 하다. 갑자기 생긴 장애를 하루이틀에 받아들이고 생활할 수 있는 사람은 없다. 동정이 아닌 응원과 지지가 있어야 장애를 받아들이고 자신의 타고난 성격을 회복하는 거다. 가슴속에 담아 두었던 이야기를 털어내는 찬이는 가슴이 얼마나 시원해졌을까? 찬이의 마음을 처음으로 알게 된 은이는 동생이 얼마나 대견하고 소중하게 느껴졌을까? 읽는 내내 마음이 먹먹해진다.

"찬이가 미웠어요.", "찬이 걱정만 했어요.", "나는 꼭 투명인간이 된 것 같았어요.", "다 찬이 때문이라고 생각했어요."라고 투덜거리던 은이는 이제 찬이를 지지하는 응원자가 된다. 찬이 마음속에 가득한 자연에 대한 따뜻한 시선이 시인처럼 발현되기를 소망해 본다.

선천성 시각장애라면 사물에 대한 시각적 기억이 없어 촉각적, 청각적, 후각적, 미각적 기억으로 말한다. 하지만 찬이는 중도시각장애이기 때문에 소통하는 데는 문제 없다. 그런 차이점을 잘 보여 주는 책이 빅토리아 페레스 에스크리바의 『눈을 감아 보렴!』이다. 그래서 마음 나누기 전에 『동생을 데리고 미술관에 갔어요』와 『눈을 감아 보렴!』의 차이점을 발견해 보라고 함께 읽었다.

시각 아닌 다른 감각

시각장애 이해를 돕는 책은 다른 장애 이해 책보다 시적 표현이 많다. 『눈을 감아 보렴!』에도 시적인 표현이 자주 등장한다.

"형, 나무는 잎사귀가 많이 달린 키가 무지 큰 식물이야."
"아니, 나무는 땅에서 뻗어 나와 노래하는 무지 큰 막대기야."
"형, 시계는 몇 시인지 알려 주는 물건이야."
"그렇지 않아, 시계는 심장을 가진 작은 나무 상자라고. 들어봐!"

어쩌면 그것은 당연한지도 모른다. 시각이 사라짐으로 인해 다른 감각을 예민하게 활용해 왔기 때문이다. 비장애인은 대부분 시각을 이용해 표현하기 때문에 다른 감각을 이용한 표현이 낯설고 시적으로 느껴진다. 그래서 색다른 표현을 하고자 할 때는 평소 사용하는 감각이 아닌 다른 감각을 활용하라고 한다. 시각장애인 피아니스트와 나무의 만남을 다룬 고규홍의 『슈베르트와 나무』에서 피아니스트는 한 감각을 잃고 다른 감각을 깨우기 위해 말로 다 표현할 수 없는 실패를 맛보았고, 그로 인해 예민한 감각을 얻게 되었다고 한다. 그러므로 시각에만 의지하는 감각 교육을 지양하고 모든 감각을 예민하게 살려야 한다는 거다.

두 책을 통해 시각장애에 대한 이해를 넓혀 나갔다. 『눈을 감아 보렴!』처럼 시각을 제외한 감각을 활용해 우리 주변의 사물을 표현하도록 했다. 늘 보아 온 사물을 시각의 언어가 아닌 촉각과 청각, 후각과 미각으로 표현하려니 당황스러워했지만, 아이들만의 기발한 표현이 나왔다.

아이들이 쓴 문장으로 퀴즈를 내듯이 맞춰 보라고 했다.

"둥그렇고 매끄러운 기둥이야. 손에 들어와."

"판판하고 아주 넓어."

"매끈한 것도 있고, 오돌오돌한 것도 있는데 넓은 사각형이야."

"시원하고 내 손을 대면 손을 막는 느낌이 들어."

"종이 냄새가 나. 넘기면 사르락 소리가 나고 마음이 편해져."

한 바퀴 돌고 나니 모두 시인의 표정이 되었다. 아무런 불편 없이, 당연하다는 듯이 쓰고 있는 감각이 새삼 고마웠다.

활동은 2인 1조로 시각장애 체험활동을 했다. 한 명이 지팡이와 안대를 하고 혼자서 도서관 다녀오는데 다른 한 명은 뒤에서 소리 없이 따라가기만 한다. 안전한지 살피는 안전 도우미 역할이다. 돌아올 때는 역할을 바꾼다. 모든 아이가 체험한 다음 어떤 느낌이 드는지 소감 나누기를 하고 마무리했다.

"매일 다니고, 계단의 개수도 알고 있어서 쉬울 줄 알았는데 직접 해 보니 좀 무서웠어요."

"계단 내려오는 게 겁났어요. 또 거리를 가늠하지 못하겠어요. 다 온 것 같은데 그렇지 않았어요."

"그 가까운 거리도 이렇게 겁나는데 시각장애인은 얼마나 밖으로 나가는 게 무서울까요?"

시각에만 의지해서 다니던 길을 소리와 촉감으로 찾아가며 다른 감각도 조금은 키워졌기를 바란다.

나와 상관없잖아!

『아저씨, 왜 집에서 안 자요?』

매일 아침 버스를 타고 서울역을 지나면 7시가 되기 전인데 길바닥에 모여 술을 마시고 있는 노숙인을 볼 수 있다. 한여름에는 배를 드러내 놓고 자는 모습도 심심치 않게 볼 수 있다. 다가가기 쉽지 않은 장면을 나는 출퇴근길 유리창 너머로 살핀다. 누군가와 눈이라도 마주칠까 봐 무심한 듯한 표정을 짓고 어서 버스가 지나가길 바란다.

서울시청 앞에서 내려 덕수궁 앞을 지나 성공회 성당으로 가는 길에서는 낯익은 한 분과 마주친다. 내가 지나가는 시간, 이분은 자리를 정리하고 매무새를 만지며 메트로 신문을 본다. 단정하고, 하얗게 센 머리카락은 길다. 낙엽이 지고 찬바람이 매서워지기 시작하자 보온성 방수포가 두르르 말려 있다. 저것으로 바람을 막을 수 있

『아저씨, 왜 집에서 안 자요?』
키르스텐 보이에 글, 유타 바우어 그림, 니케주니어, 2018

표지에서 빨간색 침낭을 가슴께로 올리고 당황한 표정을 짓는 노숙인을 만날 수 있다. 간결한 단편소설 같은 이 책은 심리적 표현에 충실한 유타 바우어의 삽화가 곁들어 있다.

을까? 바닥에서 올라오는 냉기를 막을 수 있을까? 걸음을 옮겨 성당 마당에 들어서면 첨탑 위 십자가를 보며 건강하길, 오늘 하루 무사하길, 주변에 부는 바람이 피해 가길 기도한다.

 유독 부딪치는 사람이 많은 통근길이다. 이제껏 이렇게 많은 사람과 스치며 지낸 적이 없다. 잘 차려입고 출퇴근하는 직장인들을 많이 보고, 점심시간이면 덕수궁 주변을 한 바퀴 돌아 산책하는 풍경은 일상이다. 그 많은 사람 틈에서 노숙인들도 많이 본다. 볼 때마다 불편하다. 뭐라 하지도 않는데 무서웠다. 마음의 벽이 빗장을 단단히 채우고 있는 거다. 그런데 일정한 시간에 매일 오가니 이제는 낯이 익다. 아무렇지 않게 슬쩍 바라보고 '오늘은 상쾌하시네.' 하면서 속말을 건네게 된다. 아직도 누워 계시면 '어디 안 좋으신가?' 걱정되기도 한다. 추워지는 날씨에는 앞을 지나며 '감기 걸리지 마세요.'라고 축원하며 지나간다. 언젠가 김밥 한 줄, 달걀 한 개, 우유 한 개라도 스스럼없이 나눌 수 있는 마음을 갖길 나에게도 기원한다.

 노숙인은 한 번 다룬 주제여서 많이 갈등했다. 그리고 이타심을 강요하는 책과 이해를 바라는 책 중에 아이들에게 어떤 책이 더 나을까를 생각했다. 이타심을 갖도록 보여 주는 책은 그림이 극명하게 대비되는 책인데 '넌 어떤 사람이야?'라고 물으면서, 보고도 모르는 척하는 너는 따뜻한 사람이냐고 계속 묻는 내용이라 아이들에게 심리적으로 부담을 주겠다는 생각이 들었다. 그래서 노숙인의 한 사례, 노숙인이 되는 과정을 보여 주며 이해를 바라는 책을 골랐다. 그들도 우리와 다르지 않은 사람이라는 인식이 먼저 길러져야 무섭다고 피하지 않을 것 같았다. 내가 마주하는 그 노숙인도 페터 아저씨와 같은 사연이 있을 거라고 이해하면 따뜻하게 바라보는 시선으로 바뀔 수 있으리라 생각했기 때문이다.

노숙자가 되는 과정

『아저씨, 왜 집에서 안 자요?』는 노숙인 페터 아저씨의 인생 이야기다. 그림책이라기보다는 짧은 단편에 가깝다. 페터 아저씨는 어린아이였을 때 아담한 집에서 부모와 살았으며 친한 친구와 같이 학교를 다니고, 수학을 좋아하지 않았지만 아는 게 많다. 여자아이들에게 짓궂은 장난도 하며 축구를 제일 좋아한다. 학교를 졸업한 후, 직업훈련을 받고 취직했다. 출근하면 퇴근 시간을 기다리는데 퇴근 후 동료들과 축구를 하기 때문이다. 주말에 춤을 추러 갔다가 시몬느와 사랑에 빠지고 결혼하여 루카와 레오니의 아빠가 된다. 열심히 일하며 스페인 마요르카섬으로 휴가를 다녀오기도 한다. 그러던 어느 날, 아내가 아이들을 데리고 집을 나간다. 그리고 그때부터 불행이 찾아온다. 일자리를 잃고 생활은 조금씩 무질서해진다. 새 일자리를 얻고 새롭게 출발하나 싶었는데 곧 불행이 찾아와 두 번째 직장을 잃게 되고, 다시는 새로운 직장을 얻지 못한다. 청구서들이 쌓이고 다시 무질서한 생활이 이어지다 결국 집에서 쫓겨나 노숙인이 된다. 직장을 얻고 싶지만 그러려면 집이 있어야 하고(일정한 주거지), 집이 있으려면 돈이 있어야 하고, 돈이 있으려면 직장이 있어야 한다. 페터 아저씨는 아무것도 할 수 없었다.

우리는 '노숙인'에 대해 평범한 삶을 살던 사람이라고 생각하지 않고 '거리의 부랑자' 정도로 여긴다. '태어날 때부터 무언가 문제가 있었던 사람은 아니었을까?' 하면서 나와 경계선 긋기를 한다. 그러나 책이 보여 주는 내용은 평범하게 살던 사람이 연속적인 불행이 찾아왔을 때 이를 슬기롭게 극복하지 못하여 노숙자가 되는 과정이다. 그들도 한 인간이며 누구나 한순간에 노숙자가 될 수도 있다는 것을 의미하기도 한다.

문장에는 과장이 없다. 흥분된 감정의 표현도 없다. 있는 사실 그대로 보여 준다. 여기에 유타 바우어의 삽화는 간결하게 심리를 표현한다. 짧은 서사 뒤에 이어지는 현장 취재가 여러 장에 걸쳐 나온다. 현장 취재로 그들의 마음과 상황을 생생하게 보여 주려 노력한 책이다. 재능기부로 만들어지는 『힌츠 앤 쿤츠트』라는 잡지를 판매하는 노숙인에게 한 질문의 답을 보면 누구도 자신이 노숙인이 되리라 생각한 사람은 없었다. 먹는 것은 봉사단체의 도움으로 근근이 이어가고 잠자리는 노숙으로 해결하지만, 이들의 걱정은 아플 때라고 했다.

우리나라에도 재능기부로 만들어 노숙인들이 판매하는 『빅 이

슈』라는 잡지가 있다. 이 잡지를 구매하는 것은 이들의 자립을 돕는 일이 된다.

타자를 대하는 온유한 마음

노숙인을 주제로 책을 읽으며 어떤 마음이 아이들에게 자리 잡기를 바라나 생각했다. 그들도 온기를 느끼고 가족과 사랑하는 삶을 열망하는 사람들이라는 점을 상기시키고 싶었다. 특별하지 않고 지극히 평범한 꿈을 꾸는 사람들로 편견 없이 바라보기를 바랬다. 또 아이들이 자신의 삶에 긍정적 에너지를 가지고 있는 사람으로 자라길 바랐다. 실패 없는 성공이 어디 있겠는가? 실패를 통해 배우고 긍정적 에너지를 지닌 사람으로 자란다면 자기 삶의 주인공으로 살아갈 수 있기 때문이다.

주제 읽기를 통하여 노숙인 이해 책을 몇 권 접하고 나니 찡그리며 바라보던 아이들의 눈빛이 조금은 풀어진 느낌이다. 내가 이 학교로 발령을 받고 제일 많은 노숙인을 만났듯이 이 아이들도 생애 최고로 많은 노숙인을 스치며 생활하고 있을 것이다. 이들을 어떤 눈빛과 어떤 얼굴빛으로 대해야 하는지는 어쩌면 삶의 지혜를 터득하는 것과 마찬가지일 것이다. 타자를 대하는 기본적인 마음 바탕이 온유해지길 기원한다.

마음 나누기는 책에 나온 노숙인과 나눈 대화 내용을 변형했다.

'그동안 노숙인들을 보면서 어떤 생각을 했나? 노숙인 쉼터는 없는가? 거리 생활하고 있는 것을 가족이 본다면 어떤 마음이 들까? 내 자녀가 노숙인이 된 모습을 본다면 어떤 마음일까? 노숙 생활 중 몸이 아프면 어떻게 해야 하는가? 그때 심정은 어떨까?' 등 여러 질문을 친구들과 돌아가며 대화 나누기를 했다.

"그동안 노숙인이 문제가 있는 사람이라고 생각했는데 실패를 거듭한 사람이라고 생각하니 불쌍한 생각이 들었어요."

"제 가족이 노숙인이 된다면 너무나 슬플 것 같아요. 실패를 극복하는 사람이 되고 싶어요."

"추운 날, 비나 눈이 오는 날 괜찮을지 노숙인이 걱정되는 마음이 생겼어요."

처음과 달라진 이야기들이 쏟아져 나왔다. 이해와 공감은 이렇게 자라나 보다.

활동은 실의에 빠진 가족이나 친구에게 어떻게 힘이 되어 줄지 이야기를 나누고 편지쓰기를 했다. 문제 상황은 사업의 실패처럼 큰 사건으로 하기보다는, 주변에서 흔히 실망하여 마음 아픈 일을 고르게 했다. 우리는 마음을 이해해 주는 사람으로부터 가장 큰 힘을 얻는다. 사소한 실패 경험과 작은 성공 경험의 누적이 올바른 성인으로 이끌어 주기 때문이다.

마음의 소리를 들어!

『나, 화가가 되고 싶어!』

오래전 이화여자대학교박물관에 국보 107호인 백자철화포도문 항아리를 보러 갔었다. 가는 날이 장날이라고 위층은 내부 수리 중이었다. 목적 달성을 못 하고 1층 전시실만 개방하여 둘러보던 중에 이상한 의자를 봤다. 평범한 의자였는데 다리의 끝이 뾰족한 갈고리로 된 것처럼 위태로운 느낌이 들어 작가를 확인하니 '윤석남'이었다. 당시에는 윤석남을 잘 몰랐다. 그러다 그림책 공부를 하며 작가를 알게 되고 그의 작품 '의자(1996)'를 이해할 수 있었다. 윤석남의 작품에서 하염없이 이야기하고 있는 '여성의 삶'이 느껴지는 작품이었다.

『나, 화가가 되고 싶어!』는 어른들과 공부할 때 몇 번이나 고른 책이다. 늦지 않았다고 응원하고, 하고 싶은 일을 찾으라고 응원하는 책이다. 윤석남 화가는 나무로 작업한 작품이 많은데 나무의 표면이 여성의 삶과 닮았다고 생각하여 이를 이용한다고 한다. 새로운 나무로 작업하는 것이 아니라 버려지고 용도가 끝나 폐기된 나무를 가져다 깎고 다듬으며 빛나지 않는 여성의 삶을 표현했다. 우리의 어머니 모습이 보이는 듯해서 마음이 짠해지기도 했다.

그림으로 풀어낸 여성의 이야기

『나, 화가가 되고 싶어!』는 윤여림 작가가 윤석남의 삶을 표현한 작품이다. 화자는 주인공 '나'다. 셋째 딸로 태어나 자라고, 자라서 내가 되었다. 나는 마음 가는 대로 사는 아이가 되었다. 마음이 하라는 대로 어느 날, 화가가 되고 싶었다. 하지만 아버지가 돌아가시고 마음이 바라는 대로 살 수 없었다. 마음으로 원하지 않지만 회사를 그만둘 수 없었다. 엄마를 도와드려야 하고 남동생들을 대학에 보내야 했다. 책을 좋아하는 청년과 결혼하여 아내가 되고, 며느리가 되고, 또 엄마가 되었다. 딸아이는 자라고 자라는데, 매일 같은 일을 반복하는 나는 점점 작아지고 작아진다. 이대로 사라지고 말 거라는 생각이 들 때 그림을 그리고 싶다는 마음의 목소리를 듣는다. '나'는 어머니를 그리면서 깨달음을 얻는다.

어머니는 일찍 남편을 떠나보내고 3남 3녀를 불평 없이 기르신 강한 분이다. 엄마의 강인함과 힘겨움이 엄마를 그리면서 고스란히

『나, 화가가 되고 싶어!』
윤여림 글, 정현지 그림, 웅진주니어, 2008

표지는 윤석남 화가의 그림 특징인 붓을 든 긴 팔과 떠다니는 작품 이미지로 이뤄졌다. 배경은 사선으로 나뉘는데 아래는 빨강이고 위는 노랑이다. 빨간 열정이 꿈을 이뤄내는 노란 이미지로 향하는 것을 표현했다.

마음에 스며들었다. 그러면서 '나'는 그림을 그릴 때가 가장 행복하다는 걸, 그림으로 여성의 이야기를 풀어내는 화가로서의 사명이 있는 딸이라는 걸 받아들인다. 가난과 폭력, 차별로 힘들게 살아가는 여자들을 때로는 가슴 아프게, 때로는 아름답게 그림으로 보살피는 일이 '나'의 일이다.

인상적인 장면은 "작은 점이 되어 이대로 사라지고 말 것 같아."라고 말하는 장면이다. 얼굴이 차츰 작아져 결국에는 작은 점이 되고 거칠게 휘몰아치는 회색의 회오리바람에 휩쓸려 빠져나갈 것만 같다. 나를 지탱할 무엇인가가 있어야 하는데 아내로는, 며느리로는, 엄마로는 가능하지 않았다. 다음 장으로 넘기면 마음속 외침을 듣는다. 마음이 하라는 대로 움직이라고. 그림을 그리라고. 이때 그녀의 나이는 마흔 살이었다. 꿈을 갖기에 주춤거릴 나이지만 과감하게 도전한다. 정식으로 미술교육을 받은 바 없지만, 화가로 자기가 그리고 싶은 그림을 그리고자 일어선 것이다.

책 속에서 윤석남 작품의 이미지는 '어머니 이야기(1995)'의 변용이다. 아이가 자라는데 자신은 작아진다고 말하는 장면의 이미지는 '핑크룸(2011, 2013, 2018)'이다. 마지막 장면에서 나무로 세워진 여인들의 사진 이미지는 1997년에 선보인 '빛의 파종-999'로 나무 조각 설치 작품이다. 부록의 참고 작품에서 '종소리(2002)'는 두 여인의 팔을 길게 하여 종을 든 두 손이 만나는 작품인데 왼쪽의 여인이 조선 시대 화가이자 기생인 이매창이고, 오른쪽의 여인이 윤석남이다.

  2018년 가을이 시작되는 무렵, 신문을 보다 윤석남 개인전이 학고재에서 열린다는 기사를 보았다. '퇴근 후 낭만은 무조건 학고재다.'라 생각하니 출근하는 발걸음이 그렇게 가벼울 수 없었다. 퇴근 시간에 서둘러 나와 광화문을 지나 삼청동 길에 들어섰다. 등 뒤로 아직 열기가 가시지 않은 저녁 햇살이 따라와 금방 땀방울이 솟았다.

  전시실에 들어가니 신문에서 본 자화상이 눈에 들어온다. 매번 여인을 주제로 작품을 해 오는데 이번에는 '자화상'이 주요 전시다. 윤두서의 '자화상'을 보면서 자신을 그린다면 어떨까 생각하다 그리기 시작했다고 한다. 다양한 모습의 자화상이 있는데 민화 기법으로 표현한 자화상이 가장 내 마음에 들었다. 또 하나 인상적인 작품은 커튼으로 둘러싸인 '우리는 모계가족'이란 작품이었다. 이 작품도 몇 가지의 버전이 있었는데 제목에서 알 수 있듯 여성 가족의 모습이다. 조선 시대 기생인 이매창이 회화작품으로 전시장에 있었다. 윤석남은 허난설헌, 김만덕과 같은 여성의 삶을 작품으로 재해석했는데, 이매창에게는 특별한 애정이 있는 것 같다. 마지막 지하 2층으로 내려가니 "아!" 감탄부터 터진다. '핑크룸'이다. 대표적 설치작품 '룸' 시리즈다. '블루룸'은 '바리데기'가 모티브가 된 작품이라고 하는데 '핑크룸'은 여성에게 부여되는 사회적 고정관념에 저항하기 위해 만든 작품이라고 한다. 핑크색은 여자를 상징하는 색으로 인식되고 있다. 벽에는 다양한 무늬의 핑크색 모자이크, 바닥에는 핑크색 유리구슬, 불안하게 있는 핑크색 소파와 여인, 그리고 거울이 있었다. 핑크는 날카로운 색으로 먹고사는 문제가 해결되었음에도 쓰러질 것처럼 불안한 내면을 형상화하는 색이라고 한다.

약간 달뜬 상태로 나오니 해는 서쪽으로 기울어지고 있지만, 도로는 아직 후끈거리고 퇴근길은 사람들로 더 복잡해져 있었다. 하지만 뿌듯함과 뭔지 모를 에너지가 나를 휘감고 있는 기분에 휩싸였다. 많은 동료가 봤으면 좋겠다 싶어 몇 명에게 문자를 보냈다.

이름 그대로의 나로 살기

아이들과 『나, 화가가 되고 싶어!』를 읽을 때는 주로 진로를 이야기할 때다. 자아를 찾아가는 일, 특히 '누구의 엄마', '누구의 아내'라는 타이틀에서 벗어나서 '이름 그대로의 나'를 삶의 목표로 삼아 세상을 살아가라는 이야기를 하고 싶을 때 찾는다.

아이들은 간결한 서사에 집중한다. 마음이 하라는 대로 하는 일이 내가 진심으로 하고 싶은 일이라는 걸 아이들은 이해한 걸까? 마음이 작은 소리로 말하다 점점 커져 외치는 소리로 변할 때 나도 진심을 담아 간절하게 "그림을 그리고 싶어!" 하고 외치듯이 읽어 주었다. 아이들도 진심으로 자기 안에서 외치는 소리를 잘 듣기를 바라면서. 책을 읽고 나서 왜 윤석남이 '페미니즘(feminism-성별에 의한 차별을 없애고 여성의 사회, 정치, 법률상의 지위와 역할의 신장을 주장하는 주의) 작가'라고 불리는지 작품을 봐야 할 것 같아 윤석남 작품 이미지를 검색했다. 아이들은 작품을 보더니 "예쁜 그림은 아니네요."라고 했다. 그림의 의미를 생각하라고 제목과 상징을 이야기하며 보여 주니 "여자로 사는 게 고달프게 느껴져요.", "여성도 차별받지 않고 당당하게 사는 사회가 되었으면 좋겠어요."라고 한마디씩 했다.

아이들과 '여성의 삶', '엄마의 삶', '할머니의 삶'에 대하여 이야기를 나눴다. 미리 질문지를 만들어 놓았다가 그 질문에 따라 발표하는 시간을 가졌다. '너무 힘들겠다'는 반응이 많았다. 그리고 내 마음에서 들려오는 소리에 집중하는 시간을 가져 보라고 했다. 내가 먼저 "여행을 하고 싶어!", "게임을 오래 하고 싶어!", "노래를 부르고 싶어!"라며 예시를 주었다. 중요한 것은 진짜 하고 싶은 일, 누군가 말려도 하고 싶은 일을 찾는 것이라고 했다.

활동으로는 '엄마의 하루 써 보기'를 했다. 엄마가 매일 되풀이하는 하루의 일과를 시간별로 작성해 보았다. 일어나는 시간부터 잠자리에 드는 시간까지. 그리고 엄마에게 쓴 편지에 꽃을 그려 반드시 포옹 한 번 하고 드리는 미션 과제를 냈다. 아이들은 처음에는 원성이 자자했으나 뒷이야기를 들으니 의미 깊은 시간이었다고 했다.

누구나 늙어가는 중

『할머니의 정원』

광화문 주변은 365일 집회가 있는 지역이다. 수업 중에도 외치는 소리가 들려올 때가 부지기수다. 그중에 가장 많은 집회는 '태극기 부대'가 아닌가 싶다. 우린 늘 있는 일이라 무심하게 사는데 어쩌다 광화문 근처에 들르는 지인들은 집회에 참가한 할아버지 할머니가 보고 싶지 않다고 골목을 바꿔 돌아다닌다. 그들의 이야기를 들어보려고 누가 귀 기울이고 있을까? 한 번도 생각한 적이 없다. 그냥 그러려니 외면하며 내 갈 길을 가면 그만이었다. 그런데 이 할아버지 할머니들을 만나 대화 나누며 소통하는 사람이 있었다. 이분들이 밖으로 나오는 이유는 가족에게 외면당하고 뒷방 늙은이가 된 듯한 '외로움' 때문이라고 한다. "아하!" 하고 부모님이 떠올랐다. 일이 바쁘

『할머니의 정원』
백화연 글, 김주희 그림, 백화만발, 2020

표지는 연녹색 바탕에 활짝 웃는 할머니 모습 뒤로 활짝 핀 라일락이 보인다. 할머니의 웃음은 목젖이 훤히 드러날 정도로 환하다. 한 장의 사진 같은 그림은 주인공이 '늙음'을 호쾌하게 받아들이는 듯 느껴진다.

다고 보아도 못 본 척 지나면 그만이었는데, 누군가는 그들에게 다가가 속내를 듣고 있었다. 손을 마주 잡고 위로를 건네고 있었다. 우리 사회는 귀 기울이는 사람 덕분에 변화하고 소통하고 발전하는 것이리라. 날씨가 무덥거나 추운 날이면 태극기 부대 곁을 지나며 '더위 먹지 마세요.', '감기 조심하세요.' 하며 진심으로 기원한다. 나와 생각이 다르고 살아가는 방법이 달라도 모두 소중한 사람이다.

우리가 가지고 있는 세대간 갈등은 단순하지 않다. '급식충(아동, 청소년)', '틀딱충(노인)', '맘충(엄마)'의 표현을 보면 사람이 아니라 '벌레'다. 이 혐오 표현의 골이 깊어지면서 대화할 수 없는 세대가 되는 것 같아 걱정이다. 세대 이해와 세대 화합이 이제는 절실하다. 가족이 혐오의 대상이 된다면 긍정적 미래 구상은 불가능하다.

베이비부머 세대가 노인층에 합류하면서 노인층이 많아졌고 평균 수명도 늘어나고 있다. 그로 인해 인구 피라미드는 모양을 상실했고, 경제적 능력이 없고 신체적 활동이 축소된 노인은 사회적 약자로 자리 잡고 있다. 독거노인의 삶은 백세 시대의 축복이라 보기 힘들다.

누구나 가는 '늙음'의 길이 영원히 오지 않을 것인 양 잊고 살지는 말아야겠다. 내가 가는 이 늙음의 길이 처음 걷는 길이라 당혹스러울 때도 있지만, 주름살을 벗하며 흰머리를 친구 삼아 가는 거다. 젊은 친구를 이해하기 위해 『포노 사피엔스』를 읽고, 『90년생이 온다』도 읽었다. 스마트폰이 손에서 떨어지지 않는 젊은이들이 이해됐다. '노노재팬(일본제품 불매운동)' 운동이 길게 간 것도 이들의 힘이라는 걸 알게 됐다. 젊은 세대가 만들어 가는 세상은 우리가 만들어 온 세상과 확연히 다른 세상이다. 그러니 세대 차이는 당연하다. 문제는 나와 다른 세대를 이해하려 얼마나 노력하고 있는가다.

50대 후반으로 가니 나도 정형외과적 하자가 자꾸 발생한다. 젊은 날 미끄러지듯 내려오던 하산의 즐거움이 완전히 독이 되어 무릎을 강타하고 있으며, 한동안은 글을 쓴다고 컴퓨터를 두드리니 목디스크가 도져 왼팔을 쓸 수 없을 지경이 되기도 했다. 체육 시간에 슬쩍, 슬쩍 뛰는 정도로도 '찌릿' 하는 통증이 느껴지고, 발이 말을 듣지 않아 무릎에서 물을 빼내고 연골주사와 물리치료로 달래는 중이다. 이렇게 한 번 발생한 하자는 완벽하게 예전으로 되돌아가지 않는다. 그리고 여기서 깨달은 건 내가 나이가 드는 걸 잊고 있어도 몸은 잊지 않고 있다는 거다.

혼자 사는 경자 할머니

신문에서 찾아오는 사람이 없는 독거노인의 '노인 돌봄서비스'가 중요한 역할을 하고 있다는 기사를 봤다. 늙은 딸이 치매 어머니를 돌보는 집에 방문 서비스 봉사자가 초인종을 눌러도 소식이 없어 경찰을 동반해 들어가니, 치매 어머니를 돌보던 노인 딸은 사망해 있고, 치매 노인은 탈수증상으로 쓰러져 있었다는 내용이었다. 기사를 보면서 가슴을 쓸어내렸다. 여러 가지 생각이 들었다. 그러다 소수자 인권에서 '노인'을 다루지 않음을 알게 됐다. 독거노인에 대한 그림책을 정리해야지 생각하는데 '백화만발 시니어 그림책' 출간 소식을 들었다. 이럴 때면 누군가 책 쓰기를 돕고 있다는 느낌이 강하게 든다. 그 어떤 그림책보다 설레는 그림책이었다. 3권이 동시 출간되었는데 한 권 한 권 읽을 때마다 뭉클하고 잔잔한 감동이 몰려왔다.

『할머니의 정원』은 몸이 불편한 독거노인의 이야기다. 경자 할머니는 남편이 세상을 떠나고 혼자 살게 된 뒤에 상실감을 느끼는데 발과 팔을 다쳐 신경이 날카로워졌다. 경자 할머니는 집안일을 돌보는 가사전문가 민희 씨를 만나 조금씩 힘을 얻고 정원을 가꾸며 예전의 할머니 모습으로 돌아온다. 어린이 그림책보다 내용이 긴 70여 쪽의 그림책이다. 출판사의 의도대로 5060의 시니어가 읽기 좋은 책이다. 그런데 이 책을 아이들과 읽었다고 문제가 될까? 아니다. 세대 이해, 세대통합을 위해 다른 세대가 읽으면 할머니를 이해하고 공감할 수 있는 책이다. 젊은이를 이해하기 위해 젊은이 이야기를 읽듯이, 젊은 세대가 이런 책을 읽으며 노인과 공감을 넓혀 나갔으면 좋겠다.

경자 할머니의 인상은 글로 표현되지는 않으나 그림을 보면 결코 다가가기 쉽지 않은 인물임을 알게 된다. 눈이 날카롭고 광대뼈가 툭 튀어나와 날카로움이 얼굴에 그대로 드러난다. 잘난 아들과 딸은 미국으로 유학 가서 아예 그곳에서 터를 잡으니, 자식에 대한 서운한 감정과 남편에 대한 그리움이 커 문을 닫고 살았던 거다. 5년 전 남편을 잃은 민희 씨는 그간의 사정을 들으며 서로 힘이 되어 주는 관계로 발전한다.

    내가 세 권의 책 중에서 이 책을 주제 책으로 선정한 데는 나의 취미 생활과 밀접한 관계가 있다. 바로 '식물 기르기'다. 원예는 치유의 힘이 있다. 식물은 성장을 보여 주는 생명체다. 별다른 신경 쓰지 않고 배양 흙과 물을 적당히 주고 햇볕만 잘 들면 매일매일 성장하는 모습을 보여 준다. 그 성장과 변화를 보고 있으면 기르는 사람의 마음에 생긴 주름이 자기도 모르는 사이 펴진다. 경자 할머니가 기르는 식물들은 대부분 꽃을 피우는 식물들이다. 마당의 시멘트를 걷어내고 정원으로 만들어 가던 중에 경자 할머니는 활달한 모습으로 바뀌었다. 마지막 친구들을 맞이하는 할머니는 처음에 만났던 고약한 할머니의 모습이 전혀 아니다. 반갑다.

그림책으로 세대 소통

아이들과 『할머니의 정원』을 유쾌하게, 가슴 뭉클하게 읽었다. 민희 아주머니가 힘을 얻었던 보도블럭 틈에서 자란 민들레는 아주 상징적 식물이다. 마음 나누기에서는 기운이 없고 의욕이 없어 하고 싶은 마음이 안 들 때 나에게 힘을 주는 것은 무엇일까 생각해 봤다. 아이들은 대부분 부모님이나 친구의 이야기로 말문을 열었지만, 그들로부터 조언을 들을 수 없는 상황이라면 어떻게 하겠느냐고 하자 심각해졌다. 음악 듣기, 텔레비전의 코미디 프로그램 보기, 혼자 조용히 있기, 그림 그리기, 산책하기, 쇼핑하기 등 다양한 이야기들이 나왔다. 아이들도 자기를 회복하는 나름의 방법이 있었다. 다행이다.

활동은 이 책에서처럼 식물 가꾸기를 했다. 교실에 자이언트 선인장 청하각이 있는데 잎이 나는 선인장이다. 평소 아이들이 신기하게 보는데 곁가지를 떼어 분재하는 활동을 했다. 곁가지를 똑 떼어 심는데도 시간이 지나면 뿌리를 내리고 성장한다. 그 과정을 지켜보면서 식물의 끈기와 성장의 욕구를 직접 확인하게 된다.

그리고 또 한 가지, 할아버지나 할머니와 함께 살거나 가까이 사는 아이에게는 그림책 읽어 드리고 오는 과제를 냈다. 읽어 준 책으로 서로 대화를 나누며 즐거운 소통의 시간을 가져 보는 거다. 할머니 댁이 멀어 당장 과제를 할 수 없는 아이는 집에 가서 부모님이나 형제자매에게 책을 읽어 주고 대화 시간을 갖도록 했다. 부모님께 허락받고 전화로 책을 읽어 드리는 것도 방법이 될 수 있다. 이 숙제의 의미는 당연히 세대간 소통이다. 나중에 소감을 발표하면 완전히 시끌벅적한 교실이 된다. 즐거움이 넘치는, 이런 활동을 자주 한다면 세대 불통은 조금 완화되지 않을까?

방을 하나 더 만들자!

『벌집이 너무 좁아!』

프랑스 뮐루즈에서 공부하고 있는 아들이 파리 쪽으로 편입을 하겠다고 겨울에 오지 말라더니 현지 친구 집에 초대받아 크리스마스 휴가를 보냈단다. 그리고 나서는 편입하지 않고 지금 학교에서 졸업한다고 한다. 다른 나라의 낯선 동네에서 적응하는 일은 쉬운 일이 아니었을 거다. 1학년 내내 교수의 강의를 이해하려고 녹음하고 밤새 공책 정리하며 학업을 따라가느라 버겁게 지냈다.

 시차를 고려하지 않고 카톡을 보내니 새벽에 메시지 알림음이 계속 울렸다. 확인해 보니 전시 사진을 찍어서 보냈다. 종이에 아이디어 구상부터 만들어지는 과정, 완성된 작품, 모델이 입은 사진까지 전시되어 있었다. 한국에 왔을 때 며칠을 동묘에 가서 구제 옷은 물론 여러 종류의 한복을 구해 가더니 발표회 작품으로 이용한 모양이다. 한 사람당 부스를 이렇게 많이 쓰냐니까 자기가 제일 많은 공간을 차지했다고 한다. 한복이 '난도질'당했다는 내 표현에 '재탄생'이라고 정정하는 아들이 대견했다. 피부색이 다르고, 생김이 다르고, 언어가 다르고, 문화가 다른 곳에서 적응하는 건 쉽지 않다. 현지인들 속에서 타자로, 이방인으로, 동양인으로 적응해 나가는 아들이 안쓰러웠다. 가끔 "행복하니?" 물으면 아들은 "응." 하고 즉답이 온다. 나도 "그럼 됐다." 하고 즉답한다. 속이 깊어 힘들고 어려운 일을 다 표현하지 않는데 언젠가 슬쩍 외롭다고 말해 한동안 마음을 끓인 적도 있다.

벌집에 나타난 불청객

『벌집이 너무 좁아!』는 자신이 살던 곳을 떠나 새롭게 적응하는 이민자의 이야기다. 언어가 통하지 않고 문화와 환경이 전혀 다른 곳으로 이주하여 적응하는 과정에서 인권은 어떻게 다루어지고 있을까? 여러 권을 펼쳐 놓고 살펴보니 대부분 이민자의 관점으로 적응하는 과정을 이야기하고 있었다. 이민자로서 어려운 점과 그들을 받아들이고 기꺼이 이웃이 되어 준 사람들의 이야기. 그런데 이 책은 현지인이 이민자를 받아들이는 관점을 이야기하고 있다. 그리고 벌을 의인화한 비유적 표현이라 아이들과 대화 나누기 좋았다.

『벌집이 너무 좁아!』
안드레스 피 안드레우 글, 킴 아마테 그림, 고래이야기, 2015

그림은 소리도 담고 있나 보다. 이 책의 그림을 보고 있으면 소란스러움과 왁자한 느낌이 전해 온다. 표지 그림은 벌들이 모여 빈 틈이 없이 꽉 채워졌는데 소리치고 떠드는 '윙윙' 소리가 귀에 맴돈다.

꿀벌들은 어느 날 벌집이 비좁아진 것 같아 왜 비좁아졌는지 회의하고 조사단 대표 세 명을 임명한다. 셋은 일주일간 밤낮으로 조사하여 벌집이 비좁아진 원인을 밝힌다. 그 원인은 바로 꿀벌 한 마리가 더 있기 때문이란다. 그러자 벌들은 믿을 수 없는 일이라며 온갖 억측을 다 부린다. 이민 온 벌일지 모르고, 지저분한 벌일지 모르고, 병을 옮길지도 모르고, 일자리를 빼앗을지도 모른다고 두려워한다. 또 벌들에게 번호표를 달거나, 출생증명서를 발급하거나, 거짓말탐지기로 색출하거나, 날갯짓 소리로 이주해 온 벌을 찾자는 주장도 있다. 하지만 여왕벌은 벌들의 공통점을 이야기하며 부족한 방을 하나 더 만드는 것으로 문제를 깨끗하게 해결한다. 이주민에 대한 편견을 보기 좋게 한 방 먹이는 결말이다.

현지인과 구별이 되지 않는 이주민에 대해 벌들은 아주 시끄럽게 떠든다. 마치 우리의 모습을 보는 듯하다. 이주민이라고 하면 나에게 어떤 해로움을 끼칠까, 어떤 손해를 끼칠까 불편한 감정이 먼저 작동한다. 벌집에서 이주벌 한 마리가 가져온 소란은 시끄럽고 말 많은 우리 사회의 일면을 보는 것 같다. 그래서일까? 여왕벌의 지혜가 부럽다.

이 책을 보다 보면 먼저 독자를 사로잡는 건 능청스러운 유머다. 중심 서사가 진행되는 화면, 화면마다 상황을 설명하는 글과 그림이 인간사회의 모습과 너무 흡사해 풍자극을 보고 있는 느낌이 든다. 첫 장면은 '윙윙신문'의 '좁아터진 벌집'이라는 기사인데 신문의 사진을 잘 보면 그림책 장면을 그대로 옮겨 놓아 재미있다. 다음 장면은 꿀 저장소 앞의 모습이다. 벌집이 좁아진 원인을 찾기 위해 조사단 대표 셋을 뽑았는데 왼쪽에 두 명이 있고 한 명은 아무리 찾아도 없다. 그러다 오른쪽을 보면 꿀 저장소에 온몸을 억지로 밀어 넣고 있는 벌이 보인다. 아무래도 벌집이 좁아진 이유는 비만이 아닐까 생각되는 장면이다. 이 장면에서는 꿀 저장소 출입금지 사항도 꼭 읽어 보시길.

일사불란하게 생방송을 준비하는 방송국 장면에서 수학자의 상징에 달려 있는 큐브, 법조인이 쓴 흰 가발은 쿡쿡 웃음이 나온다. 직업과 관련된 도구를 앞치마처럼 매달았는데 비행자용 입구와 보행자용 입구에 줄을 선 벌을 비교해 보는 것도 재밌다. 빈부격차의 인간사회 축소판처럼 보인다. 여왕벌의 상징으로 매단 물건(모래시계, 나침반, 주전자)의 쓰임에 대해서 생각해 보는 것은 숙제다.

그림 작가의 재치가 화면을 아주 소란스럽고 시끌벅적하게 구성했다. 거짓말탐지기를 사용하자는 벌 맞은편에 '모기에게만 효과 있음'을 가리키고 있는 벌의 모습은 그냥 웃게 만든다. 구석구석 재미있는 표현들이 많아 그림을 들여다보면 볼수록 신난다. 누구인지 정체가 밝혀지지 않은 벌은 장면마다 나오는 하얀 수염의 몸집이 작은 벌이다. 배가 빨간 걸 보면 이주벌이 틀림없다. 이 할아버지 벌의 정체가 끝끝내 궁금하다.

　이주민이 누구인지 알기도 전에 거부하고 싶은 인간의 심리가 잘 표현되었다. 낯선 사람을 대할 때면 마음을 열고 사귀면 되는데 우선 나와 어떻게 다른지 경계부터 한다. 그래서 다른 나라에서 이주한 벌이라거나, 잘 닦지도 않을 거라며 문화와 위생을 한꺼번에 무시한다. 환대의 모습은 하나도 없고 처음부터 끝까지 편견에 찬 경계의 모습이다. 그림책 속 벌의 이야기라고 무시할 수 있는가? 난 내 모습이 그 시끄러운 벌들의 모습처럼 느껴져 부끄럽기만 했다. 모든 꿀벌들이 타당하다고 여기는 해결책을 제시하고, 합일을 끌어내는 여왕벌의 지혜와 리더십이 그래서 부럽다.

선입견은 선입견일 뿐

아이들과 『벌집이 너무 좁아!』를 읽을 때는 제목을 놓고 한참 동안 이야기했다. 벌집의 크기나 모양은 어떤지, 왜 벌집이 좁아졌는지 열린 질문을 하면서 다양한 방향으로 상상했다. 비좁아졌다고 하니 아이들은 처음부터 수를 말했다. 제한된 공간에 인구가 많아지면 서울처럼 복잡해진다는 논리다. 이 책을 읽을 때는 내용을 중심으로 한 번 읽고, 그림을 중심으로 다시 읽었다. 내용을 중심으로 읽을 때는 여왕벌의 해결에 감탄하더니, 그림을 읽을 때는 장면마다 웃음이 터져 나온다. 그림책의 쏠쏠한 재미가 교실 분위기를 띄운다.

소감 나누기에서는 이방인에 대한 편견으로 어떤 것이 있나 솔직하게 말하는 시간을 가졌다. 외국인 근로자 이야기, 광화문에서 마주치는 외국 관광객 이야기, 학교 주변에서 시위하고 있는 사람들 이야기 등 나와 다른 사람이라고 느꼈던 사람에 대하여, 그 사람들에게 받은 느낌을 서로 이야기했다.

"외국인이 운영하는 식당에서 밥을 먹었는데 맛있어서 또 가고 싶어요."

"학교 근처의 궁궐에서는 외국인을 흔하게 볼 수 있어서 낯선 느낌이 들지 않아요."

"시위하는 분들은 좀 너무하다는 생각이 들어요. 교실에서도 들리잖아요. 공부 시간에는 하지 않았으면 좋겠어요."

활동으로는 대화를 별로 나눠 보지 않은 친구에게 다가가 1분씩 2분 말하기를 실시했다. 남성, 여성 구분하지 않고 대화를 별로 해 보지 않았다면 다가가서 궁금한 점을 이야기하거나, '나는 네가 이렇게 느껴져.'라면서 가지고 있던 선입견을 미리 말하며 확인하는 대화를 이어 나갔다. 이 '선입견 타파' 대화는 선입견은 선입견일 뿐이라는 경험을 하기 위한 활동이다. 다른 이에게 다가갈 때 필수적으로 지녀야 할 것은 '열린 마음'이다. 들어주고 이해하려는 마음을 가지고 다가가면 만남은 늘 성공적이다.

이 글을 쓰면서 우리가 열린 마음으로 대해야 할 이주민을 생각했다. 외국인 근로자나 국제결혼으로 만나는 다문화 가족도 열린 마음으로 만나야 할 이주민인데, 또한 빼놓을 수 없는 이주민은 북한 이탈주민이다. 북한의 체제에 반기를 들고 목숨 걸고 남한으로 와서 우울한 나날을 보내고 있는 북한 이탈주민도 우리가 환대하고 열린 마음으로 대해야 한다. 희망을 찾아 남한으로 왔다가 기아에 허덕이다 세상을 떠난 모자를 우리는 가슴에 새기고 잊지 말아야 한다. 자라나는 아이들의 마음에 벽을 허물고 통일의 씨앗을 심어 주려면 북한 이탈주민의 생활상을 그린 책이나, 통일 관련의 다양한 교재가 나와 교육 현장에서 무시로 활용되어야 한다.

길 잃은 이들에게 빈 의자를

『모든 것이 사라진 그날』

이주민과 난민은 자신이 살던 나라를 떠난 사람이라는 공통점이 있다. 이주민은 본인의 의지로 떠났지만, 난민은 전쟁, 온난화로 인한 환경 변화, 기아로 인한 경제적 이유 등으로 목숨을 부지하기 위해 어쩔 수 없이 떠난다는 차이점이 있다. 그래서 새로운 곳에 정착하는 방식도 서로 다르다. 난민은 사선을 넘어 어렵게 도망쳐 온 사람들이라 새로운 터전에서 살아갈 어떠한 준비도 되어 있지 않다. 이들 대부분은 난민촌의 생활을 거친다. 최저 생계 유지 정도의 원조가 이뤄지기에 인간다운 삶의 현장이라고 말할 수 없으며, 이런 생활이 오랜 시간 이어지기도 한다. 법적으로 보호받지 못하고, 자신의 인권 보호를 주장할 수도 없이 처분만 기다리는 약자 중에 가장 약자의 신분이 난민이다. 지구촌은 곳곳에서 발생하는 난민으로 인하여 새로운 고민을 안은 지 오래다.

　난민의 수용에 대해서는 우리나라 국민도 의견이 분분하다. 제주도에 예맨 난민 500여 명이 들이닥쳐 난민 신청을 했을 때 언론매체는 연일 시끄러웠다. 결국, 귀국했을 경우 살해나 박해의 위협이 있는 언론인 2명만 난민으로 인정받고, 412명이 인도적 체류 허가를 받았다. 다른 나라에서 예맨 난민을 50% 정도 난민으로 인정하는 것과는 확연한 차이를 보인다.

　젊은 세대들은 본인의 취직도 어려운데 난민을 수용해야 하는 현실을 인정하지 못한다. 오늘날 20대 젊은이들은 노인층과도 거리를 두려 하고 통일은 남의 일이라고 생각한다. 그런 상태에서 난민에게 따뜻한 손을 내밀 거라 예상하기는 어려운 현실이다. 그런데 이런 일은 우리나라에만 국한된 게 아니다. 세계 어느 나라도 모든 국민의 삶이 윤택하고, 한꺼번에 들이닥치는 난민에 대해서 '어서 오세요.' 두 팔 벌리는 곳은 없다. 그래서 인도적 차원으로 머리를 맞대고 함께 살 궁리를 하는 거다.

　『모든 것이 사라진 그날』은 2016년 봄, 영국 정부가 전쟁으로 부모를 잃은 3,000여 명의 난민 어린이들에게 피난처 제공을 거부한 실화를 바탕으로 만든 책이다. 그즈음 작가 니콜라 데이비스는 단지 앉을 의자가 없다는 이유로 학교 입학이 거절된 한 난민 소녀 이야

『모든 것이 사라진 그날』
니콜라 데이비스 글, 레베카 콥 그림, 우리동네책공장, 2019

앞표지는 돌려져 있는 의자 뒤로 바닥에 제목이 뉘어 있다. 그리고 귀를 막고 달리는 소녀의 모습이 나온다. 뒤표지는 전쟁으로 무너져 내리는 현장이다. 뒤표지에서 앞표지로 이어지는 그림은 전쟁으로부터 소녀가 도망치는 모습이다. 앞면지에는 다양한 모양의, 크기가 서로 다른 '빈 의자'가 화면 가득하다. 뒷면지는 그 의자에 피부색이 서로 다른 아이들이 앉아 있다. 이 책은 색연필로 그려 따뜻하고 부드러운 느낌을 준다.

기를 영국의 가디언지 웹사이트에 시로 처음 발표했는데, 예술가 재키 모리스와 뻬뜨르 호라체크의 '빈 의자'라는 그림과 함께 소개됐다. 이 기사가 나간 후, 많은 사람이 '모든 걸 잃고 교육의 기회마저 빼앗긴 갈 곳 없는 아이들과 함께 하겠다'는 상징적 의미로 SNS에 빈 의자 사진을 올리는 3000 chairs 캠페인을 진행했다.

 부모를 잃은 어린이 난민을 모르는 척할 수 있을까? 3000 chairs 캠페인을 보니 마음이 뭉클했다. 그 감동을 품고 『모든 것이 사라진 그날』을 살펴보길 바란다.

 내가 가지고 있는 대부분의 난민 그림책은 난민으로 떠돌아다니며 생명의 위협을 받는 내용이 중심을 이뤘다. 대부분 보스니아 내전, 시리아 내전, 수단 내전 등의 실화를 바탕으로 하고 있어서 강한 충격을 준다. 최근에 만난 책으로 『제노비아』를 많이 고민했다. 제노비아는 옛날 시리아의 여왕이며 전사였던 인물이다. 내전으로 부모 잃은 아미나는 엄마가 늘 이야기해 주던 제노비아처럼 용기를 내고 싶지만 조그만 배에 너무 많은 사람이 타 바닷물이 크게 출렁일 때 바닷물에 빠진다. 『제노비아』의 모티브가 된 건 2015년 9월 시리아를 탈출한 세 살 어린이 아밀란 쿠르디의 시신이 터키 보드룸의 한 해변에 발견된 사건이다. 전 세계인을 충격에 빠뜨렸던 이 사건을 만화로 표현한 것이다. '저 어린아이 한 명은 구해낼 수 있지 않았을까?' 하는 반성이 뒤늦게 일었던 것인지도 모른다. 난민은 나와 상관없는 일이라고 하다가도 이런 실상을 만나면 불편해지고 외면할 수 없는 책임감이 느껴진다.

거절당하는 소녀

화자인 소녀는 평범하게 하루를 시작한다. 가족과 식사하고 학교에 가서 화산에 대해 배우고 새를 그리며 공부하던 중 폭격이 시작되고 한순간에 도시는 초토화된다. 가족을 잃고, 피투성이에, 완전히 지친 상태로 아무 생각 없이 뛰고, 이동 차량에 올라타고, 해변에 쓰러진 아기를 지나쳐 난민촌에 도착한다. 천막 안 구석진 곳에 자리를 잡았지만, 전쟁은 눈을 감아도, 꿈속에서도 떠올라 완전히 소녀를 집어삼킨다. 소녀는 전쟁에서 벗어나기 위해 난민촌을 벗어나 걷지만, 사람들은 문을 굳게 닫고 모두 못 본 척 외면한다. 학교에 갔으나 의자가 없다며 네가 있을 곳이 아니라고 돌려보낸다. 난민촌으로 돌아온 소녀는 담요를 뒤집어쓰고 사람들 마음에도 전쟁이 따라왔다고 생각한다. 그때 한 아이가 의자를 가지고 와 의자가 있으니 학교에 와도 된다고 말한다.

아침 식사를 하는 첫 장면에서는 소녀 뒤로 꽃이 활짝 핀 화분이 보이는데, 폭격이 시작되고 화분은 검은 웅덩이 위에 부서진 채 흩어져 있다. 집은 무너졌고 소녀는 가족을 잃은 거리의 아이가 된 거다. 회색 천막이 늘어선 난민촌과 달리 현지인들이 사는 마을로 들어

갈수록 다채로운 컬러가 살아난다. 학교에서 거절당하고 난민촌으로 되돌아온 소녀를 맞이하는 건 검은 어둠이다. 모든 희망이 사라진 절망을 화가는 검게, 검게, 두껍게, 두껍게 덧칠하고 있다. 이 장면의 무게가 얼마나 될까? 무겁게 느껴져 넘길 수가 없었다. 『제노비아』에서 시신이 발견되었다는 해변의 이미지와 겹쳐 책장을 넘기기 쉽지 않았다. 하지만 다음 장을 넘기면 의자를 들고 온 아이의 빛으로 소녀의 칙칙한 담요에 색이 입히고, 어둠이 물러나가듯 전쟁이 조금씩 뒤로 물러나는 것을 느낄 수 있다. 난민 소녀가 공부할 수 있도록 의자를 보내 연대하는 마지막 장면은 꿈에 부풀게 한다.

생명을 존엄하게 여기는 마음

아이들은 난민 중에서 새로운 터전을 만난 이들이 얼마나 운이 좋은 사람인지 안다. 수많은 사람이 전쟁을 피해 도망쳐 나오지만, 그 과정은 목숨을 내놓고 움직이는 거라 새로운 곳에 정착하는 사람은 그리 많지 않다는 걸 안다. 사실 우리 사회와 한참 떨어진 곳에서의 난민 소식이 우리에게 현실감 없게 들리는 것도 사실이다. 그들의 전쟁과 아무 관련이 없는데 난민을 책임지라고 하면 억울한 생각이 들 것 같다. 하지만 사지에서 살아남은 자의 잘못으로 전쟁이 일어난 것은 아니다. 그들 또한 안타까운 피해자일 뿐이다. 이런 현실을 보면 우리의 안락함이 조금은 미안하다.

생명을 소중하게 여기는 '생명의 존엄성'은 누구에게나 똑같다. 난민도, 전쟁터에서 쓰러지는 용사도. 죽어도 되는 사람은 없다. 집에 있는 남은 의자를 가져오는 순수한 연대가 그래서 아름다운지도 모른다.

주인공의 마음과 의자를 가지고 나온 아이들의 마음을 중심으로 마음 나누기를 시작했다. 안타까운 마음들을 쏟아 낸 후, '난민이라면 고개를 절레절레 흔드는 사람'이 내 짝이라면 어떻게 마음 문을 열게 할지, 혹은 그 반대로 '난민을 받아들여야 한다는 사람'이라면 어떻게 설득할지 '상상 토론'을 실시했다. 내 입장이 어떤 사람이라고 단정할 필요는 없다. 가치관은 얼마든지 바뀔 수 있지만, 교육의 방향은 '인간의 존엄성'에서 벗어나서는 안 될 것이다.

활동은 재키 모리스와 뻬뜨르 호라체크의 '빈 의자'처럼 우리도 연대하는 빈 의자를 그려 3000 chairs 캠페인에 동참하는 시간을 가졌다. 캠페인에서 볼 수 있는 작품들처럼 형태와 그림자도 다양하게, 포근하게 그렸다.

1장 주제별 도서 목록

주제	제목 및 서지 정보
나, 너	**난 내가 좋아**, 낸시 칼슨 지음, 보물창고, 2007 **내 꼬리**, 조수경 지음, 한솔수북, 2008 **나는 나의 주인**, 채인선 글, 안은진 그림, 토토북, 2010 **나는 아이로서 누릴 권리가 있어요**, 알랭 세레 글, 오렐리아 프롱티 그림, 고래이야기, 2010 **어느 날 아침**, 이진희 지음, 글로연, 2012 **너도 사랑스러워**, 윤여림 글, 채상우 그림, 웅진주니어, 2017 **작은 생각**, 멜 트레고닝 지음, 우리동네책공장, 2018 **나**, 조수경 지음, 한솔수북, 2018 **너**, 쇠렌 린 글, 한나 바르톨린 그림, 현북스, 2019 **나는요**, 김희경 지음, 여유당, 2019 **언제나 빛나는 별처럼**, 진 윌리스 글, 브라이오니 메이 스미스 그림, 사파리, 2019
인권	**어린이**, 베아트리체 알레마냐 지음, 한솔수북, 2008 **내가 라면을 먹을 때**, 하세가와 요시후미 지음, 고래이야기, 2009 **우리는 모두 인권이 있어요**, 잔나 카리올리 글, 안드레아 리볼라 그림, 푸른숲주니어, 2017 **다 같이 함께하면**, 브리타 테큰트럽 지음, 미디어창비, 2018 **친절: 세상을 바꾸는 힘**, 앨리슨 그린 글, 악셀 셰플러 외 37인 그림, 비룡소, 2019
환대	**문이**, 라스칼 글, 소피 그림, 마루벌, 1995 **피아노 치는 늑대, 울피**, 이시다 마리 지음, 고래이야기, 2007

환대
나무집, 마리예 톨만·로날트 톨만 지음, 여유당, 2010
여우의 정원, 카미유 가로쉬 지음, 담푸스, 2015
텅 빈 냉장고, 가에탕 도레뮈스 지음, 한솔수북, 2015
다섯 손가락, 셀마 운글라우베 글, 브루나 바로스 그림, 미디어창비, 2016
대단한 무엇, 다비드 칼리 글, 미겔 탕코 그림, 문학동네, 2019

다름
나랑 좀 달라도 괜찮아, 캐스린 케이브 글, 크리스 리들 그림, 주니어김영사, 2006
나랑 달라도 사랑해, 미쉘 도프렌 지음, 교학사, 2007
새 친구가 이사 왔어요, 레아 골드버그 글, 슈무엘 카츠 그림, 주니어RHK, 2008
달라도 친구, 허은미 글, 정현지 그림, 웅진주니어, 2010
피부색은 달라도 우리는 친구, 미로 프레만 지음, 키즈엠, 2013
점과 선이 만나면, 베로니크 코시 글, 로랑 시몽 그림, 국민서관, 2014
도망쳐, 늑대다!, 마티외 모데 지음, 한울림어린이, 2018

엄마 관계
망태 할아버지가 온다, 박연철 지음, 시공주니어, 2007
어른들은 왜 그래?, 윌리엄 스타이그 지음, 비룡소, 2008
우리 엄마 맞아요?, 고토 류지 글, 다케다 미호 그림, 웅진주니어, 2008
엄마의 스마트 폰이 되고 싶어, 노부미 지음, 길벗어린이, 2017
엄마가 미운 밤, 다카도노 호코 글, 오카모토 준 그림, 천개의바람, 2017
내가 엄마를 골랐어!, 노부미 지음, 위즈덤하우스, 2018

언어 폭력
쉿, 나쁜 말은 안 돼요!, 에디트 슈라이버 비케 글, 카롤라 홀란드 그림, 토마토하우스, 2005
깃털처럼 날아가 버린 소문, 김혜선 글, 김경희 그림, 올파소, 2011
가시소년, 권자경 글, 송하완 그림, 리틀씨앤톡, 2012
나쁜 말이 불쑥, 오드리 우드 글, 오드리 우드·돈 우드 그림, 책과콩나무, 2012

| 언어 폭력 | **나, 비뚤어질 거야!**, 허은실 글, 조원희 그림, 한솔수북, 2013
까불지 마!, 강무홍 글, 조원희 그림, 논장, 2015
말들이 사는 나라, 윤여림 글, 최미란 그림, 위즈덤하우스, 2019 |

| 아동 학대 | **빨간 늑대**, 마가렛 섀넌 지음, 베틀북, 2003
울음소리, 하수정 지음, 웅진주니어, 2018
두리를 도와주세요, 혜린 글, 윤수정 그림, 키움북스, 2018
그렇게 나무가 자란다, 김흥식 글, 고정순 그림, 씨드북, 2019 |

| 배려 | **선인장 호텔**, 브렌다 기버슨 글, 메건 로이드 그림, 마루벌, 1995
소피의 달빛 담요,
에일런 스피넬리 글, 제인 다이어 그림, 파란자전거, 2001
누가 나랑 같이 가 주겠니?,
호세 바예스테로스 글, 오스카 비얀 그림, 베틀북, 2002
이야기 담요, 페리다 울프·해리엇 메이 사비츠 글, 엘레나 오드리오솔라 그림, 국민서관, 2008
뒷집 준범이, 이혜란 지음, 보림, 2011
애너벨과 신기한 털실, 맥 바넷 글, 존 클라센 그림, 길벗어린이, 2013
거리에 핀 꽃, 존아노 로슨 기획, 시드니 스미스 그림, 국민서관, 2015
쉿! 나는 섬이야, 마크 얀센 지음, 주니어김영사, 2018
가만히 들어주었어, 코리 도어펠드 지음, 북뱅크, 2019 |

| 나다움 | **꽃을 좋아하는 소 페르디난드**,
먼로 리프 글, 로버트 로손 그림, 비룡소, 1998
종이 봉지 공주, 로버트 문치 글, 마이클 마첸코 그림, 비룡소, 1998
세상에서 가장 아름다운 달걀, 헬메 하이네 지음, 시공주니어, 1998
치마를 입어야지 아멜리아 블루머!,
섀너 코리 글, 체슬린 맥라렌 그림, 아이세움, 2003
신데룰라, 엘렌 잭슨 글, 케빈 오말리 그림, 보물창고, 2007
루빈스타인은 참 예뻐요, 펩 몬세라트 지음, 북극곰, 2014 |

나다움

고슴도치 엑스, 노인경 지음, 문학동네, 2014

꽁치의 옷장엔 치마만 100개, 이채 글·기획, 이한솔 그림, 리잼, 2015

원피스를 입은 모리스,
크리스틴 발다키노 글, 이자벨 말랑팡 그림, 키다리, 2016

수상한 아이가 전학 왔다!(단편소설),
제니 롭슨 글, 정진희 그림, 뜨인돌어린이, 2017

피어나다, 쿄 매클리어 글, 줄리 모스태드 그림, 봄의정원, 2018

줄리의 그림자, 크리스티앙 브뤼엘 글, 안 보즐렉 그림, 이마주, 2019

노를 든 신부, 오소리 지음, 이야기꽃, 2019

따돌림

내겐 드레스 백 벌이 있어(단편소설),
엘레노에 에스테스 글, 루이스 슬로보드킨 그림, 비룡소, 2002

놀이터의 왕,
필리스 레이놀즈 네일러 글, 놀라 랭그너 멀론 그림, 보물창고, 2007

내 탓이 아니야,
레이프 크리스티안손 글, 딕 스텐베리 그림, 고래이야기, 2007

괴롭힘은 나빠, 고정완·나누리 글, 송하완 그림, 풀빛미디어, 2013

보이지 않는 아이,
트루디 루드위그 글, 패트리스 바톤 그림, 책과콩나무, 2013

저, 할 말 있어요!,
저스틴 로버츠 글, 크리스티안 로빈슨 그림, 주니어김영사, 2016

그게 만약 너라면(단편소설), 패트리샤 폴라코 지음, 베틀북, 2014

제인 에어와 여우, 그리고 나,
패니 브리트 글, 이자벨 아르스노 그림, 책과콩나무, 2014

One 일, 캐드린 오토시 지음, 북뱅크, 2016

성폭력

이럴 땐 싫다고 말해요,
마리 프랑스 보트 글, 파스칼 르메트르 그림, 문학동네, 1999

슬픈 란돌린,
카트린 마이어 글, 아네테 블라이 그림, 문학동네어린이, 2003

네 잘못이 아니야, 나탈리!,
질 티보 글, 마리 클로드 파브로 그림, 어린이작가정신, 2004

성폭력	**가족앨범**, 실비아 다이네르트·티네 크리드 글, 울리케 볼얀 그림, 사계절, 2004
	낯선 사람 따라가면 안 돼, 트릭시 하버란더 글, 우어줄라 키르히베르크 그림, 경독, 2006
	다정한 손길, 샌디 클레븐 글, 조디 버그스마 그림, 내인생의책, 2006
	내 몸은 나의 것, 린다 월부어드 지라드 글, 로드니 페이트 그림, 문학동네, 2007
	말해도 괜찮아, 제시 지음, 문학동네, 2007
노동	**자이, 자유를 찾은 아이**, 폴 티에스 글, 크리스토프 메를랭 그림, 사계절, 2005
	남쪽의 초원 순난앵, 아스트리드 린드그렌 글, 마리트 턴크비스 그림, 마루벌, 2006
	거짓말 같은 이야기, 강경수 지음, 시공주니어, 2011
	우리 엄마는 청소노동자예요, 다이애나 콘 글, 프란시스코 델가도 그림, 고래이야기, 2014
	오, 미자!, 박숲 지음, 노란상상, 2019
장애	**커다란 나무 그늘**, 장 클로드 무를르바 글, 나탈리 노비 그림, 느림보, 2008
	진짜 투명인간, 레미 쿠르종 지음, 씨드북, 2015
	바람은 보이지 않아, 안 에르보 지음, 한울림어린이, 2015
	내가 개였을 때, 루이즈 봉바르디에 글, 카티 모레 그림, 씨드북, 2017
	그해 가을, 권정생 원작, 유은실 글, 김재홍 그림, 창비, 2018
	우리와 다른 아이, 엘리사 마촐리 글, 소니아 마리아루체 포센티니 그림, 한울림스페셜, 2018
	벽 속에 사는 아이, 아녜스 드 레스트라드 글, 세바스티앙 슈브레 그림, 어린이작가정신, 2019
	안나가 처음 바다에 가는 날, 미셸 로시 글, 라비고타 그림, 우리학교, 2019
	소리를 보는 소녀(만화), 세실 비도 지음, 한울림스페셜, 2019

| 노숙인 | **창밖의 사람들**, 올리비에 두주 글, 이자벨 시몽 그림, 낮은산, 2003
부러진 부리,
너새니얼 래첸메이어 글, 로버트 잉펜 그림, 문학과지성사, 2004
영이의 비닐우산, 윤동재 시, 김재홍 그림, 창비, 2005
노숙자 폴로와 쥐(단편소설),
마갈리 에르베르 글, 오정택 그림, 한림출판사, 2013
노숙인 인권학교,
그자비에 에마뉘엘리·소피 보르데 글, 레미 사이아르 그림, 톡, 2017 |

| 노인 | **위층 할머니, 아래층 할머니**, 토미 드 파올라 지음, 비룡소, 2003
명애와 다래, 이형진 지음, 느림보, 2003
어느 할머니 이야기,
수지 모건스턴 글, 세르주 블로흐 그림, 비룡소, 2005
책 읽어 주는 할머니, 김인자 글, 이진희 그림, 글로연, 2009
엄마하고 나하고, 장경원 글, 정민아 그림, 느림보, 2011
할머니의 여름휴가, 안녕달 지음, 창비, 2016
할머니의 노란우산,
릴리 샤르트랑 글, 파스칼 보낭팡 그림, 미래아이, 2018
엄마와 도자기, 백화현 글, 백한지 그림, 백화만발, 2020
선물, 김은미 지음, 백화만발, 2020 |

| 이주민 | **페페, 가로등 켜는 아이**,
일라이자 바톤 글, 테드 르윈 그림, 열린어린이, 2005
울타리 너머 아프리카,
바르트 무이아르트 글, 안나 회그룬드 그림, 비룡소, 2007
너는 어디로 가니, 맥신 트로티어 글, 이자벨 아르스노 그림, 산하, 2012
찬다 삼촌, 윤재인 글, 오승민 그림, 느림보, 2012
이사벨의 방, 사라 스튜어트 글, 데이비드 스몰 그림, 시공주니어, 2013
우리는 이민 가족입니다,
크리스타 홀타이 글, 게르다 라이트 그림, 시공주니어, 2015
나는 대한민국 국민입니다(소설), 한경아 글, 신나경 그림, 거인, 2017 |

이주민	**외국에서 온 새 친구**, 마리아 디스몬디 글, 도나 패럴 그림, 보물창고, 2018
난민	**잃어버린 아이들**, 메리 윌리엄스 글, 그레고리 크리스 그림, 사계절, 2006 **보스니아의 성냥팔이 소녀**, 안데르센 원작, 조르주 르무안 그림, 마루벌, 2006 **쿵쿵쿵 탕탕탕**, 이브 펭귈리 글, 프레데릭 망소 그림, 기탄교육, 2007 **노란 샌들 한 짝**, 캐런 린 윌리엄스·카드라 모하메드 글, 둑 체이카 그림, 맑은가람, 2007 **아지의 머나먼 여행**(만화), 사라 갈랜드 지음, 초록개구리, 2012 **브레히트의 어린이 십자군**, 베르톨트 브레히트 글, 카르멘 솔레 벤드렐 그림, 새터, 2012 **아킴 달리다**, 클로드 K 뒤브와 지음, 청어람미디어, 2013 **다 잘될 거야!**, 키르스텐 보이에 글, 얀 비르크 그림, 책빛, 2016 **집을 잃어버린 아이**, 안네게르트 푹스후버 지음, 푸른숲주니어, 2017 **제노비아**(만화), 모르텐 뒤르 글, 라스 호네만 그림, 지양어린이, 2018 **또 다른 연못**, 바오 파이 글, 티 부이 그림, 밝은미래, 2018
여성	**돼지책**, 앤서니 브라운 지음, 웅진주니어, 2001 **나스린의 비밀 학교**, 지네트 윈터 지음, 고래이야기, 2012 **나미타는 길을 찾고 있어요**, 마르 파본 글, 마리아 히론 그림, 풀과바람, 2016 **다정해서 다정한 다정씨**, 윤석남·한성옥 지음, 사계절, 2016 **나는 반대합니다**, 데비 레비 글, 엘리자베스 배들리 그림, 함께자람, 2017 **분홍 모자**, 앤드루 조이너 지음, 이마주, 2018

2장
**아픔의 역사를
되풀이하지 않도록**

역사와 인권

인권 이야기를 풀어 나갈 때 과거의 인권 문제에서 풀어 나가는 것이 쉬울 수도 있다. 우리가 지금 마주한 사회와 역사에 좀 떨어져 있기 때문이다. 그렇지만 과거의 문제가 완전히 해결되었다고 볼 수는 없다. 전쟁은 아직도 콕콕 아픔을 전달하는 현재의 이야기고, 인종 차별 또한 지금도 계속되는 현재의 이야기다.

텔레비전 방송 프로그램 중 다문화가정의 고부 갈등을 다룬 것이 있다. 문화가 전혀 다른 나라에서 20여 년 살다가 아는 사람 없는 한국으로 시집와서 적응하며 살아가는 며느리와 60~70년 이상 한국 사회에 살면서 전통적 며느리 역할을 해 온 전통적 며느리관을 가지고 있는 시어머니의 갈등을 다룬다. 여기에서 갈등이 생기지 않는다면 그게 이상한 거다. 프로그램의 진행 과정은 며느리가 친정으로 시어머니를 모시고 여행을 떠난다. 시어머니는 며느리가 살아온 환경을 낱낱이 보게 된다. 신기한 것은 그 과정을 거치며 시어머니가 며느리를 이해하게 된다는 거다. 살아온 환경을 보고 이해하는 것이 사람을 받아들이는 데 매우 중요한 역할을 한다는 걸 방송을 보면서 자주 경험한다.

과거의 인권을 다룬 그림책도 역사의 장면에, 그 현장에 내가 있다고 생각하면서 읽어 나가야 한다. 다양한 관점의 책을 읽어 역사를 치우쳐 보지 않고 객관적으로 보는 방법을 터득해야 한다.

또한, 날것 그대로 보여 주는 책인지 아닌지 판단하고 읽어야 한다. 현대로 올수록 날것 그대로 서술할 때가 많다. 그건 아직 치유가 끝나지 않았음을 의미한다. 아픔과 상처를 다른 것에 비유하며 여유 있게 서술되는 책이 있는가 하면(걸러진), 전쟁의 참상이나 아픔이 그대로 드러나는 책이 있다. 아이에게는 날것이 드러내는 충격을 감당할 수 있는 여력이 부족하다. 실제 사건이어도 걸러서 표현된 책을 선정하는 것이 좋다.

한 가지 덧붙이자면 배경이 되는 이야기를 좀 길게 다루었다. 아이들에게 문학 작품을 읽어 줄 때 중심 사건의 역사적 배경을 이야기하고 읽으면 훨씬 이해가 빠르고 마음 깊이 받아들이기 때문에 그림책이 갖는 인문학적 배경을 알고 읽어 주길 바라는 마음에서 역사적 배경에 대해 자주 언급했다.

독일 현대문학에 지대한 영향을 미친 시인 브레히트는 『살아남은 자의 슬픔』에서 자신이 전쟁에서, 혹독한 시련에서 살아남은 것은 '운이 좋은 덕분'이라고 생각했는데 꿈속에서 친구들이 '강한 자는 살아남는다.'라는 말을 들으니 살아남은 자신이 미워지고 슬퍼진다고 했다. 살아남은 것이 죄가 되지 않기를 간절히 기원한다.

장벽을 넘어가면

『THE WALL(장벽)』

우리에게는 얼마나 많은 장벽이 있을까? 남한과 북한을 가르는 철조망과 같은 물리적 장벽도 있고, 이해와 소통을 가로막는 마음의 장벽도 있다. 지구상에는 많은 장벽이 있고, 사라진 곳도 있지만, 우리나라의 휴전선처럼 그대로 유지되는 곳도 있다. 안타깝고 마음 아픈 현실이다. 독일의 베를린 장벽과 동유럽과 서유럽을 나누던 철의 장막은 지금은 사라졌다. 하지만 이스라엘 서안의 팔레스타인 장벽은 여전히 화약고로 이름을 떨치고 있다. 우리는 1953년 휴전 협정 이후 장벽이 그대로지만 요즘 높아지고 있는 장벽은 미국과 멕시코 사이의 장벽이다. 이렇게 세계 곳곳에 장벽이 있으니 장벽에 관한 책이 끊임없이 출판되고 있나 보다.

많은 책이 제목으로 '장벽'을 이야기하지만, 지향점은 화합이다. 물리적 장벽을 무너뜨리고 마음의 장벽을 지우라는 이야기다. 그러나 이것이 개인의 생각과 감정으로 가능한 일인가? 1989년 11월 9일, 베를린 장벽이 무너지는 장면을 텔레비전 화면으로 보면서 '저렇게 순식간에 무너질 수도 있는 거구나!' 감탄했던 기억이 있다. 그걸 보며 언젠가 우리의 휴전선도 저렇게 하루아침에 없어질 수도 있겠다는 꿈을 꿨다.

지구상의 장벽은 모두 역사를 담고 있어서 그림책을 읽을 때는 배경을 공부하고 읽어야 한다. 그림책 중에는 역사적 배경을 서문이나 후기에서 안내하는 것도 있다. 『THE WALL(장벽)』을 쓴 잔카를로 마크리와 카를리나 차노티는 부부로 함께 그림책 작업을 한다. 이 책은 은유와 상징을 이용해 비유적으로 장벽을 표현하고 있어서 학년과 관계없이 읽을 수 있다는 장점이 있다. 『THE WALL』도 아름다운 책인데 『DOTS(점)』도 참신한 작품이다. 아이들의 반응은 재미있는 장치가 있는 『THE WALL』이 좋았다.

다양한 색깔의 사람과 함께

이야기의 시작은 다양한 색깔의 사람들이 가득한 그림에서 출발한다. 한 장을 넘기면 하얀 부분이 생기고 그 안에 왕과 신하의 대화로 이야기가 진행된다. 파란색의 왕은 다른 색깔 사람은 보기 싫으니

『장벽』
잔카를로 마크리·카롤리나 차노티 글,
마우로 사코·엘리사 발라리노 그림, 내인생의책, 2018

표지를 펼치면 책등이 장벽이 된다. 앞표지는 다양한 색깔의 사람들이 가득하고, 뒤표지는 회색의 사람들이 가득하다. 표지에서 작가가 말하고자 하는 바가 느껴지지 않는가? 단일민족을 강조했던 대한민국은 뒤표지에 가까울 것 같다.

파란색 사람만 남고 다른 색은 추방하라고 명령한다. 그런 다음 다른 색이 보인다고 장벽을 세우라고 한다. 지혜로운 신하는 "벽을 가장 잘 만드는 석공은 빨간색 사람들입니다."라고 한다. 왕은 그들을 불러 벽을 만들게 한다. 정원을 가꾸도록 명령하자 이번에는 초록색 사람이 넘어온다. 분수는 하늘색 사람, 도로는 회색 사람, 천문학은 보라색 사람, 예술인은 오렌지색 사람, 탑은 밤색 사람…… 그렇게 여러 사람이 장벽을 넘어온다. 왕은 탑에 올라가 장벽을 살피다가 장벽 너머에 사람이 별로 없고 자신의 왕국에만 사람이 바글거리자 결국 장벽을 허물게 한다. 그리고 왕은 한마디 한다.

"다양한 색깔의 사람과 함께 한다는 건 얼마나 기쁜 일인가!"

재미있는 것은 빨간색 사람들이 넘어와 세운 장벽을 팝업으로 만든 부분이다. 지혜로운 신하는 왕이 새로운 사업을 시작할 때마다 장벽 너머의 다른 색깔 사람들을 불러들여 나라는 점점 다양한 색깔의 사람들이 함께 사는 공간으로 변한다. 어렵고 무거운 이야기를 작가는 유머러스하게 풀어냈다.

장벽은 나와 분리하고 배제하려는 욕심에서 시작한다. 벽, 담, 장벽, 인종 분리, 차별, 탄압, 국경, 난민 모두 사람들의 욕망으로 '편 가르기'를 한 단어들이다. 협동, 협력, 공존, 연대는 그림책 안에서만 존재하는 것이 아니길 빈다.

장벽과 관련된 여러 권의 책을 놓고 현실을 고발하는 책인지, 희망을 이야기하는 책인지 생각했다. 관련 주제 책 읽기 순서는 '무너진 장벽 이야기 - 현재도 있는, 혹은 점점 더 높아지는 장벽 이야기 - 장벽에서 희망을 말하는 이야기' 순서로 읽어 나갔다. 잔카를로 마크리와 카를리나 차노티의 그림책은 마지막에 놓았다.

    이런 책을 왜 아이들과 읽어야 할까? 가끔 자국민의 경제활동과 자국민의 안전이 제일 중요하다고 말하는 나라들을 볼 때 충분히 이해된다. 내가 정치가라도 제일 우선의 정책이 자국민을 위하는 일일 거다. 그런데 미국과 영국 등의 선진국에서 자국민만을 위하는 정책을 수립하는 걸 보면 불편해지는 이유는 뭘까? 나도 '내로남불'처럼 이중의 잣대를 가지고 평가하는 건 아닐까.

    바른 가치를 지닌 아이, 선한 영향력을 지닌 아이, 화합과 협력으로 평화를 이끌어 가는 아이, 아픔을 이해하고 보듬어 줄 줄 아는 감성을 지닌 아이, 이런 아이로 자라는 걸 어른인 우리가 혹시 막고 있는 것은 아닐까. 난 그림책을 읽어 주면서 나 자신을 돌아본다. 인권과 평화의 책을 읽을 때면 더더욱 그런 생각이 든다. 이는 아마도 나 자신이 명확하게 선한 영향력을 지닌 사람으로, 평화를 실천하는 사람으로 성장하지 못한 어른이라서 그런 건지도 모른다.

분리가 아닌 화합으로

아이들은 큰 화면 가득 다양한 동그라미가 모두 사람으로 표현되는 기법에 감탄했다. 그리고 지혜로운 신하의 신중함을 한마디씩 칭찬했다.

"왕의 명령에 거스르지 않으면서도 평화에 다가가도록 왕을 이끄는 지혜로운 신하네요."

부디 아이들도 그런 지혜로운 사람이 되기를 바랐다.

책을 읽고 마음 나누기를 하는 과정에서는 '내 마음에 장벽을 쌓아 누군가를 멀리했던 고백' 털어놓기를 했다. 나와 분리하려고 했던 근본적인 이유는 무엇 때문이었는지 진지하게 생각해 보는 시간을 가졌다. '분리'는 꼭 필요했는지, 다른 방법은 없었는지에 대해 반추하는 과정을 거쳤다.

"나만 빼놓고 논 줄 알고 친구한테 말도 안 하고 쌀쌀맞게 행동했는데 그게 제 오해였어요."

"부모님이 동생 편만 든다고 불만이 많았는데 내가 부모님 입장이라도 그랬을 것 같아 마음이 풀어졌어요."

"친구하고 싸워 교실 밖으로 쫓겨나니 공연히 싸웠다는 생각이 들었어요."

"동생이랑 싸우면 생각하는 의자에 앉게 되는데 나만 앉을 때는 억울한 마음이 올라와요."

활동은 '손뼉 놀이'를 했다. 원을 두 줄로 만든 다음에 마주 보고 선다. 손뼉치기는 아이들이 노래를 부르며 해도 되고, '우정 테스트'

처럼 손뼉 수를 늘려 나가는 것도 하나의 방법이다. 숫자만큼 한 손 치기를 하고 숫자가 끝나면 양손 치기를 하는 방법이다. 5까지 가는 것을 약속하고 끝나면 다음 친구를 만나 손뼉치기를 하고 또 이동하여 한 바퀴 돌도록 한다. 마음이 잘 맞아야 하는 놀이지만, 실수할 때 오히려 웃음이 만발한다. 동영상으로 하는 방법을 미리 알아보고 하면 좋다.

뿌리내리고 뻗어 나가는 자유

『울지 마, 레몬트리』, 『파란 나무』

독재 정치의 폭력을 다룬 그림책을 쌓아 놓고 보니 읽으면서 섬뜩했던 책이 여러 권 있다. 모두 개별적으로 다루고 싶은 책들이다. 몇 번을 읽고 고민하다가 한 권을 정하기 어려워 결국 두 권을 골랐다.

  왜 이렇게 독재 정치에 대한 다양한 관점의 책이 많은 걸까? 그만큼 지구 곳곳에 독재 정권으로 어려움을 겪고 있는 곳이 많다는 반어적 표현은 아닐까. 힘은 나눌수록 민주주의에 다가간다. 반대로 한곳으로 몰릴수록 독재 정치라 할 수 있다. 우리는 사회를 바라볼 때 힘을 분산시키는지, 힘을 한곳으로 모으는지 유심히 살펴봐야 한다. 어린이 그림책에 이런 이야기가 많다는 것은 어려서부터 '내 일이야, 똑똑하게 판단해야 해. 독재 정권은 무관심한 내가 만들어 내

『울지 마, 레몬트리』
일리아 카스트로 글, 바루 그림, 한울림어린이, 2019

레몬의 노란색과 폭력의 검은색이 교차하는 구성이다. 표지는 레몬트리 위에 소녀가 울고 있고 레몬트리는 소녀의 눈물을 받는다. 면지는 노란 레몬에 검은 사선의 폭력을 담았다. 두꺼워지고 짙어지는 검은 먹선의 흐름이 두려움을 자아낸다.

는 거야.'라는 마음을 갖도록 하기 위한 염려 같다. '잊힌 역사는 되풀이된다.'라는 말이 있다. 아픈 역사가 되풀이되지 않도록 어린이들에게 이런 책을 권하고 생각을 키워 나가도록 해야 한다.

어느 날 지인이 책을 보냈다고 연락했다.

"선생님, 학교로 책 보냈어요.『울지 마, 레몬트리』는 있을 것 같은데, 있으시면 저에게 주세요."

아들이 그림 작가 바루의 작품을 좋아해 검색하다 찾은 책이라고 했다. 내게 없는 책이라 궁금했는데 받고 보니 가슴이 두근거리고 왜 내게 이 책을 보냈는지 이해됐다. 책을 받은 날 종일 가슴이 뛰고 무서웠다. 당시에 우리 반에서 읽고 있던 그림책의 주제가 '정치적 폭력'에 대한 책이었는데 한 권이 추가된 셈이다. 그날 엄청난 이 책을 들고 이리저리 돌아다니며 읽어 줬다.

통곡으로 치유하는 슬픔

『울지 마, 레몬트리』는 1976년부터 1983년까지 아르헨티나의 호르헤 라파엘 비델라 대통령이 독재 정권을 휘두른 이야기다. 쿠데타로 정권을 잡은 군사 정권은 전국 300여 곳에 죽음의 수용소를 설치하고 테러, 고문, 강제 실종, 정보 조작, 총살 등 자국민의 인권을 탄압해 폭력 사태가 날마다 일어났단다. 군사 정권의 탄압으로 3,000명에 이르는 사람들이 재판 없이 사형에 처해졌고, 수만 명의 시민이 실종되거나 국가보안군에 의해 비밀리에 살해되었다고 한다. 한 사람의 정치적 욕망으로 일으킨 폭력을 아르헨티나 사람들은 '더러운 전쟁'이라고 불렀다. 이 시기 아르헨티나에서 살았던 작가는 그림책으로 '더러운 전쟁'의 기억을 복원하여 다시는 반복되지 않기를 기원한다.

소녀가 태어나던 날, 그곳은 수많은 사람의 목숨을 앗아간 '더러운 전쟁' 중이었다. 거리 곳곳에 "침묵이 살길이다!" 글귀가 나붙고 모두가 침묵했지만, 총살은 계속되었다. 소녀는 '독재 정권의 칼날 아래에서 살아남는 법'을 배웠다. 무엇을 보아도 말하지 않았고, 무엇을 들어도 알리지 않았다. 엄마 아빠의 친구들이 비밀지하방에 모이면 소녀는 한 번도 이유를 묻지 않았고 알 필요 없다는 걸, 아무것도 몰라야 한다는 걸 알았다. 레몬트리로 올라가 피해 있던 날, 문이 부서지는 소리, 총소리, 고함, 비명, 울음소리가 들렸다. 침묵. 모두가 말없이 침묵했지만, 총성은 계속됐다. 탕! 탕! 탕!

소녀가 울기 시작하자 소녀의 눈물이 레몬 위에 얼어붙었다가 땅에 떨어진다. 레몬트리 아래 눈물은 호수가 되고, 호수는 강이 되고, 거센 강물은 거침없이 흘러 건물 잔해와 시체를 휩쓸어 간다. 강물은 고통에 신음하는 나라들의 도시, 마을을 차례로 지나간다. 방향을 알려 주던 하얀 새들은 분노한 강물의 이야기를 듣는다. 강물은 수많은 생명이 사는 숲에 이르러서야 데리고 다니던 시체들을 하나씩 내려놓고 자유롭게 해 준다. 그리고 강물은 바다에 이르러 비로소 평화로워진다.

전반부가 독재 정권의 참혹함을 이야기한다면 후반부는 희망을 이야기한다. 하지만 희망에는 조건이 붙는다. 레몬트리 위에서 살아남기 위해 아무 말도 할 수 없었던 소녀가 나무를 부여잡고 울었던 것처럼 슬픔을 토해 눈물이 호수가 되고 강물이 되어 거침없이 흘러 죽은 자를 다 끌어안아 그들에게 안식을 주어야 바다에 이를 수 있음을, 바다에 이르러야 평화를 찾을 수 있음을, 새롭게 둥지를 틀 수 있음을, 새로운 레몬트리가 자라날 수 있음을 이야기한다. 슬픔은 한 개인의 슬픔이 아니라 모두의 슬픔이고, 가슴에서부터 터져 나오는 통곡으로 슬픔을 치유한다고 한다.

이 글은 아름다운 서사시다. 참혹함을 이야기하는데 언어는 긴장감을 유지하고, 가쁜 호흡을 조절하며 유장하게 흐른다. 그래서 더 아름답고, 그래서 더 참혹하다. 긴 서사시를 파르르 떨리는 음성으로 소리 내어 읽어 보길 바란다. 그 절제된 감정을 따라가면 참았던 숨을 삼키게 된다. 언어의 강렬한 힘과 아름다운 운율이 비장하다.

바루 작가는 검은색을 많이 써 암흑의 시기를 표현했다. 크고 날카롭고 각진 모습으로 무자비한 폭력을 그리고, 거친 분노의 물살은 검은 먹선을 사용했다. 둥글게, 환하게 그려진 건 레몬과 소녀와 레몬트리뿐이다.

이 시기 한반도는 어땠는가? 독재 정권이 무너지고 신군부의 등

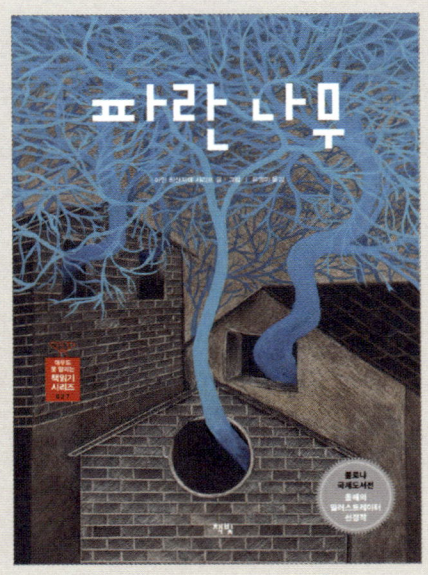

『파란 나무』
아민 하산자데 샤리프 지음, 책빛, 2016

표지에는 집마다 창문으로 나온 파란 나뭇가지가 무성하게 얽혀 있다. 파란 나뭇가지로 청명한 하늘을 만든 모습이다. 파란 나무의 색을 살리기 위해 다른 부분은 짙은 색으로 어둡게 그렸다. 배경과 여백은 스크래치 기법으로, 판화 기법으로 화면을 구성했다.

장은 5·18민주화운동으로 이어지며 엄청난 유혈 사태를 초래했다. 일리아 카스트로의 추모시 같은 이 작품은 우리 국민에게 하는 말이기도 하다. 아르헨티나의 이야기라고, 멀리 떨어진 곳의 이야기라고, 우리는 아니라고 말할 수 없어서 더 슬프고 안타깝다. 하지만 잊히지 않도록 수없이 되새김질하며 앞으로 나갈 길을 모색해야 한다.

자유를 향한 숨 쉬는 생명력

『파란 나무』는 서대문독립공원에서 열린 '책 잔치'에서 만났다. 그림책 출판사들이 한자리에 모여 북페스티벌을 하는데 책빛출판사 부스에서 교수님까지 만나 이런저런 이야기를 나누며 토요일 오후를 보냈다. 파란색에 이끌려 들춰 보다가 아이들과 읽으면 좋겠다는 생각에 가져온 책인데 읽을수록 매력적이다. 작가는 파란 나무의 이미지를 강조하여 파란색이 빛나도록 그렸는데 '파란 나무'의 상징이 읽을수록 심오해진다. 판타지를 읽는 느낌이 들지만 난 '자유'와 '민주주의'가 자꾸 맴돈다. 동아리 아이들과 1년 활동을 마치고 인상적인 그림책을 이야기하는데 『파란 나무』를 말하는 아이가 있었다. 왜 기억에 남느냐고 하니 "잘라도, 잘린 가지여도, 다시 뿌리를 내리고 산다는 것이 인상적이었어요."한다. 작가 아민 하산자데 샤리프가 돋보이는 순간이었다. 그림책이 이렇게 아이들의 마음에 이미지를 심고 뿌리를 내리는구나.

『파란 나무』의 내용은 짧다. 옛날 어느 마을 한가운데에 어마어마하게 큰 파란 나무가 한 그루 있었다. 이 나무는 눈부시게 아름다웠고 튼튼하게 뿌리를 내렸다. 파란 나뭇가지는 모든 창을 드나들며 마을 사람들의 삶과 함께했다. 하지만 한 사람, 왕은 자신보다 파란 나무가 더 아름답고 칭송받는 것이 못마땅해 성벽을 더 높이 쌓고, 왕궁 가까이 오는 나뭇가지를 잘랐다. 왕이 마을로 행차할 때면 나뭇가지가 없는 쪽을 선택해야 했으나 헛수고였으며 결국 고개를 숙이고 지나가야 했다. 왕은 화가 나서 나무를 베어 버리고 그 자리에 자신의 동상을 세웠다. 그런데 신기한 일은 각 가정에 있던 파란 나무의 줄기다. 이 줄기들이 뿌리를 내리고 한 그루, 한 그루 파란 나무가 된 거다.

이 책에서는 '파란 나무'가 무엇을 상징하는지 알아야 한다. 왕이 싫어하고, 왕의 힘으로 억누르려 했던 저 파란 나무. 그러나 각각의 사람들 집에서 다시 소생하여 마을 전체를 변화시키는 파란 나무의 의미를 파악해야 한다. 눈이 부실 정도의 파란색, 겹겹이 빛나는 서로 다른 파란색. 짙푸른 가을 하늘이 생각나는 파란색이다. 색채 심리학에서 파란색의 종교적 의미는 '초월'과 '영원한 삶'을 상징한다. 사회생활에서의 의미는 '노동, 소속감, 연대감'을 상징하며, '비권위, 자유, 일상에 관한 관심'을 대변하는 색이다. 특히 하늘색은 '구속으로부터의 해방, 자유로운 느낌'을 상징한다. 초록색의 나무가 아닌 파란색의 나무인 이유가 여기에 있다.

왕의 독재 정치에 잘린 나무는 폭력과 억압이다. 국민의 의사를 받아들이지 않으며 힘으로 누르고자 하는 정치 권력의 폭력. 그렇다면 각 가정에 있던 나뭇가지는? 국민의 희망이며 자유에 대한 의지다. 민주주의를 실현하고자 하는 국민의 절박함이 지하로 내려가 뿌리를 내리고 생명을 유지하는 힘이 된다. 집 안에서 튼튼한 나무로 자란 어느 날 기다렸다는 듯이 창밖으로, 문밖으로 활개를 치며 환호성을 지르는 거다. 이젠 설혹 왕이라 해도 각 가정의 파란 나무를 벨 수 없다. 마지막으로 뒤쪽 면지를 살펴보시길. 파란 나무에 겹겹이 싸인 왕의 동상이 나오는데, 동상은 파란 나무에 갇힌 허상이 되었다.

작가는 조국 이란의 복잡한 정치 상황 속에서 한 작은 마을의 수백 년 된 고목 나무가 권력자의 조각상을 만들기 위해 베어졌다는 소식을 듣고, 전체주의와 극단주의, 폭력과 독재 등 우리가 사는 불안한 이 시대의 두려움에 맞서 평화로 대항하며 자유와 정의를 지키려는 사람들의 이야기를 하고 싶었다고 한다.

촛불을 켜는 사람들의 마음

『울지 마, 레몬트리』를 읽을 때는 긴장감에 숨도 크게 쉬지 않던 아이들이었는데『파란 나무』를 읽을 때는 장면이 바뀔 때마다 감탄이

나온다. 파란 나무를 따라 시선을 옮기는 거다. 마지막 집집마다 파란 나무가 나와 온 동네가 파랗게 변하는 장면에서는 아이들 표정이 환해진다. "집에서 집으로 나뭇가지가 이어진다면 문으로 다니지 않아도 될 것 같아."를 시작으로 이야기가 쏟아져 나온다.

"도둑이 없어야 할 것 같아. 옆집 사정을 너무 잘 알고 있잖아."

"밤마다 그림처럼 나뭇가지에서 음악회가 열린다면 환상적일 거야."

"난 중앙에 있던 고목의 나뭇가지가 사방으로 뻗어 나가는 것보다 집집마다 새로 자란 파란 나무가 왜 더 좋지?"

"내 나무라서 그런 것 아닐까?"

"내가 뿌리 내려 얻게 된 나무, 내 노력으로 찾게 된 자유라고 생각하면 나도 집에서 새로 자란 파란 나무가 더 소중할 것 같아."

마음 나누기는 바라는 대로 하지 못하게 되었을 때를 떠올리며 각각의 주인공들에게 공감하는 시간을 가졌다. 『울지 마, 레몬트리』에서는 내가 살아남은 소녀라면, 다른 사람들의 통곡으로 만들어진 강물이라면, 길을 안내하며 강물의 분노를 들어야 했던 하얀 새라면 어떤 생각과 느낌이 들지 이야기 나눴다.

『파란 나무』에서는 잘린 고목나무라면, 새로운 나무로 자라는 나뭇가지라면, 왕궁의 담을 높이던 사람이라면, 왕궁으로 뻗어 오는 나뭇가지를 자르던 사람이라면, 나뭇가지에서 사랑을 속삭이던 연인이라면, 파란 나무를 아끼고 사랑하던 사람이라면 각각의 상황을 어떻게 받아들일지 생각하고 대화 나누는 시간을 가졌다.

"『울지 마, 레몬트리』에서는 슬픔, 두려움, 무서움이 너무 강해서 무엇이 되든 그 기분일 것 같아요."

"이런 말도 안 되는 상황에 화가 나면서도 무서워 입도 뻥끗 못했을 것 같아요."

"사람들의 분노, 슬픔, 무서움을 듣는 하얀 새는 하느님 같아야 할 것 같아요."

"전 『파란 나무』에서 왕의 명령에 담을 높이 쌓거나 나뭇가지를 잘라야 했던 사람이 불쌍하다는 생각이 들었어요. 그들의 집에도 파란 나무가 자라겠지요?"

정치적 폭력에 대해 어떤 몸 놀이 활동이 가능할까 고민되었다. 그래서 차분하게 국가 권력에 의해 희생된 분들을 생각하는 시간을 가졌다. 사고 현장에 꽃을 두고 촛불을 켜는 것처럼 돌아가신 분들께 위로를 보내는 꽃과 촛불을 그리고, 마음을 담은 한 구절을 쓰는 것으로 마무리했다.

나도 너랑 똑같이 하고 싶었어
『1964년 여름』

1964년은 미국 흑인 역사에 결코 잊을 수 없는 해다. 1863년 링컨 대통령에 의해 노예 해방이 이루어졌지만, 흑인 차별은 여전했다. 인종분리정책에 의해 버스를 비롯한 식당, 화장실, 학교 등 공공시설에서 백인과 흑인은 함께할 수 없었다. 차별에 대한 흑인들의 반발에 조금씩 법이 바뀌었지만, 2020년 경찰의 과잉 진압으로 흑인 남성이 사망해 인종차별 반대 시위가 벌어지는 걸 보면 사회는 변하지 않았다.

1955년 앨라배마주의 로자 파크스에서 시작된 버스 승차 거부 운동은 1년이 넘는 투쟁으로 이어져 결국 차별법이 없어졌다. 이후 흑인들이 자신의 인권 보장을 주장하며 평화적 시위를 이끌어 거대한 봉우리를 완성한 것이 1963년 8월 28일 워싱턴에서였다. 이날 마틴 루터 킹은 "나는 꿈이 있습니다(I have a dream)."로 시작하는 명연설로 차별 없는 세상을 꿈꿨다.

1964년 모든 인간은 인종, 피부색, 종교, 국적에 상관없이 공공시설을 평등하게 즐길 권리가 있다는 공민권법이 7월 2일 존슨 대통령의 서명으로 새로운 장을 마련하나, 흑인의 투표권을 놓고 또 격돌했다. 노예가 많았던 남부의 미시시피주에서 흑인의 투표권을 인정하지 않자, 전국의 인권운동가들이 미시시피로 향했다. 이를 '미시시피의 자유 여름'이라고 한다. 결국, 1965년 연방 정부에 의해 만들어진 흑인 투표권법이 통과됨으로 미시시피의 자유 여름이 끝을 맺는다.

노예해방으로 차별이 사라졌다고 착각하고 있었지만 사실 흑인이 자유로운 신분을 얻기까지 100년이란 시간이 필요했다. 하지만 현재 우리 사회도, 미국도, 세계 구석구석에도 차별이 없는 건 절대 아니다. 작가 데버러 와일즈는 책의 배경에 대하여 서문에서 설명하고 있다. "평등의 날이 올 거라고 믿었던 그 시절 어린이를 위하여"라는 헌사는 마음을 뭉클하게 한다. 작가도, 조도, 존 헨리도 그 시절의 어린이였던 거다.

어깨동무하고 함께 가자

『1964년 여름』의 화자는 백인 아이 조다. 조의 가장 친한 친구는 일

『1964년 여름』
데버러 와일즈 글, 제롬 리가히그 그림, 느림보, 2006

앞표지에는 흑인과 백인, 두 소년이 다이빙대에 걸터앉아 심통한 표정으로 아래를 바라본다. 배경은 그저 어둡고 참담하다. 하지만 뒤표지에는 짙은 노란색 배경에 두 소년이 어깨동무하고 가는 뒷모습이 조그맣게 그려졌다. 함께 만들어 갈 세상에 대한 희망이 보인다.

하러 오는 애니 메이 아주머니의 아들인 존 헨리 와델이다. 둘은 애니 아주머니의 일을 돕다 "그만 나가 놀아라."라는 말을 들으면 흙먼지 속에서 구슬치기하고, 더위에 지치면 냇가에서 수영한다. 존 헨리는 수영을 잘하지만, 마을 수영장에는 가지 못한다. 백인 전용이기 때문이다. 신나게 놀다가 아이스크림을 사 먹으러 가는데 아이스크림 가게도 존 헨리는 들어갈 수 없다.

"내일부터는 피부색에 상관없이 누구나 다 마을 수영장에 들어갈 수 있게 되었단다."

아빠의 말을 듣고 조는 벌떡 일어나 존 헨리에게 뛰어간다. 존 헨리는 "마을 수영장에서 꼭 수영해 보고 싶었어!"라고 외친다. 다음날 해가 뜨자마자 둘은 마을 수영장을 향해 힘차게 달린다. 그러나 수영장에는 덤프트럭이 늘어서 있었고 수영장 안은 아스팔트로 채워지고 있었다. 둘은 발이 바닥에 붙은 것처럼 꼼짝할 수 없었다.

흑인을 바라보는 백인의 차별이 어느 정도인지 서늘해졌다. 수영장 문을 닫을지언정 흑인과 함께 수영할 수는 없다고 반발하고 있다. 어린아이였던 조와 존은 그 차별의 벽을 보면서 얼마나 허망했을까?

"백인들은 흑인들이랑 수영하는 게 싫은 거야."

"아냐, 그렇지 않아."

하지만 나는 그 말이 맞다는 걸 알고 있어요.
"어서 냇가로 가자. 나도 이렇게 낡은 수영장에서 수영하기는 싫었어."
존 헨리가 눈물을 글썽였어요.
"나는 여기서 수영하고 싶었어. 나도 너랑 똑같이 하고 싶었어."

차별하는 사람은 차별받는 사람의 간절한 마음을 알고 있을까. 존 헨리를 바라보는 조의 마음은 얼마나 안타깝고 아팠을까. 사회의 인식이 바뀌는 건 결코 쉬운 일이 아님이 뼈저리게 느껴진다. 그래도 작가는 우리에게 희망을 던졌다. 아이스크림 가게에는 어깨동무 하고 둘이 동시에 들어가기로. 이 어린 친구들이 조금씩 변화를 주도해 나갈 거라고 힘주어 말하고 있는 듯하다.

그림은 유화로 아름답게 표현했다. 내일 수영장에 함께 가자고 약속하는 장면에서 마주 보며 웃는 꾸밈없는 얼굴이 환하다. 아이에게도 주변에도 뿌려놓은 밝은 노랑이 거리낌 없는 밝음과 천진함을 그대로 보여 주는 듯하다. 마음을 무겁게, 뭉클하게 하여 움직이지 못하도록 하는 장면도 있는데 수영장이 아스팔트로 채워진 모습을 보며 차별을 온몸으로 체험한 존 헨리의 화면 가득한 얼굴이다. 화가는 존 헨리의 얼굴에 다채로운 색을 입혀 복잡한 마음을 그대로 전해 준다.

일상에서 만나는 차별

아이들은 노예로서의 삶을 보여 주는 책을 읽을 때도 안타까워했지만, 분리정책의 내용을 들으며 흥분으로 소란스러워졌다. 내 돈 내고 먹는 식당에서의 차별은 말할 것도 없이 화장실이나 수도 사용은 급한 사람, 먼저 온 사람이 우선이지 너무한 게 아니냐고 따졌다. 분리정책은 아니나, 이런 차별은 지금도 곳곳에서 이어지고 있다며 외국에서 유색인종을 식당 안쪽 테이블로 안내하는 것도 밖에서 보이지 않게 하는 일종의 차별이라고 말했다. 그리고 우리가 인식하지 못했지만 엄연히 존재하는 차별에 대해 슬쩍 이야기를 바꿨다.

"행사를 시작할 때 하는 말인 '신사 숙녀 여러분!'과 '숙녀 신사 여러분!' 중 어느 말이 익숙해요?"

"'남녀', '여남' 어떤 표현을 더 많이 하나요?"

"'어린애가 뭘 알아?'라는 말을 들으면 어떤 기분이 들어요?"

"'어른 말을 들어야지, 어디서 말대답이야.'라는 말을 들으면 무슨 말이 하고 싶어져요?"

몇 가지 언어 습관을 말하고 이 언어 습관에 들어 있는 '차별'에 대해 이야기했다. 그리고 조와 존 헨리의 마음이 어땠을지 마음 나누기를 했다. 그러면서 '내가 당한 차별'에 대해 집중적으로 이야기하고 그때 기분이나 마음이 어땠는지를 자세하게 말하며 공감의 시간을 가졌다.

"전 할머니께서 여자라고 무시할 때 속상해요."

"남자가 그딴 일로 우냐며 뭐라 하면 기분이 나빠져요. 남자도 속상하면 울 수 있다고요."

"남자가 피구도 못한다고 하면 기분 나빠요. 남자라고 다 운동을 잘하지는 않잖아요."

"여자가 무슨 축구냐며 무시할 때 기분 나빠요."

활동은 '역할극 하기'로 했다. 몇 가지의 차별적 상황 극본을 만들어 주고, 차별을 경험하는 극을 해 본다. 역할극 후에 소감을 말하며 차별받는 사람의 마음을 헤아려 보았다.

소리 없이, 빠르게, 점점 커지는 괴물

『전쟁(A GUERRA)』

처음 이 책을 만났을 때 표지부터 분위기가 심상치 않았는데 속표지 없이 진행하는 그림책은 완전히 나를 압도했다. 숨을 크게 쉬지도 못하고 책장을 넘겼는데 도저히 책을 놓을 수 없어서 몇 번이고 되풀이해 봤다.

> 전쟁은 빠르게 퍼지는 질병처럼 일상을 갈기갈기 찢어 버린다.
> 전쟁은 듣지도 않고, 보지도 않고, 느끼지도 않는다.
> 전쟁은 늘 누가 두려워하고 어디에서 기다리고 있는지 알고 있다.
> 전쟁은 온갖 끔찍한 모습을 하고 있다.

『전쟁(A GUERRA)』
조제 조르즈 레트리아 글, 안드레 레트리아 그림,
그림책공작소, 2019

높은 절벽 위에서 긴 검은 코트에 기사 투구를 쓴 사람이 뒷짐 지고 먼 곳을 바라보며 서 있다. 그림은 단순하지만 위압적이다. 또 속표지 면지의 구분 없이 급하게 진행된다.

글도 그림도 전쟁의 공포가 뜨거운 공기와 함께 '훅' 끼쳐 왔다.

『전쟁』은 2019년 남이섬에서 개최한 제4회 '나미콩쿠르' 우승작이다. 글을 쓴 조제 조르즈 레트리아와 그림을 그린 안드레 레트리아는 부자로, 아버지가 글을 쓰고 아들이 그림을 그렸다. 처음에는 글 없이 그림으로만 표현하려다가 글을 넣어 이미지를 더 풍성하게 했다고 한다.

전쟁이라는 바이러스

책을 펼치면 글 없이 면지부터 5장을 그림만 보여 준다. 그리고 '전쟁'을 사악한 벌레, 바이러스로 표현했다. 모두 평온한 잠에 취해 있는 새벽, 저 멀리 검고 사악한 기운이 안개처럼 접근하고 있다. 사악한 기운은 점점 커지고 걷잡을 수 없는 세력을 형성하여 '전쟁은 늘 누가 두려워하고 어디에서 기다리고 있는지 알고 있다.'라는 장면에 권력자에게 다가간다. 권력자는 '전쟁'이라는 사악한 악령에게 그대로 사로잡힌다. 곧바로 전쟁은 파괴와 분노와 파멸과 죽음으로 옷을 갈아입는다. 한 편의 영화를 보는 듯하다.

그림은 검은색이 주를 이루고 있는데 먹의 농담으로 표현한 그림으로 주로 위에서 아래를 내려다보는 시선을 유지한다. 전쟁에 사로잡힌 권력자가 보는 관점인 거다. 충격적인 장면은 어떤 이야기도 용납할 수 없다며 책을 불태우는 장면, 전쟁이 만들어 낸 차갑고 그늘진 아이들이 다음 장에서 한 바닥 가득 군인의 모습으로 변한 장면으로, 섬찟하다. 마지막에 죽음으로 침묵할 수밖에 없는 사람들을 표현한 장면에서는 한 바닥 가득 흩어진 사람들이 나오는데 자세히 보면 머리가 없다. 앞뒤의 면지는 이미지를 연장하는 면으로 활용했다. 앞면지가 사악한 벌레들이 침투를 준비하는 장면이라면, 뒷면지는 또 다른 전쟁을 찾아가려고 힘을 추스르는 장면으로 보인다. 이곳에서 끝났어도 또 어딘가에서 전쟁이 이어지고 있으며, 전쟁의 사악한 악령은 또 다른 권력자를 찾아가게 된다는 뜻이리라.

'전쟁' 관련 그림책은 직설적이기보다는 우화적인 경우가 많다. 대체로 전쟁의 상황을 축소하여 은유적으로 표현했기 때문이다. '장벽'이나 '난민' 이야기에서 보이는 구체성이 '전쟁' 이야기에는 없다. 그래서 '전쟁'이라는 제목이 붙은 그림책들은 좀 싱거운 맛이 있다. 그러던 중 직설 화법을 구사하는 이 작품을 만나니 분위기만으로 전쟁의 공포를 체험한 기분이다.

불타오르는 영광을 선한 영향력으로

9월 어느 날, 이 책을 들어 표지부터 보여 주었다. 높은 곳에 올라가 앞을 바라보는 뒷짐 진 남자. 이탈리아어, 포르투갈어로 '전쟁'을 뜻하는 'A GUERRA'가 적혀 있다. 이 책을 쓰고 그린 두 작가가 포르투갈 사람이다. 앞표지의 절벽은 뒤표지로 이어지고 '전쟁은 빠르게 퍼지는 질병처럼 일상을 갈기갈기 찢어 버린다.'라고 적혀 있다.

표지만 읽었을 뿐인데 아이들은 이제까지 읽은 전쟁 그림책과는 차원이 다른 그림책임을 눈치챘다. 조용해졌고, 집중했다. 면지를 펼치니 거대한 거미처럼 생긴 괴물이 오른쪽으로 이동하는 모습이다. 설명하기도 전에 괴물이 '전쟁'의 형상임을 아이들은 안다. 괴물은 소리 없이, 빠르게, 점점 커지면서 오른쪽으로 질주한다. 책을 보여 주던 난 으스스해져 소름이 돋았다.

전쟁이 오는 것을 가장 먼저 안 새는 권력자가 있는 곳으로 날아가 앉는다. 그사이 전쟁 괴물은 권력자의 온몸을 타고 오른다. 갖가지 까맣고 징그러운 벌레들이다. 왕거미 한 마리가 권력자의 어깨에 자리 잡는다. 아이들은 그림의 행간을 읽는다. 조그맣게 "무서워."라는 소리가 들렸다. 그림이 갖는 상징성을 아이들이 다 이해했다. 소름이 돋는지 양팔을 쓰다듬기도 했다.

사람이 무참하게 죽어가고 삶의 기반은 다 흙더미로 변하는 그 전쟁으로 무엇을 얻고자 한단 말인가? 읽어 준 나도 한동안 이야기를 이어 나가지 못하고 아이들이 하는 대로 내버려 두자 제일 많은 항변은 "도대체 왜 전쟁을 일으키느냐?"였다.

'불타오르는 영광을 꿈꾼' 권력자에 관한 이야기를 나누고 전쟁의 원인에 해당하는 '불타오르는 영광'이 과연 뭘까 생각해 보는 시간을 가졌다. 평생 쓰고도 남을, 자손 대대로 이어질 부, 우두머리가 되고자 하는 명예욕, 권력을 쥐고 마음대로 휘두르고 싶은 욕망, 모두가 자신에게 굴종하도록 만들기, 모든 사람이 떠받들어 주기를 바라는 허영 등 많은 이야기가 나왔다. 하지만 그런 욕망이 나올수록 허망해지는 게 "고작 그런 욕심 때문에 많은 사람을 못살게 한단 말이야!"였다.

그래서 주제를 바꾸어 우리가 꿈꾸는 세상을 이야기했다. 저 '불타오르는 영광'을 '선한 영향력'으로 바꾸어 내가 할 수 있는, 꾸준히 실천하여 어제보다 나은 내일을 만들 수 있는 일들을 생각했다. '이웃에게 친절하게 대하기', '친구 도와주기', '이웃돕기에 적극적으로 참여하기', '환경을 훼손하지 않기', '물자를 절약하기' 등 실천 가능한 선한 일들을 지치도록 발표하고, 칠판에 받아 적었다. 그리고 그중에 정말 실천할 약속 3~5가지 골라 선언문을 만들고 한 사람씩 선서하듯이 발표하며 활동을 마무리했다.

평화를 꿈꾸는 사람들

『장군님과 농부』

'평화'를 담은 책으로 마음속에 담아 놓은 책이 있었다. 그런데 한국사 관련 인권 그림책을 정리하면서 책장 구석에 있던 책 두 권을 발견했다. 한 권은 '평화'에 적확한 책이었다. 그런데 나는 자꾸『장군님과 농부』가 끌렸다. 이 책은 '평화'로 읽기보다는 '리더의 역할'로 읽는 것이 더 맞았다. 몇 번을 반복해도 정답은 이미 나와 있는데 나는 이 책을 놓지 못했다.

왜 이 책을 놓기 힘든 거지? 거기서부터 생각했다. 내 욕심은『전쟁』의 사악한 권력자와 이 책에 등장하는 농부를 비교하고 싶었던 거다. 전쟁에 무참하게 희생양이 된 사람들과 이 책에 나오는 백성들을 비교하고 싶었던 거다. 그리고 한 가지 더 그림이 정말, 매혹

『장군님과 농부』
권정생 글, 이성표 그림, 창비, 2018

앞표지는 파란색으로 농부를 크게 그리고 밀짚모자 끝에 장군님을 벼랑 위의 사람처럼 그렸다. 뒤표지는 피난 중에 바닷가에 도착하여 더는 갈 수 없음에 망연자실한 모습이다. 표지의 그림만으로도 이 화가가 파란색을 얼마나 다채롭게 쓰는지 느껴진다. 그림은 다양하고 맑은 파란색으로 사람들의 마음을 잔잔하게 하고 천천히 다음 장으로 이동하게 하는 힘이 있다.

적이다. '전쟁'의 검은색과는 비교할 수 없는 맑은 채색이다. 사악한 권력자와 자기 일에 열심히 땀 흘리는 지도자를 비교하고, 그렇게 만들어 나가는 전쟁 후의 세계를, 평화를 권정생 선생님과 이야기하고 싶었던 거다.

평화로운 세상을 만드는 거친 손

『장군님과 농부』는 적군에게 포위당한 부대에서 장군님이 혼자 도망쳐 나와 높고 가파른 산을 넘고 넘어 어느 작은 시골 마을에 도착하는 이야기로 시작한다. 농사꾼의 집들은 텅 비어 있었는데 산 밑 오두막에서 할아버지 한 분을 만난다. 할아버지는 큰 힘이 되는 장군님을 만나, 장군님은 다스리고 부릴 농부를 만나 다행이라고 생각한다. 장군님은 배가 고파 감자를 한 바가지 먹고 물을 벌컥벌컥 마시고는 할아버지가 깔아 주는 돗자리에서 쿨쿨 잠든다. 가까워진 대포 소리에 깜짝 놀란 장군님은 벌떡 일어나 피난 가자고 한다. 할아버지가 농사일 때문에 못 간다고 하자 '장군님을 보호하는 일'을 하라는 말에 어쩔 수 없이 감자를 짊어지고 떠난다. 두 사람은 달아나 바닷가에 도착한다. 농부는 돌멩이를 가지고 돌도끼와 칼을 만들어 나무를 베고 칡덩굴을 이용하여 뗏목을 만든 후 바다로 향한다. 몇 날 며칠을 노를 저어 드디어 섬에 도착한다. 부지런한 농부는 섬에서도 농사일을 열심히 하고, 장군님은 편히 쉬며 자신을 데리러 올

배가 오는지 살핀다. 어느 날 배가 도착해 병사와 백성들이 우르르 나와 "장군님!" 하며 엎드려 절한다. 절을 받은 사람은 농부다.

『장군님과 농부』는 1988년에 출판된 『바닷가 아이들』에 실려 있는 단편 중 하나인데 이성표 화가의 그림과 함께 새롭게 탄생했다. 어른을 주인공으로 내세워 아이들이 알짜배기 어른으로 자라길 바라는 마음을 담은 것 같다. 30년이 넘은 이야기인데도 우리의 리더들이 어떤 사람인가, 나는 현재 어떤 사람인가를 생각하면 가슴이 찌르르 하기도 한다. 나는 나의 일에 최선을 다하고, 다른 사람을 진심으로 섬기는 사람인가 생각해 보면 고개를 들 수 없다.

장군님의 행동과 성격을 따져 보고, 농부의 행동과 성격을 따져 보는 건 쉬운 일이다. 하지만 내 성격과 행동이 두 사람 중 어느 쪽에 가까운지 살펴보고 내 삶의 방향을 잡는 것은 중요하고 어려운 일이다. 권정생 선생님도 이 이야기를 통해 농부의 진실한 삶과 섬김의 태도를 어린이들이 지니기를 바라면서 쓰셨을 것이다.

'평화로운 세상'은 모든 사람의 꿈이다. 누구도 전쟁을 원치 않으면서도 삶을 치열한 전쟁으로 만든다. '경쟁'이 치열한 현대사회는 하루하루가 살얼음판에서 벌어지는 전쟁판과도 같다. 이 전쟁판에 휩쓸리면 '자아'가 사라지고, '정의'가 힘을 쓰지 못하며, '인간다움'은 흔적조차 찾기 어려운 시대가 된다.

'평화로운 세상'을 만들어 나가는 일은 우리의 일이다. 혼자 살겠다고 도망치는 사람, 앞에 있는 사람을 부릴 사람으로만 보는 사람, 자신은 가만히 있으면서 힘겹고 어려운 일은 누군가가 대신해 주기를 바라는 사람, 스스로 '고귀하다' 생각하고 다른 사람의 어려움을 보지 못하는 사람, 자신의 명예와 권력이 소중한 사람, 모든 사람이 우러러 받들어 주기를 바라는 사람. 쓰고 보니 『전쟁』의 권력자 모습과 뭐가 다른가. 이 책의 장군님은 결국 권력자의 모습이다.

　노란 배를 타고 온 병사와 백성들의 지혜와 맑은 시선이 부럽다. 그들은 진짜를 알아보았다. 백성 모두가 스스로 '장군임'으로 '장군임'을 내세우는 사람은 필요 없다는 거다. 손을 보고 진짜를 판단하겠다는 거다. 쉼 없이 일하여 굳은살이 박인 거친 손의 가치를, 삶의 자세를 높이 평가하는 백성의 눈높이가 놀랍다. 우리가 우리들의 리더를 뽑을 때 어떤 기준으로 뽑았던가 생각하며 새로운 기준을 만들어야 할 것 같다. 몸 전체로 보여 준 삶의 모습을 보고 판단할 일이다. 그림책 속의 사람들이 만들어 나갈 세상은 어떤 세상일까? 그 세상에서는 평화가 꽃을 피우지는 않을까? 나라의 주인은 백성이며, 백성은 자신들이 원하는 진짜 리더를 뽑고, 자기 일에 최선을 다하고, 서로를 섬기는 사회, 그 속에 어찌 평화가 없겠는가?

　장군님을 표현하는 부분만 살펴보면 첫 장면은 전쟁터의 모습이 아니라 지하 계단에서 올라오는 모습으로 표현했다. 할아버지가 주신 감자를 먹는 장면은 턱이 빠질 정도로 크게 그리고 입에 감자 한 바가지를 쏟아부었다. 도망칠 때는 컴퍼스를 크게 벌린 것처럼 발걸음이 크다. 대포 소리에 놀라는 장면은 대포의 총구만 한 페이지 넘도록 크게 그리고 놀란 장군님은 아주 조그맣다. 피난 가자고 할아버지에게 말하는 장면은 선글라스를 짙게, 이를 두드러지게 그리고, 제일 마지막 섬에 혼자 남게 된 장군님은 작은 나뭇가지로 표현했다. 그림 작가는 장군님을 해학과 풍자, 조롱의 대상으로 삼았다.

　나를 완전히 사로잡은 그림은 바로 바다 한가운데의 그림이다. 그림은 그대로 빛나는 서사시다. 가로로 긴 판형에 그려진 그림을 활짝 펴놓고 들여다보길 바란다. 잔잔한 바다 한가운데서 맞이하는 밤의 모습은 어떨까?

지혜로운 시민이 되려면

아이들에게 이 책을 소개할 때 『바닷가 아이들』이라는 원작 소설집을 안내했다. 작가가 세상을 떠났음에도 작품집 속 각각의 작품들이 그림 작가를 만나 새로운 그림책으로 탄생하고 있어서 다음에 어떤 책이 세상에 나올지 추측해 보는 것도 즐거운 일이다.

　『장군님과 농부』의 표지를 보며 내용을 추측하는 시간을 가졌다. 제목에는 장군님이 먼저 나오고 농부가 나중에 나온다. 제목이 말하는 주인공은 '장군님'이지만, 표지의 그림은 농부가 훨씬 크게 그려졌다는 걸 아이들이 발견해 냈다.

전쟁 중 피난 이야기지만 참혹한 장면이 없어서인지 아이들은 연신 밝은 얼굴이다. 축소와 확대를 넘나드는 그림은 웃음을 자아내게 했으며, 무엇보다도 장군님의 행동에 화를 냈다. "자기는 손 하나 까닥하지 않으면서 편히 지내려고 하다니, 무슨 저런 사람이 장군인가요?" 하면서 흥분했다.

"일하는 할아버지가 감자를 3알 먹을 때, 놀고 있는 장군은 1알을 먹어야 하는 거 아니에요?"

"왜 할아버지는 함께 일하자고 하지 않아요?"

아이들은 답답해하다가 마지막에 이르니 그제야 표정이 풀린다. 할아버지의 노력이 헛되지 않아 다행이라고 안심했다.

마음 나누기에서는 지혜로운 시민이 되는 이야기를 했다. 장군님과 같은 사람을 우리의 대표로 뽑지 않아야 한다고 말하면서 어떻게 알아볼 것인가가 문제라고 했다. 한 예로 어떻게 학급 임원을 뽑느냐고 하니 그야 그 아이의 성품을 잘 알고 있어서 추천하기도 하고 투표로 뽑기도 한다고 했다. 그러면서 우리가 현명한 유권자가 되려면 후보자 한 명 한 명을 잘 알아야겠다는 생각에 도달했다.

활동은 '나는 어떤 사람인가?' 알아보는 걸 했다. 10cm 정도 선을 그은 다음 0 자리에 '장군님'이라 쓰고 10cm 자리에 '농부'를 적었다. 그리고 나의 성격을 꼼꼼하게 따져 나는 몇 점 정도인가를 적어 보게 했다. 아이들은 농부에 가깝기는 어렵다고 했다. 오히려 심

부름하기 싫어하고 공부하지 않으면서 성적이 잘 나오기를 바라는 모습은 장군님에 가깝다고 했다. 하하, 말하기는 쉬워도 올바르게 산다는 것이 그리 쉬운 일이 아니라는 걸 아이들도 안다.

열네 살 소녀는 무엇을 꿈꾸었나

『나무들도 웁니다』

20세기에 일어난 전쟁에서 나치들은 왜 수많은 유대인을 죽이며 인종청소를 하려 했을까? 유대인 학살에 대한 주제로 들어가면 아이들은 반드시 "왜?"라는 질문을 한다. 이 질문에 해답은 쉽지 않다. "히틀러가 유대인을 싫어했대!"로는 설득이 안 된다. 싫어하는데도 무슨 이유가 있을 것이기 때문이다.

일단 이스라엘의 역사를 알아야 한다. 유대인이 자기 나라를 떠나 유럽은 물론 러시아, 미국까지 흩어져 살게 된 이유를 알아야 하고, 팔레스타인이 왜 중동의 화약고가 되었는지도 알아야 한다.

이스라엘은 기원전부터 팔레스타인에 있던 나라다. 예수 탄생 당시 로마의 식민지였으며 끝내 독립하지 못했다. 예수가 구세주라

『나무들도 웁니다』
이렌느 코앙-장카 글, 마우리치오 A.C. 콰렐로 그림, 여유당, 2011

 나무의 크기를 알려 주듯 세로로 긴 판형으로 늦은 가을 나뭇가지로 앞표지를 꽉 채우고 뒤표지까지 뻗어 나갔다. 그리고 붉은 마로니에잎이 떨어지고 있다. 떨어지는 잎이 나무의 눈물처럼 느껴진다.

고 생각한 유대인들이 예수를 행적을 보고 유대교의 구세주가 아니라고 생각했다. 자기 민족의 살길을 열어 줄 구세주로 생각했는데 예수는 원수를 사랑하라고 가르쳤다. 이에 불만을 품은 유대인이 예수를 고발하고 골고다의 사형장으로 나가게 만든다. 다신교를 믿었던 로마가 예수의 제자들에 의하여 기독교를 받아들이게 되고, 유대인들은 예수를 헤롯왕에게 넘긴 자들로 혐오의 대상이 된다. 이때부터 유대인은 유랑민족이 된다.

이스라엘이 지금 팔레스타인 지역으로 다시 둥지를 튼 것은 1918년 제1차 세계대전에서 터키가 영국에 패하고, 영국이 이 지역에 이스라엘 민족국가 수립을 허용하면서부터다. 처음에는 이스라엘과 팔레스타인의 영역이 분리되었는데 계속된 전쟁으로 이스라엘의 영토가 확장되었다. 그 결과 그동안 살던 사람들은 내쫓기고 지금도 뜨거운 분쟁 지역이 되었다.

유럽인들이 유대인에게 적대감을 가지고 있던 이유는 예수를 죽게 한 민족이라는 것, 기독교로 개종하지 않고 자신들의 전통인 유대교를 고집한다는 것, 기독교에서 금지하는 고리대금업으로 경제권을 쥐고 있다는 점 들이다. 사실 유대인이 고리대금업이나 상업에 손을 댈 수밖에 없었던 이유는 이주민으로 땅을 소유할 수 없고, 고위직 직업을 가질 수 없었기 때문이다. 살기 위해서는 기독교인들이 하지 않는 일을 해야 했다. 세계 금융권을 쥐고 있는 사람들 중 유대인이 많은 이유가 여기에 있다.

    이런 이유로 전염병이 돌든, 화재가 발생하든, 전쟁이 나든 희생양이 되는 사람들은 유대인이었다. 엉뚱한 사람을 희생양으로 삼으면 자기 백성이 다치지 않게 하고, 하나로 유대감을 형성하며, 유대인의 재산을 몰수할 수 있는 등 일거양득이었다. 이렇게 유럽에서는 아주 오랫동안 반유대 정서가 흐르고 있었다. 제2차 세계대전 당시 히틀러는 독일 국민의 반유대 정서를 이용하여 국민의 힘을 규합했다.

나무가 들려주는 마지막 증언

책을 정하고 첫머리를 어떻게 풀어야 할지 몰라 시간만 보냈다. 그 와중에 잡은 책이 이종원의 『희생양과 호모 사케르』였다. 책은 손에서 놓을 수 없을 정도로 내가 알고자 하는 내용으로 채워져 있었다. 심장이 두근거리고 연신 감탄을 토해 내며 책을 읽었다.

    유대인 학살에 관한 책들은 대부분 실제 사례를 바탕으로 하거나, 실제 사례임을 가장한 책이 많다. 600만 희생자를 숫자로만 이야기하기에는 참혹함이 가슴에 와닿지 않는다. 그러다 보니 희생된 개인의 이야기로 참상을 알리는 글이 많다. 『나무들도 웁니다』는 희생자 안네를 지켜본 나무가 주인공이다.

    인터넷으로 보니 그 나무가 2010년 8월에 병들어 베일 운명을 모면했다가 같은 달 24일 태풍에 의해 쓰러졌다고 한다. 사진으로 본

나무 밑동은 아주 큰 거목이었다. '안네의 나무'라는 역사를 이어가기 위해 씨앗과 삽목으로 세계 곳곳에서 대를 이어가고 있다고 한다.

화자인 마로니에 나무는 네덜란드 암스테르담 프린센흐라흐트 263번지 뒤뜰에 살고 있다. 수령이 150년 되었고, 병들어 곧 세상을 떠나게 될 거라며 60년 전 자신이 희망을 주었던 소녀에 대해 조곤조곤 들려준다. 1942년 7월 6일, 프린센흐라흐트 263번지에 소녀의 가족이 몰래 숨어 들어왔다. 소녀는 그곳에서 2년간 숨어 지내며 일기를 쓴다. 일기에는 마로니에 나무의 이야기도 세 번 나온다. 1944년 8월 4일, 갑자기 들이닥친 게슈타포(나치의 비밀 경찰)에 의해 숨어 있던 유대인들이 끌려간다. 나무들은 침묵을 지켜야 했기에 이때부터 소녀가 사라진 작은 창을 보며 아무 말 없이 서 있다.

『안네의 일기』에 등장하는 마로니에 나무를 바탕으로 한 책이지만, 안네가 아니라 나무의 관점을 유지하여 관찰자 입장으로 이야기가 진행된다. 죽어가며 유언이라도 남기듯이 프린센흐라흐트 263번지 뒤뜰의 나무는 안네를 기억하는 마로니에 나무여야 한다고 말한다. 전체적인 분위기는 잔잔하지만, 유대인이 당했던 제2차 세계대전의 희생은 결코 담담하지 않다. 그걸 알기에 마지막에 '안네를 기억하는 나무'가 자리를 지켜 나가야 한다는 말이 아프게 한다. 나무도 잊을 수 없는 일을 사람이 어떻게 잊겠느냐고 말하는 것 같다.

나무의 이야기라서 나무가 말을 걸듯이 질문을 던져 풀어갔다.

'소녀는 무엇을 꿈꾸었을까요?', '소녀는 바다를 꿈꾸었을까요?', '산들바람에 머리카락을 휘날리며 자전거를 타고 숲속 오솔길을 달리는 꿈을 꾸었을까요?'라며 소녀의 꿈을 묻다가 마지막 소녀의 꿈으로 대답한다.

이 모진 시절이 가고, 다시 고요한 평화가
세상을 다스릴 날이 올 것이다.

소녀에게 세상의 평화는 간절한 소망이었다. 물어볼 필요도 없이. 그림은 절제한 노력이 역력하다. 나무와 소녀를 보여 주는 장면은 간명하게 그린 연필화에 엷은 채색을 하지만, 시대 상황으로 나치를 상징하는 그림은 검은색과 검붉은 갈색으로 진하게 표현했다.

마음의 경계 무너뜨리기
아이들과 『나무들도 웁니다』를 읽을 때 이미 유대인 학살에 관한 책을 몇 권 읽은 터라 부연 설명 없이도 잘 따라왔다. 『안네의 일기』를 본 사람은 손들어 보라고 하니 몇 명의 손이 올라왔다. 다행이다. 아직 읽지 못한 아이들은 이 책을 계기로 꼭 읽어 보라고 당부했다.
아이들은 마로니에 나무가 궁금하다고 했다. 우리 주변에 흔히 볼 수 있는 나무로 우리나라에서는 '칠엽수'로 많이 불린다고 설명했다. 학교 주변에서 볼 수 있는 곳은 덕수궁 후문 근처에 큰 나무 한 그루가 있고, 성공회 성당 마당에도 한 그루 있다며 컴퓨터로 잎과 꽃을 보여 주었다. 꽃이 정말 아름다워 '13세 소녀가 이 꽃을 볼 때 어떤 마음이 스며들었을까?' 하는 생각이 마음 아프게 스쳤다.

이유 없이 누군가를 미워하는 것이 얼마나 위험한 일인지 우리 반 아이들은 '유대인 학살'을 주제로 책을 읽으며 마음 깊이 경험했다. 흔히 '그 아이 성격이 싫어요.', '저랑 안 맞는 애예요.', '주는 것 없이 밉다니까요.' 하는 그 마음의 경계를 우리는 무너뜨려야 하는 거다. 다름을 진심으로 인정하고 받아들인다면 이런 희생양이 생기지 않을 테니.

아이들에게 일제강점기 우리 민족의 이야기를 했다. 1923년 일본에서 관동대지진이 일어났을 때 일본은 지진으로 사나워진 민심을 가라앉히기 위해 유언비어를 유포하는데 '재난을 틈타 이득을 취하려는 무리가 있다. 조선인들이 방화와 폭탄에 의한 테러, 강도 등을 획책하고 있으니 주의하라'는 내용이었다. 그러자 일본 민간인이 '자경단'을 조직하여 조선인은 보이는 대로 살해했다. '불령선인 (불온하고 불량한 조선 사람)'으로 불리며 조선인이 희생양이 된 사건은 '관동대지진 조선인 학살사건'이라고 부른다. 당시 조선인이 얼마나 힘들었는지 이야기하며 아픈 역사를 돌이켜 봤다.

마음 나누기는 자신의 잘못이 아닌데 목숨이 위태로운 안네의 처지를 생각하며 '내 잘못이 아닌 일로 억울했던 경험 말하기'를 했다. 아이들의 억울한 일이야 사소한 감정이지만 목숨을 내놓아야 했던 사람이라면 감정이 어땠을까 생각하며 마무리했다. 아이들은 전쟁을 일으키는 사람들이 사람의 목숨을 얼마나 하찮게 생각하면 그런 만행을 부리는지 이해가 되지 않는다고 절레절레 고개를 저었다.

활동은 '눈으로 말해요'를 했다. 무릎이 닿도록 마주 앉아서 서로 눈동자를 바라보며 상대방이 나에게 어떤 말을 하고 싶은지 생각하는 거다. 또 마주한 사람이 내게 해 주었으면 하는 말을 마음속으로 생각하며 2분 정도 지긋이 눈만 들여다보도록 한다. 사람을 바꿔가며 해도 좋다. 활동 후 어떤 마음이 들었는지 이야기를 나누며 마무리한다.

"무슨 말을 하는지는 모르지만, 마음이 따뜻한 기분이 들었어요."

"나를 보는 눈빛에서 '요즘 힘들었지?' 하는 느낌이 들어 힘들었던 일이 떠올랐어요."

"친구의 눈을 자세히 들여다본 적이 별로 없었다는 걸 알게 되었어요."

마지막으로 1945년 세상을 떠난 14세 소녀의 마음을 생각하며, 내가 마로니에 나무가 되어 안네에게 희망을 주는 편지쓰기를 했다. 마로니에 나뭇잎을 복사한 편지지를 미리 준비해 나눠 줬다.

서로를 보듬다

『나무 도장』

광복 후, 한반도는 새로운 나라 건설로 꿈에 부풀었다. 1945년 12월 모스크바 3상 회의의 '임시정부 수립 후, 신탁통치 길게는 5년까지'라는 내용을 『동아일보』에서 '소련은 신탁통치 주장, 소련의 구실은 38선 분할 점령, 미국은 즉시 독립 주장'이라고 오보를 내 '신탁통치'가 즉시 실현되는 것으로 받아들인 국민은 흥분하게 된다. 신탁통치는 일제강점기의 연장이라고 생각했기 때문에 반탁(신탁통치 반대) 운동이 거세게 일었다.

　나중에 오보임이 알려지고 모스크바 3상 회의 결과 전문을 읽고 난 사람들의 행동이 나뉘게 된다. 우익은 반탁 운동을 그대로 밀고 나가, 친일파를 심판할 새도 없이 친일파들은 반탁 운동에 가담하며

『나무 도장』
권윤덕 지음, 평화를품은책, 2016

표지는 산자락 우거진 덤불 사이에 있는 시리와 엄마의 모습이다. 멀리 한라산이 보인다. 면지는 앞뒤 모두 제주의 모습이다. 본격적인 내용으로 들어가기 전 제주도의 모습부터 1947년 3월 1일 관덕정에서 일어난 사건을 세 바닥에 걸쳐 보여 준다.

신분을 세탁할 기회를 얻었다. 좌익은 임시정부 수립 후에 후견제로 신탁통치를 한다고 보고 찬탁(신탁통치 찬성) 운동으로 바꿨다. 한반도는 '신탁통치'란 말에 완전히 좌우익의 대립으로 분열되었다.

제주도도 마찬가지로 광복 후 새로운 제주도를 만들어 나갈 희망에 부풀었다. 1947년 3월 1일, 3·1운동을 기념하기 위해 제주 관덕정에 많은 사람이 모였다. 말을 타고 가던 경찰의 말발굽에 한 아이가 치이는 사고가 발생했는데, 경찰은 무시하고 그냥 간다. 이에 격분한 사람들은 말을 타고 가는 경찰을 향해 사과하라고 돌을 던지며 강하게 항의한다. 그러자 경찰은 총을 발사해 6명의 사망자가 발생한다. 열흘 후 제주도민은 학교, 관공서 할 것 없이 95%가 총파업에 돌입한다.

미군정은 파업을 강경 진압하면서 1948년 4월 3일 직전까지 1년 동안 약 2,500명을 잡아 가둔다. 1948년 4월 3일 남로당 제주도당이 '경찰과 서북청년단의 탄압에 저항하고, 남한 단독정부 수립에 반대'하며 무장봉기한다. 정부는 군경과 서북청년단을 동원해 강경토벌 작전을 벌였다. 이는 1954년 9월 21일 한라산 통행 금지가 해제될 때까지 계속되었다. 이것이 '제주 4·3사건'이다. 이 사건으로 제주도민 25,000~30,000명이 목숨을 잃고, 중산간 마을이 대부분 불타 없어졌다.

화해와 상생의 이야기

『나무 도장』이야기 속으로 들어가 보자. 제삿날인데, 엄마는 반들거리는 나무 도장을 챙겨 시리를 데리고 나간다. 시리는 엄마에겐 비밀이 많다고 생각한다. 산자락 우거진 덤불을 헤집고 작은 구멍 안으로 들어간 엄마는 시리를 데리고 깊은 동굴 안으로 들어가 자리 잡는다. 엄마는 시리를 무릎에 앉히고 '나무 도장'의 사연을 이야기한다. 시리 친엄마가 목숨을 잃은 제주 4·3사건 이야기다. 시리는 동굴에 들어갈 때와 전혀 다른 시리로 동굴을 나온다. 오늘은 시리 친엄마의 제삿날이다.

당시 한반도는 어떤 지도자가 그 지역에 있느냐에 따라 우익이 우세한 지역과 좌익이 우세한 지역으로 나뉘었다. 제주도는 좌익이 우세한 지역이었지만, 그렇다고 모두 남로당 제주 당원은 아니었다. 이승만은 남한 단독정부 수립을 추진했는데 이를 반대하는 제주도민이 좋았을 리 없다. 자기와 생각이 다른 사람을 '빨갱이'로 몰아 강경 진압, 강경 토벌을 단행하는 과정 중 셀 수 없을 정도로 많은 무고한 사람이 목숨을 잃었다.

『나무 도장』은 화해와 상생의 이야기로 매듭짓는다. 아픈 과거사를 덮어 속으로 깊어지는 상처를 밖으로 끄집어내어 직면하게 하고 돌아보게 하면서 경찰·군인의 가족과 빨갱이라 불리며 죽어간 사람들의 가족을 만나게 한다. 2003년 국가는 국가 권력에 의한 제주도민의 희생을 인정하고 사과했다.

　권윤덕 작가는 제주 4·3사건의 얽히고설킨 관계를 등장인물의 관계로 풀었다. 시리는 삼촌을 좋아하는데, 그 삼촌이 경찰이었고 친엄마를 죽게 한 장본인이다. 지금까지 시리를 보살펴 온 엄마는 경찰 삼촌의 누이다. 미워할 수 없고, 버릴 수 없는 관계다. 화해만이 서로 살아갈 수 있는 상생의 길이다.

　이야기는 현재 시리와 엄마를 보여 주고, 동굴 속에서 과거 제주 4·3사건을 회상하고, 다시 현재의 동굴에서 밖으로 나오는 과정으로 진행된다. 시간의 흐름이 '현재 – 과거 – 현재'의 형식은 그림책에서 쉽지 않은 구조인데 자연스럽게 이어진다.

　상징적인 그림은 시리를 데려온 날 저녁의 모습이다. 시리는 가운데 잠들어 있고 머리맡에 '나무 도장'이 있다. 시리 뒤로 엄마가 있고, 엄마의 손은 시리를 토닥이고 있다. 시리 앞에 삼촌이 있는데, 삼촌은 경찰 모자를 벗어 옆에 놓고 시리를 향해 무릎을 꿇고 고개를 숙여 울고 있다. 작가가 이런 구도를 만든 이유는 분명하다. 색의 쓰임에 대해서도 의미를 부여한다면 총살 장면에서 몸의 가장자리 선이 모두 파란색인데 시리만 붉은색이다. 죽음의 색을 파란색으로, 살아 있는 색을 빨간색으로 표현했다.

　교사 연수 중 권윤덕 작가를 만나 『나무 도장』이 세상에 나오기까지의 이야기를 들었다. 제주 4·3사건을 작품으로 만들어 온 3년 여의 과정을 들려주었다. 그 어느 때보다 가슴 뭉클한 시간이었다. 질의응답 시간, 소심하기로 유명한 내가 손을 번쩍 들었다.

"이런 책을 만들어 주셔서 감사합니다. 전 그림보다는 서사가 마음에 와닿습니다. 아주 절제된 문장으로 고심하며 쓰셨을 것 같습니다. 스토리 작성 과정은 어떠셨는지요?"

이 질문에 작가가 나를 망연히 바라보는 것 같았다.

"정말 힘겨운 작업이었어요. 자료를 찾아 읽고 이편 사람, 저편 사람 만나 인터뷰하면 꼭 이 말을 넣어야 할 것 같은 느낌이 들 때가 너무 많았습니다. 고심하여 쓴 원고를 제주 그림책연구회 분들께 공개했는데 그곳에서도 의견이 나뉘는 거예요. 그분들에게도 4·3사건이 서로 다른 상처로 있었던 거지요. 그래서 글이 어느 한 편으로 치우쳐서는 절대 안 되겠다고 느끼며 처음부터 다시 작업했습니다."

이야기를 듣고 나니 작가로서의 고뇌가 느껴졌다.

열린 마음으로 만들어 가는 세상

1945년 8월 15일 광복, 1948년 8월 15일 정부수립 과정, 1950년 6·25전쟁을 배운 아이들은 1945년부터 1950년에 이르는 5년이 말 그대로 격변기임을 잘 안다. 실제 사건을 바탕으로 한 문학 작품은 더 가슴을 강하게 찌르고, 더 실제적 감동을 일으킨다.『나무 도장』을 읽는 날 앞부분 배경 설명을 읽고 설명을 보충하니 아이들은 벌써 흥분한다. "당연히 사과해야 하는 것 아니에요? 모르고 그랬다, 다치지 않았느냐, 걱정되겠다, 병원에 가 보자 중 한 가지 말만 했어도 시민들이 흥분하지 않았을 거 아니에요!"라는 응수에 다들 동의하며 이야기 속으로 들어갔다.

책을 다 읽었는데 조용하다. 제주 4·3사건은 제주도민의 열 명 중 한 명이 목숨을 잃은 사건이다. 우리 반 학생이 20여 명이니 이 중 2명이 자리에 없는 셈이다. 이런 상황이라면 희생자 중에 내가 전혀 모르는 사람만 있을까? 내 친구, 옆집 사람, 혹은 형제자매, 또는 친척 등 얽히고설키는 게 당연하다. 아이들은 내 주변의 이야기로 바꿔 생각해 보니 망연자실해졌다. 제주도민에게 4·3사건은 정말로 마음 아픈 사건임을 느끼게 되었다.

마음 나누기는 군인 경찰의 입장과 산 사람들의 입장, 무서워서 숨은 사람들의 입장으로 나눠 이야기했다. 아마도 군인 경찰과 산 사람은 적고 대부분은 일반 사람들이었을 것이다. 주변 사람들이 이렇게 해도 죽고, 저렇게 해도 죽는 상황이 되자 일반 사람들은 그 누구도 만나고 싶지 않아서 숨는 사람이 된다. 뭔가 기록하고 결론을 내리는 활동이라기보다는 각각의 입장에 따라 이런 생각을 할 수도 있겠다는 정도로 이야기를 나누었다.

활동은 '화해와 상생'의 시간을 가졌다. 미리 간단한 먹거리(부피 큰 옥수수 뻥튀기라든가)를 준비했다가 한 사람에게 일정량 나눠 주고 마음 불편한 사람을 찾아가 서로 이야기를 나눈 후 나눠 먹으며 마음을 풀도록 했다. 먹거리가 있으면 마음 열기가 좀 더 쉽고 웃으며 수다 나누기 좋다. 또 다른 방법은 둥그런 뻥튀기 과자를 한 개씩 나눠 주고 속을 조심스럽게 파먹으며 마음을 나누고, 테두리를 원으로 잘 만든 친구를 칭찬하는 활동도 좋다. 원은 사람을 향한 열린 마음을 나타낸다고 이야기하며 마무리한다.

기억해야 할 위안부 이야기

일제강점기 우리 민족이 인권을 유린당한 이야기를 하고 싶었다. 사안은 무척 많았음에도 그림책으로는 위안부 이야기만 몇 권 있다. 그래서 위안부의 이야기로 시작하고 싶었으나 『하루 한 권, 그림책 공감 수업』에서 이미 권윤덕의 『꽃 할머니』를 다뤄 위안부 이야기는 목록에만 넣었다. 우리가 기억하지 않고 돌이켜 증언하지 않는다면 일제강점기 그 많은 위안부 할머니들의 아픔을 덮고 지나가는 것과 같다. 비록 이 책에서는 다루지 않았더라도 아이들과는 함께 읽는 시간을 꼭 가지라고 당부드린다.

우리는 매 순간 선택으로 내 삶을 만들어 가는데 위안부 할머니들은 선택이 아니라 강제로 끌려간 분들이다. 어디로 가는지, 얼마나 걸리는지, 무슨 일이 일어날지 전혀 모르는 상태의 강제연행이다. 그리고 당한 일은 차마 상상할 수도 없는 일이었다. 늘 전쟁의 가장 큰 피해자는 어린이와 여성이다. 이들이 전쟁의 한복판에서 당하는 설움은 말로 표현이 불가능하다. 부디 아이들과 아픈 역사를 돌이켜 보면서 새롭게 만들어 나갈 역사의 일꾼으로 마음 다지는 시간을 갖길 부탁드린다.

할아버지는 아직도 열다섯 살 소년병

『우리 할아버지는 열다섯 살 소년병입니다』

우리 현대사의 굽이마다 통일을 생각하게 하는 때가 있었다. '이산가족 찾기'가 한창일 때는 매일 텔레비전 앞에서 각각의 사연들을 보며 함께 눈물을 흘렸고, 전화를 연결하여 확인하는 과정을 보며 똑같이 조마조마했고, 가족이 맞으면 그들과 같이 대성통곡했다. 이산가족 상봉의 시기가 되면 또 그들의 사연이 안타까워 분단의 조국이 원망스럽기도 했다. 그러던 마음도 조금씩 흐려지고 옅어졌다. 대통령이 북한을 방문하고, 휴전선 회담 모습을 보면서도 예전의 두근거리는 감격이 덜했다. 분단의 시기가 어느새 70년이 흐른 것이다. 세대가 바뀐 거다.

나는 자라면서 '반공 교육'을 받았다. 북한군은 괴뢰군으로 남침

한 야수와 같다고 배웠다. 사회에 나오니 여전히 반공 교육은 존재했다. 6월이 되면 웅변대회가 있었고 '판문점 도끼만행 사건(1976. 8. 18.)'이 아이들 글 속에 그대로 나오는 시절이었다. 그러다 차츰 교육과정이 바뀌면서 '반공 교육'은 자취를 감추고 '통일 교육'이 자리 잡았다. 이산가족들도 이제는 많이 세상을 떠나 북한을 그리워하는 사람이 줄어들고 통일로 이산가족을 만나게 해야 한다는 생각은 느슨해졌다. 또 주변 강대국들 틈에서 통일은 우리의 노력만으로 해결할 수 없는 문제라는 걸 안다. 그리고 자라나는 아이들은 통일해야 한다는 당위성을 느끼지 못한다. 그러다 보니 '통일'은 그저 학기가 끝날 무렵이면 나오는 단원 정도로 생각할 뿐이다. 이러니 교육을 받는 아이가 통일을 절실하게 받아들이겠는가?

현대사 인권유린을 바탕으로 그림책을 선별하고 읽어 나가는 과정에서 보니 6·25전쟁 관련 그림책이 이제는 많이 걸러지고 아름다운 언어로 아픔을 이야기하는 작품이 는 것 같다. 권정생 선생님의 단편집 『바닷가 아이들』(1988)은 각 이야기가 그림책으로 만들어졌는데 『곰이와 오푼돌이 아저씨』(이담 그림, 2007)와 『사과나무밭 달님』(윤미숙 그림, 2017)은 분위기가 한참 다르다. 『곰이와 오푼돌이 아저씨』는 전쟁 30년이 지났는데도 고향을 그리워하며 떠도는 영혼의 이야기고, 『사과나무밭 달님』은 일제강점기와 6·25전쟁을 치른, 정신이 오락가락하는 안강댁을 어려서부터 지극정성으로 모시는 아

『우리 할아버지는 열다섯 살 소년병입니다』
박혜선 글, 장준영 그림, 위즈덤하우스, 2019

색연필로 그린 그림은 과하지 않고 담담하다. 바다를 바라보는 뒷모습으로 그렸는데 검은 머리의 여자가 흰머리의 할아버지를 감싸 안고 있다. 표지의 그림과 제목을 보고 이야기 나누며 시작하면 좋다.

들 필준의 이야기다. 같은 현대사를 역사적 배경으로 하지만 어느 책이 아이들 마음으로 다가가는지는 함께 읽혀 보면 안다.

문학으로 표현되는 전쟁

전쟁의 참상을 날것의 이야기로 전달할 때보다 문학적으로 승화된 작품을 만났을 때 감동적으로 받아들인다. 아이들은 『사과나무밭 달님』을 참으로 마음 아프게 읽었다. 그다음에 읽은 『숨바꼭질』(김정선, 2018)은 강한 인상을 주었다. 나도 처음 『숨바꼭질』을 만났을 때 6·25 전쟁을 이렇게 말할 수도 있구나!" 감탄하며 많이 흥분했다. 돌이켜 생각하고 싶지도 않은 전쟁을 작가는 '숨바꼭질 놀이'의 노래 형식을 빌려 보여 주는데 읽고 나면 아픈 통증이 전해진다.

　자전거포 집 순득이와 양조장집 순득이가 숨바꼭질을 하는 것으로 시작하는데, '꼭꼭 숨어라' 하는 1절이 피난 가는 과정이고, '어디어디 숨었니?' 하는 2절은 피난에서 돌아오는 과정이다. '찾았다' 해야 하는 순간 아무리 찾아도 친구 모습이 보이지 않는다. 글은 노래 1, 2절이 전부다. 하지만 그림은 피난 생활 모습, 폭격 모습 등이 노랫가락 사이로 흐르듯이 내비친다. 사람들 중 두 순득이만 색을 입혀 표현했고 피난민은 흑백사진처럼 처리했다.

　『숨바꼭질』은 한 편의 뮤직비디오를 보는 느낌이 들었다. 노래 한 곡이 끝나는 사이에 우리나라 역사상 최고의 참상이 지나간 것이다. 6·25전쟁의 이야기를 쓰게 된다면 이 책으로 해야겠다고 생각했는데, 『우리 할아버지는 열다섯 살 소년병입니다』를 만나고 흔들렸다. 『숨바꼭질』에서 전쟁이 과거의 미해결 문제로 여겨진다면, 『우리 할아버지는 열다섯 살 소년병입니다』에서는 현재를 이야기하고 있기 때문이다. 6·25전쟁은 아직도 미해결인 현재의 문제였다.

『우리 할아버지는 열다섯 살 소년병입니다』는 손자가 화자다. 85세 할아버지는 치매에 걸리면서 시간이 멈췄다. 할아버지 생애에 기쁘고 행복한 순간이 많았지만 하필이면 70년 전, 열다섯 살에 멈췄다. 열다섯 살의 할아버지는 겁 많고, 엄마가 보고 싶은 소년병이다. 85세의 할아버지는 열다섯 살로 돌아가 밤에 불을 켜고 함께 자야 하고, 시끄러운 소리에 귀를 막고, 길쭉한 나뭇가지도 무서워한다. 그리고 주변 사람을 모두 열다섯 살에 맺은 관계로만 본다.

다른 기억은 자꾸 희미해지는데 열다섯 소년병의 기억은 또렷해져 할아버지를 괴롭힌다. 그 모습을 지켜보는 가족은 안타까운 마음으로 할아버지를 열다섯 살 소년병으로 대해 준다. 가족들은 할아버지가 형이라 하면 형이 되고, 엄마라 하면 엄마가 된다. 70년 전의 기억이 얼마나 잊을 수 없는 충격이었으면 치매라는 병에서도 전쟁의 기억만은 살아남은 것일까? 읽는 내내 마음이 짠해진다. 그리고 할아버지를 대하는 가족들의 모습이 따뜻하게 다가온다.

전쟁을 경험하지 않은 아이들이 이 책을 보면 어떤 마음이 들까?

전쟁 참상을 보여 주며 전쟁을 막아야 한다고 말하는 것도 하나의 방법이겠지만, 이 책은 전쟁의 공포와 무서움이, 혹은 전쟁 피해는 70년이 흘러도 사라지지 않으며 전쟁은 없어야 한다고 말한다.

그림은 몇 개의 구역으로 나뉜다. 현재 할아버지 상태를 보여 주고, 기억 속의 전쟁 모습을 보여 준 다음 다시 현재로 돌아와 할아버지가 그린 그림과 글을 보여 주며 끝을 맺는다. 전체적으로 아름답고 서정성 짙은 그림이 중심이나, 할아버지 머릿속의 전쟁 장면은 사선으로 화면을 나누고 어둡게 표현했다.

전쟁의 상처를 보듬는 법

아이들과 『우리 할아버지는 열다섯 살 소년병입니다』를 읽으며 표지 그림을 보고 느낌을 물어보니 "평화로워요.", "바닷가 해변에 있는 모습이라 시원하고 행복할 것 같아요."라고 말했다. 제목에서 느껴지는 느낌에 대해서는 "무서울 것 같아요.", "중학생 정도의 소년병이라면 도망치고 싶을 것 같아요."라고 했다. 제목과 표지의 느낌이 다른데 함께 생각한다면 저 장면을 어떻게 보는 게 좋을지 물어보니 "여자분이 할아버지 등을 감싸 안은 걸 보니 위로하는 것 같아요.", "주변에 꽃이 많은 걸 보면 그래도 행복할 것 같아요."라고 했다.

내용으로 돌아가니 아이들은 조용해졌다. 6·25전쟁 관련 그림책을 여러 권 읽다 보니 아이들은 전쟁 피해가 전쟁을 일으킨 사람에게 돌아가는 것이 아니라, 가장 힘이 없는 사람들이 많은 피해를 입는다는 사실을 알게 되었다. 제2차 세계대전이 끝난 지 얼마 지나지 않은 시기에, 같은 민족끼리 총부리를 겨눈 전쟁이 또 일어났으니 당시 사람들은 얼마나 마음 찢어지는 심정이었겠는가?

마음 나누기는 '책 속의 할아버지가 우리 할아버지로, 매일 전쟁의 공포에 떨고 있는 분이라면 나는 어떻게 대할 것인가'와 '내 곁에 깊은 슬픔에 빠진 사람이 있다면 어떻게 대할 것인가'에 대해 생각해 보았다. 첫 번째 질문은 책에서 보여 준 사례가 있어서인지 보듬어 주며 위로한다는 내용이 대부분이었다. 두 번째 질문은 위로한다는 말이 대부분이었는데 어떤 것이 진심으로 하는 위로인지 생각해 보는 시간을 가졌다. 위로는 말로 하는 것이 아님을, 마음으로 하는 것임을 아이들이 조금이라도 이해하길 바랄 뿐이다.

활동은 새터민 학생이 우리 반에 있다면 어떻게 대하는 것이 좋을지 이야기 나눴다. 그리고 새터민 정착기를 그린 『나는 대한민국 국민입니다』를 함께 읽는 것으로 마무리했다. 이 책은 북한을 탈출하는 과정과 중국에서 불법체류 하며 공안의 눈을 피해 생활한 이야기, 또 한국에 도착하여 차별받고 무시당하는 모습을 그린 책이다. 좀 긴 이야기라 두 번으로 나눠 읽었다.

누나는 왜 집으로 돌아오지 않을까?

『오늘은 5월 18일』

1960년 4월 19일에 대한 역사적 평가는 '4·19혁명'이란 이름으로 정착되었다. 4·19혁명은 피 흘리며 독재 정권을 무너뜨린 시민의 힘을 보여 준 사건이며, 민주주의를 수호한 장한 사건이다. 하지만 4·19혁명과 관련된 그림책은 아쉽게도 없었다. '5·16군사정변' 이후는 이루 말할 수 없는 인권 유린의 시기였으나 이 부분도 그림책으로 말할 수 없나 보다. 그런데 30년 전 광주 이야기는 여러 권의 그림책이 있었다.

오늘날 정식 명칭은 '5·18민주화운동'이지만 내가 고등학교 2학년 때만 해도 광주에서 일어났던 끔찍한 사건을 '광주사태'라 불렀다. 당시에는 함부로 입에 올릴 수 없는 말이었고, 우리가 알고 있는 내용이 전부가 아니라고 했다. 대학에 들어가니 '광주사태'는 언론의 보도와 전혀 다른 이야기였다.

1980년 5월 18일에 발생한 5·18민주화운동은 신군부를 중심으로 한 집권 세력이 국민을 억압하는 상황에서 발생한 사건으로, 통제된 광주에서 공수 부대의 무력진압이 학생과 시민의 분노를 유발했고, 진압의 강도가 높아짐에 따라 자연스럽게 시민들의 무력저항으로 발전했다. 학생시위에서, 시민봉기로, 다시 무력항쟁으로 커진 것이다. 당시 상황이 어떠했으며, 희생자가 얼마나 되고, 어느 정도로 험악한 분위기였는지는 조금 더 찾아보고 읽어 보길 권한다. 영화 '택시 운전사'도 아이들과 함께 보면서 이야기할 수 있는 자료다.

엄청난 사건이 일어난 지 30년이 지나니 그때의 일을 이야기하려는 사람들이 늘어났다. 그래서 5·18민주화운동을 주제로 한 책이 여러 권 있다. 하지만 아픔이 걸러진 작품으로 나올 때는 아닌가 보다. 아직 피가 철철 흐르는 날것의 느낌이 난다. 사실과 실상을 알리는 것은 역사에게 맡기고 문학은 좀 더 다른 방법을 선택해야 하지 않을까?

이러한 날것의 작품을 아이들에게 들이밀기 어렵다. 사회 수업이라면 실제 사진을 보여 주고 영상을 찾아 보여 주면서 수업을 하지만, 문학 작품을 감상할 때는 다르지 않은가? 사실을 가르치는 시간이 아니라 인간의 감정을, 감성을 가르치는 시간이다. 그래서 날

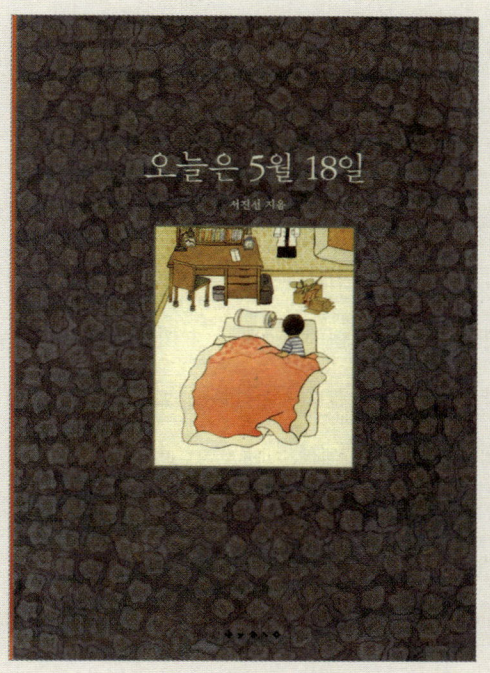

『오늘은 5월 18일』
서진선 지음, 보림, 2013

표지는 가운데 사각 프레임 안에 누나의 부재를 보여 준다. 교복이 걸려 있고 책상 위에 편지가 있으며 아이의 머리맡에는 장난감 상자가 있다. 면지는 앞뒤가 똑같은데 한 바닥 가득 총이다. 장난감 총, 물총을 비롯하여 온갖 총의 전시장이다. 총구가 향한 곳이 어디인지 유심히 보게 된다.

것의 작품은 조심스럽다. 학년을 고려해도 마찬가지다. 그래서 비교적 걸러진 상태의 작품으로, 아이들이 무리 없이 받아들일 수 있는 작품으로 고른 것이 서진선의 『오늘은 5월 18일』이다.

푸르른 오월, 광주에서

『오늘은 5월 18일』은 일기문이다. 5월 18일부터 5월 28일까지 10일간의 기록으로 화자는 초등학교 1학년 학생이다. 그래서 상황에 대한 설명보다 1학년 아이가 본 사실을 그리고 있다. 주인공이 오로지 바라는 것은 한 가지 "누나가 빨리 왔으면 좋겠다."다.

주인공이 주로 노는 놀이터는 서남동의 남동성당이다. 지도를 확인해 보니 아주 가까이에 전남대학교가 있다. 당시 성당과 전남대학교의 주변이 어떠했을지 짐작되었다. 작가는 당시 고등학교 3학년으로 광주에서 학교에 다니고 있었으며, 이 이야기가 동네 친구의 일이라고 한다. 가슴 깊이 간직하고 있던 이야기가 시간이 지나면서 꿈틀꿈틀 비집고 나와 세상을 마주한 거다. 이 절제된 표현을 해내느라 작가가 얼마나 힘겨웠을지 느껴져 마음이 아린다.

나는 장난감 총을 갖고 싶은데 부모님은 안 사 준다. 내가 징징거리자 누나는 나무젓가락으로 총을 만들어 줬다. 친구들과 성당 마당에서 총싸움하며 놀 때 진짜 총을 가진 군인들이 지나간다. 처음 보는 총이 신기하기만 한데 누나는 집으로 가잔다. 총소리가 점점 커저 문마다 이불을 걸었다. 누나는 21일 아침에 나가 안 들어온다. 부모님 따라 여기저기 누나를 찾아다니지만 만날 수 없다. 24일 트럭을 타고 누나가 왔다. 동네 어른들은 김밥, 주먹밥, 물 등을 챙겨 줬다. 누나를 보는 것은 그것으로 끝이다. 나는 같은 편을 향해 쏘는 총이라면 필요 없다는 생각에 누나가 만들어 준 총을 버렸다.

관점은 이야기를 풀어 나가는 데 아주 중요한 역할을 한다. 이 책은 초등학교 1학년 아이의 관점으로 진행하기 때문에 단순한 구조로 이어 나가고, 담을 수 있는 중심 이야기 양도 적다. 그런데도 학년 관계없이 누구나 읽을 수 있는 책이다. 이 책으로 시작하여 다른 책으로 읽어 나가면 받아들이는 어린이 독자도 무리 없을 것으로 보인다. 어린 독자와 읽을 때, 다양한 관점을 경험하도록 하는 배려가 있었으면 좋겠다.

그림은 좀 자세히 들여다볼 필요가 있다. 사건 현장의 그림은 아이가 관찰자라 구석에 조그맣게 있지만, 현장 상황은 큰 그림으로 배경 처리했다. 누나를 찾아 부모님 따라나선 곳곳의 정황을 살펴보면 당시 상황이 보인다. 시위 장면은 '민주주의' 구호가 많다. 그리고 시위대를 살펴보면 학생, 시민이 함께 있고, 시위대 주변 사람들을 보면 음식 하는 사람, 환자 돌보는 의사와 시민이 있고, 환자를 나르는 사람 등으로 시위대를 응원하고 연대하는 모습이다. 트럭을 타고 남동성당 앞에 누나가 온 장면을 보면 주변 사람 모두 밝은 표정이며 시위대에게 먹을 것을 주고 협조적인 모습이다. 반면 시신보관소의 모습은 참혹하기만 하다.

　신군부 집권 세력이 시민들에 가한 폭력이 얼마나 많은 사람을 학살했는지 생각하면 착잡해진다. 사람이 사람에게 가하는 폭력은 어떤 이유에서도 용서할 수 없는 일이다. 사람으로 살아갈 보편적 권리, 가장 일반적이고 당연하다 생각하는 인권이 유린당하고 심지어는 목숨까지 잃게 되었던, 1980년 5월의 광주에 깊은 애도를 표한다.

잊지 말아야 하는 역사

아이들과 5·18민주화운동 주제의 첫 책으로 『오늘은 5월 18일』을 소개했다. 영화 '택시 운전사'의 배경이 되었던 사건, 일어나지 말았어야 하는 사건, 지금도 사건 발생의 직접적 인물이 살아 있으며 가끔 과징금을 내지 않아 뉴스에 등장한다고 이야기하고, 1979년 '10·26사태'와 곧이어 발생한 '12·12사태'로 신군부 세력이 등장하고, 이 신군부에 의해 5·18민주화운동이 발발하게 됨을 설명했다.

　사실 아이들은 현대사를 잘 모른다. 가까운 시대의 이야기여도 스스로 알아보지 않는 한 모른다. 우리나라의 현대사 인권유린에 대해 말할 때면 나는 "그때 너 뭐 했어? 그 사람들을 위해 한 일이 뭐야?" 하면서 자문한다. 현대사를 자꾸 꺼리는 이유는 어쩌면 현대사에 한 인물로 내가 살아 있으며, 행동의 주체가 될 수도 있기 때문인지도 모르겠다. 어느 편에 서든.

아이들은 5·18민주화운동에서 배경으로 등장했던 많은 사람의 행동에 집중했으면 좋겠다는 마음이 들었다. 이런 사건은 무슨 일이 일어났는지도 모르면서 당하고, 아무런 잘못도 없이 엄청난 폭력을 감당해야 하는 방어할 힘이 없는 다수의 일반인에게 일어난 일이다. 근현대사를 자세히 들여다보면 그 다수의 일반인이 변화하고 발전하는 모습을 볼 수 있다. 그래서 대한민국은 역동적인 국가다.

아이들은 어이없다는 표정으로 집중했다. 발전하지 못한 나라에서나 있는 일이라고 생각했던 일이 우리나라 현대사의 한복판에 있었던 일이라고 하니 그런 반응이 당연할 수도 있다. 하지만 이런 책을 왜 읽으며 의식을 깨우려 하는가? 아이들에게 바로 세우는 역사를 만들어 가라고 응원하기 위해서다. 스스로 자신의 인권을 지키고, 내 이웃의 사람답게 살 권리를 함께 보장해 나가라고 축복하는 것이다.

마음 나누기는 '내 가족(이웃)이 권력의 폭력으로 쓰러졌다면 나는 어떻게 할 것인가?'로 이야기를 나눴다. "어떻게 보고만 있어요?", "당시에 나도 광주에 있었다면 시민들에게 힘을 보태고 싶어요.", "전 무서움을 많이 타서 꼼짝 못 하고 집에 틀어박혀 있을 것 같아요.", "저도 무서워서 고개를 돌리고 귀를 막을 것 같아요."라고 말하자 한 아이가 "네 부모님이 그렇게 돌아가셔도?"라고 질문해

순간 조용해졌다. 난 분위기를 수습했다. 그리고 친구의 질문을 가슴속에 품으라고 했다. 그 자리에서 죽어 간 사람은 타지에서 온 모르는 누군가가 아니고, 엊그제까지 얼굴 마주하며 지내던 부모, 형제, 이웃이었음을 우리는 안다.

    활동은 '친구들아, 나 좀 도와줘!'를 했다. 도움이 필요한 상황이 아니면 '친구들아, 내 말 좀 들어 줘!'로 해도 된다. 한 사람이 일어나서 자신의 이야기를 하고 나면, 들은 사람들이 도움을 주거나, 위로의 말을 한마디씩 해 주면서 응원을 보내는 활동이다. 사소한 이야기도 진심으로 반응해 주는 것이 중심 활동이다. 이 활동은 내 주변의 사람을 잘 알고 이해하기 위한 것이다. 평소에 이런 관계를 만들면 곤란한 상황에서 협력은 쉬운 일이 될 거란 기대감이 든다.

기억의 소환, 되풀이하지 말자

『천의 바람이 되어』

"안산의 한 고등학교 학생들이 수학여행 가던 중 배가 침몰했다는 소식 들었어?"

"뭐? 아이고 어쩐대! 구조는?"

가슴이 철렁 내려앉았다. 아침 신문을 보고 낮 동안에는 인터넷을 별로 들여다보지 않는 나로서는 퇴근길에 만난 소식이었다. 그날이 2014년 4월 16일이었다. 교직에 몸담고 있어서 학교나 학생과 관련된 일은 모두 내 일처럼 느껴진다. 그날부터 퇴근 후 텔레비전은 뉴스 채널로 고정되었고 안타깝게 바라봤다. 반쯤 가라앉은 배를 보면서 구조하지 못하는 것이 너무 안타깝고 화났다. 이 사건은 나뿐만이 아니라 어른들에게 '어른 죄책감'에 빠지게 했고, 전 국민에게 우울증을 유발한 사건이 되었다.

　사건은 아직 미해결 문제이며, 시신으로도 돌아오지 못한 사람이 있는 진행형 사건이다. 그런데 구태여 이 주제를 다루는 이유는 아픔을 공유하기 위해서다. 우리 학급에서는 매년 4월 16일이 되면 한 시간 추모수업을 한다. 묵념하고, 그림책 한 권 읽고, 지식채널 e의 '아들들' 동영상을 보고, 마지막으로 임형주의 '천 개의 바람이 되어' 노래를 듣고 부르는 시간으로 끝맺는다.

　이런 수업을 하는 이유는 아무것도 하지 못한 나 자신을 반성하는 행위다. 너무도 미안하고 안타까워 모르는 척 지날 수 없었다. 아이들에게는 '생명의 소중함'이 얼마나 소중한 가치인지를 다시 한 번 상기하는 수업이다. 광화문 가까이에서 생활하는 우리 아이들은 세월호 추모 공간 '기억과 빛'을 잘 알고 있다. 그 공간으로 변하는 과정도 가까이서 지켜보았다. 그래서인지 아이들에게 이 사건은 늘 곁에 있는 사건이고, 해결되지 않은 사건으로 인식하고 있다.

　큰 사건이 발생하고 시간이 지나면 언젠가 그 사건은 문학 작품으로 재탄생한다. 그 이유는 기억의 소환이며, 되풀이하지 말자는 각오다. 세월호 사건은 아물지 않은 상처라 아직 그림책은 없다. 현재 내가 가지고 있는 재난 관련 그림책은 쓰나미 발생 후 치유 과정을 담고 있는 그림책과 고베지진을 배경으로 한 그림책이 있을 뿐이다. 그래서 소개하고자 하는 책은 9·11테러 사건 1주기 추모에서 화제

『천의 바람이 되어』
아라이 만 글, 사타케 미호 그림, 새터, 2005

표지는 남녀가 극적으로 포옹하는 장면이다. 여자 옆으로 무거운 배낭이 보인다. 배낭을 벗어 던지고 남자의 품에 안긴 모습은 이야기의 내용을 궁금하게 한다. 판타지 작품을 많이 그린 그림작가는 바람과 햇빛이 된 레이라의 모습을 환상적으로 표현했다.

가 됐던 작가 미상의 시를 이야기로 만든 『천의 바람이 되어』다.

천의 바람이 되어

『천의 바람이 되어』의 전반부는 이 시가 추모 장소에서 읽혔던 사례로 시작한다. 2002년 9월 11일 9·11테러 1주년 추도식에서 무역센터 경비원이었던 클라크 씨의 11살 딸이 이 시를 낭송했다. 1995년 영국군 병사인 스테판이 입대 전 아버지께 남긴 이 시를 그의 장례식에서 아버지가 읽었다. 1977년 영화감독 하워드 혹스의 장례식에서 배우 존 웨인이 이 시를 낭독했으나 이 시의 작가가 누군지는 모른다. 작가는 이 시를 추적하다 아름다운 이야기를 만들어냈다.

130여 년 전쯤, 아메리카대륙 남서부 협곡에 살던 나바호 사람들, 그중에는 할아버지와 사는 우파시와 친구 레이라가 있다. 자연에 감사하며 자연과 함께하는 나바호 사람들에게 금광개발을 이유로 갑자기 이주 명령이 떨어진다. 고향을 떠날 수 없다는 사람들은 남고, 나머지 주민은 '눈물로 걷는 머나먼 길'을 떠난다. 우파시는 할아버지와 함께 협곡의 굴에 남고, 레이라는 주민들과 함께 떠난다. 둘은 헤어져 있는 기간 내내 서로를 위해 기도하며 그리워한다. 금을 캐지 못한 미국 정부는 나바호 사람들에게 고향으로 돌아가라고 한다. 다시 돌아오는 길은 먼 길이었지만 희망에 찬 길이다. 다시 만난 우파시와 레이라는 결혼을 하고 '루나'라는 딸을 낳는데, 그 과정에 병을 얻은 레이라는 죽음을 맞이하게 된다. 죽기 전 남편이 걱정된 레이라는 친구 츄이라타를 불러 시를 남긴다. 실의에 빠져 죽음을 생각하는 우파시에게 다가간 츄이라타는 레이라가 남긴 기도의 노래를 부른다.

내 무덤 앞에서 울지 마세요.
그곳에 저는 없답니다.
잠자고 있지 않답니다.

천의 바람으로
천의 바람이 되어
저 넓은 하늘을
날아다니고 있답니다.

그림책은 아니지만 세월호 가족과 함께한 기록으로 정혜신 박사가 쓴 책은 나를 여러 차례 뒤돌아보게 하고 반성하게 했다. 박사는 아픔의 현장에 찾아가 그분들을 위로할 방법을 생각하고 그들과 함께 생활하며 스스로 치유의 도구가 되었다. 이런 분이 동시대 사람이라는 게 그렇게 고마울 수 없다. 책을 볼 때마다 감사의 마음을 꼭 전하고 싶었다. 이기적이며 삶의 수레바퀴가 버겁다고 느끼는 나는,

짧은 눈빛과 새의 눈물 같은 연민을 지니고 있을 뿐인데 이분은 자신을 던져 현장의 아픔으로 들어갔다.

생명의 소중함은 가장 기본 가치가 되어야 한다. '돈의 힘'이 커져 일어난 세월호 사건은 발생 원인도 가슴 아프지만, 사고 당시 어른들의 행동은 더 속을 까맣게 태운다. "가만히 있어라!"고 방송을 하면서 선원은 빠져나오고, 침몰한 후 단 한 명도 구조하지 못하는 이 시스템은 무엇이 문제인가? 바라보며 속이 타들어 간 사람도 미칠 지경이었겠지만, 구조를 기다리며 죽음을 맞이한 그 어린 영혼은 어찌한단 말인가? 정말 다시는 이와 같은 일이 일어나서는 안 된다. 기본의 가치에 충실한 알곡 같은 사람이 많은 사회가 되길 간절히 기도하고 기도한다.

다가가 도움을 주는 사람으로

아이들과 책을 읽고 476명이 승선해서 침몰 전에 구조한 172명이 생존자의 전부라는 것은 잊을 수 없는 일이고, 잊어서도 안 되는 일임을 상기한 다음 '아들들' 영상을 설명 없이 틀었는데 보고 있던 몇 명은 눈이 촉촉해진다. 처음 이 영상을 접한 날, 나도 저녁 내내 눈물 바람을 하면서 지냈다. 희생자가 '가족'이면 상황은 완전히 달라진다. 우리는 타인의 시선으로 바라보아 냉철한 거다.

마음 나누기는 레이라를 잃은 우파시의 마음을 생각해 보고, 우파시가 딸 루나에게 어떤 아빠가 되었으면 좋을지 생각해 보는 시간을 가졌다. 또 '세월호 가족'의 심정은 어떠했을 것이며 그 가족의 이웃이라면 어떻게 하는 것이 좋을지 생각했다. 이런 사건이 발생하지 않도록 하려면 어떻게 해야 하는지 이야기를 나누고 사고 발생 시 안전 수칙에 대한 사항도 상기하는 시간을 가졌다. '가만히 있으라'는 말을 믿고 있어도 되는지에 대한 상황판단을 이야기했다. 문제 상황에 대한 다양한 생각을 발동시키고 행동하는 판단력이 위기 상황에서 빛을 발하도록.

활동은 위험에 처한 사람을 모르는 척하지 않고 다가가서 도움을 줄 수 있는 사람으로 성장하길 바라는 마음으로 '어떻게 도와드릴까요?'를 했다. 다양한 어려움의 상황을 설정하고 낯선 사람에게 다가가 도움이 필요한지 물어보는 상황을 연출했다. 짐이 많은 사람, 아픈 사람, 길을 몰라 헤매는 사람, 물건을 잃어 당황하는 사람 등. 이 활동에서 중요한 것은 다가가서 말을 걸고 도움을 주려는 친절을 몸에 익히는 것이다. 그러므로 아이들이 진지하게 임하도록 하면 좋겠다.

2장 주제별 도서 목록

주제	제목 및 서지 정보
장벽	**한 아이의 정원**, 마이클 포맨 지음, 웅진주니어, 2009 **섬**, 아민 그레더 지음, 보림, 2009 **장벽**, 피터 시스 지음, 아이세움, 2010 **장벽**, 톰 클로호지 콜 지음, 국민서관, 2015 **아무도 지나가지 마!**, 이자벨 미뇨스 마르틴스 글, 베르나르두 카르발류 그림, 그림책공작소, 2016 **점(DOTS)**, 잔카를로 마크리·카롤리나 차노티 지음, 내인생의책, 2018 **빼앗긴 사람들**, 아민 그레더 지음, 지양어린이, 2018 **벽을 넘어서**, 조나단 스탠딩 지음, 내인생의책, 2019
독재 — 정치권력	**하얀 늑대처럼**, 에릭 바튀 지음, 교학사, 2003 **글짓기 시간**, 안토니오 스카르메다 글, 알폰소 루아노 그림, 아이세움, 2003 **갈색 아침**, 프랑크 파블로프 글, 레오니트 시멜코프 그림, 휴먼어린이, 2013 **콧수염 형제**, 알렉스 쿠소 글, 샤를 튀테르트르 그림, 내인생의책, 2014 **어쩌다 여왕님**, 다비드 칼리 글, 마르코 소마 그림, 책읽는곰, 2014 **노인과 소년**, 박완서 글, 김명석 그림, 어린이작가정신, 2017 **독재자 프랑코**, 치모 아바디아 지음, 지양어린이, 2018
독재 — 선거	**왕 한번 잘못 뽑았다가 큰일 날 뻔했네**, 상드린 뒤마 로이 글, 브뤼노 로베르 그림, 책과콩나무, 2012 **그 소문 들었어?**, 하야시 기린 글, 쇼노 나오코 그림, 천개의바람, 2017 **아빠, 왜 히틀러한테 투표했어요?**, 디디에 데냉크스 글, 페프 그림, 봄나무, 2017

독재	국제엠네스티	**우리가 꿈꾸는 자유**, 국제엠네스티 공동작업, 사파리, 2015 **우산을 쓰지 않는 시란 씨**, 다니카와 타로·국제엠네스티 글, 이세 히데코 그림, 천개의바람, 2017
흑인 차별		**내 친구 루이**, 에즈라 잭 키츠 지음, 비룡소, 2001 **사라, 버스를 타다**, 윌리엄 밀러 글, 존 워드 그림, 사계절, 2004 **자유의 길**, 줄리어스 레스터 글, 로드 브라운 그림, 낮은산, 2005 **친구는 좋아!**, 크리스 라쉬카 지음, 다산기획, 2007 **엄마가 수놓은 길**, 재클린 우드슨 글, 허드슨 탤봇 그림, 웅진주니어, 2007 **헨리의 자유 상자**, 엘린 레빈 글, 카디르 넬슨 그림, 뜨인돌어린이, 2008 **초코곰과 젤리곰**, 얀 케비 지음, 한솔수북, 2015 **달려!**, 다비드 칼리 글, 마우리치오 A.C. 콰렐로 그림, 책빛, 2017
전쟁		**여섯 사람**, 데이비드 맥키 지음, 비룡소, 1997 **왜?**, 니콜라이 포포프 지음, 현암사, 1997 **전쟁**, 아나이스 보즐라드 지음, 비룡소, 2001 **새똥과 전쟁**, 에릭 바튀 지음, 교학사, 2001 **어머니의 감자밭**, 아니타 로벨 지음, 비룡소, 2003 **세상에서 가장 행복한 전쟁**, 데이비드 맥키 지음, 베틀북, 2005 **적**, 다비드 칼리 글, 세르주 블로크 그림, 문학동네, 2008 **군화가 간다**, 와카야마 시즈코 지음, 사계절, 2014 **소년병 이야기**(만화), 샤론 E. 맥케이 글, 대니얼 라프랑스 그림, 다른, 2014
평화		**나는 평화를 꿈꿔요**, 유니세프 엮음, 비룡소, 1994 **세상을 바꾼 두더지**, 데이비드 맥페일 지음, 문학동네어린이, 2002 **평화란 어떤 걸까?**, 하마다 게이코 지음, 사계절, 2011 **꽃밭의 장군**, 재닛 차터스 글, 마이클 포먼 그림, 뜨인돌어린이, 2011 **안 돼!**, 데이비드 맥페일 지음, 시공주니어, 2012

평화	**새로운 시작**, 파울라 카르바예이라 글, 존야 다노프스키 그림, 노란상상, 2013
	싸움에 관한 위대한 책, 다비드 칼리 글, 세르주 블로크 그림, 문학동네, 2014
	전쟁을 평화로 바꾸는 방법, 루이즈 암스트롱 글, 서현 그림, 평화를품은책, 2015
	코끼리의 기억, 포그 글, 그웬달 블롱델 그림, 스푼북, 2017
	책으로 전쟁을 멈춘 남작, 질 바움 글, 티에리 드되 그림, 북뱅크, 2017
유대인 학살	**곰 인형 오토**, 토미 웅게러 지음, 비룡소, 2001
	엘리자베스, 클레어 A. 니볼라 지음, 느림보, 2003
	아침 별 저녁 별, 죠 외슬랑 글, 요한나 강 그림, 미래M&B, 2004
	에리카 이야기, 루스 반더 글, 로베르토 이노센티 그림, 마루벌, 2005
	노란 별, 카르멘 애그라 디디 글, 헨리 쇠렌센 그림, 해와나무, 2007
	천사들의 행진, 강무홍 글, 최혜영 그림, 양철북, 2008
	블룸카의 일기, 이보나 흐미엘레프스카 지음, 사계절, 2012
	안네 프랑크와 마로니에 나무, 제프 고츠펠드 글, 피터 매카티 그림, 두레아이들, 2017
일제 강점기	**꽃 할머니**, 권윤덕 지음, 사계절, 2010
	모래시계가 된 위안부 할머니(동화), 이규희 지음, 네버엔딩스토리, 2010
	평화의 소녀상, 윤문영 지음, 내인생의책, 2015
	소녀의 눈물, 박정연 지음, 버튼북스, 2015
	춘희는 아기란다, 변기자 글, 정승각 그림, 사계절, 2016
	박꽃이 피었습니다, 문영숙 글, 이영경 그림, 위즈덤하우스, 2019
제주 4·3사건	**지슬**(만화), 오멸 원작, 김금숙 그림, 서해문집, 2014
	무명천 할머니, 정란희 글, 양상용 그림, 위즈덤하우스, 2018

6·25 전쟁	**곰이와 오푼돌이 아저씨**, 권정생 글, 이담 그림, 보리, 2007 **비무장지대에 봄이 오면**, 이억배 지음, 사계절, 2010 **온양이**, 선안나 글, 김영만 그림, 샘터, 2010 **엄마에게**, 서진선 지음, 보림, 2014 **제무시**, 임경섭 지음, 평화를품은책, 2017 **사과나무밭 달님**, 권정생 글, 윤미숙 그림, 창비, 2017 **강냉이**, 권정생 글, 김환영 그림, 사계절 2018 **할아버지의 감나무**, 서진선 지음, 평화를품은책, 2019 **달항아리**, 조영지 지음, 다림, 2020
5·18 민주화운동	**나는 조용히 미치고 있다**(만화), 이정익 지음, 길찾기, 2006 **오월에도 눈이 올까요?**(동화), 김현태 글, 김정운 그림, 맹&앵, 2010 **아빠의 봄날**, 박상률 글, 이담 그림, 휴먼어린이, 2011 **나는 아직도 아픕니다**, 최유정 글, 이홍원 그림, 평화를품은책, 2015 **운동화 비행기**, 홍성담 지음, 평화를품은책, 2017 **씩스틴**, 권윤덕 지음, 평화를품은책, 2019
재난	**천 개의 바람 천 개의 첼로**, 이세 히데코 지음, 천개의바람, 2012 **코스모스 공원의 아이들**, 사시다 가즈 글, 아베 교코 그림, 천개의바람, 2016

3장
내어 주는
삶을 실천하다

인권을 위해 노력한 사람들

인권 그림책에서 이야기 나누기 좋은 분야는 실제 인물의 이야기다. 생애를 돌아보면 어떤 어려움 속에서도 끝까지 노력하는 실제 이야기를 들려주기 때문이다. 교과서에서는 지면의 한계로 에피소드 하나 정도로 대신할 수밖에 없다. 이때 그림책이 있다면 한 권의 책으로 깊은 감동을 자아낼 수 있다.

봉사와 희생으로 다른 사람을 위해 헌신한 사람들을 찾아보니 아주 많았다. 하지만 내용의 분량이 알맞으면서 수준 높은 그림책을 찾기는 어려웠다. 위인전도 주로 시리즈로 출간되어, 낱권의 문학성 높은 작품을 만나기 어려웠다. 끝까지 구하지 못한 인물은 결국, 그림이 많고 잘 편집된 위인전으로 고를 수밖에 없었다.

그런데 참고하기 위해 읽은 책들로 삶을 배우며 행복했다. 그림책을 소개하는 게 목적이지만 위인의 삶을 이야기하다 보니 그림책만 한 권 달랑 읽고 할 수는 없었다. 그림책은 물론 위인전, 소설, 평전, 그래픽 노블 등 다양하게 삶을 조명한 책을 읽었다. 그 과정에서 삶의 가치를 어디에 두고 살아야 하는지, 목표를 정하면 어떻게 자기를 절제하며 달려가는지, 다른 사람에게 나를 내어 주는 삶이 얼마나 숭고한지 깨닫고 감동했다. 한 권 한 권 다 읽을 때마다 표지를 쓰다듬으며 '감사의 의식'을 했다. 또 한 가지, 역사적 인물을 주인공으로 하는 그림책은 주관적 해석을 허용하지 않았다. 행간의 의미는 실제 사건과 연결해 읽어야 했다. 그러다 보니 배경이나 사건의 이야기가 많아졌다.

 한 분 한 분 공부하면서 가슴 짜릿한 경험을 했는데 이분들은 하나같이 '소명의식'이 강했다. '이 일이 내 일'이라는 것을 마음 깊이 받아들이고 일이 성사되도록 온 생애를 바쳤다. 평범한 나는 순간적으로 든 생각이 시간이 지나면 유야무야 흔적도 없이 사라지는 일의 반복인데, 이분들은 뜻을 세우면 마음의 불씨를 피우고 점점 크게 불꽃을 키웠다. 또 하나의 특징은 어려서 한 경험이 뜻을 세우는 데 중요한 씨앗이 되었다. 어려서 별 의미 없는 일이라 여겼던 경험이 정말 중요한 씨앗이 되고 소명으로 발전한 것이다. 아이들도 다양한 경험을 하도록 열어 놓는 것이 중요함을 깨달았다.

 '나를 내어 주는 삶'은 참으로 어려운 일이었고, 참으로 숭고한 일이었다. 각박한 현대사회에 이런 분들이 자취를 남김으로 지구의 역사는 빛나고, 그 행적은 숭고한 아름다움으로 남았다. 나는 감히 그분들의 행적을 손톱의 때만큼도 따라 하지 못하지만 내가 이기적이고 욕심으로 타오를 때면 분명 이분들의 삶이 나를 비추는 거울로 작용할 거라 확신한다.

 이 장의 흐름은 어린이 인권, 장애인 인권, 가난하고 힘없는 사람들의 인권, 흑인 인권 등으로 잡았다. 비슷한 비중으로 하고 싶었으나 균형을 맞추기는 어려웠다.

유대인 어린이 2,500명을 살리다

『희망이 담긴 작은 병』

도서관에 새로 들어온 책을 훑어보다『희망이 담긴 작은 병』을 만났다. 제2차 세계대전 홀로코스트로 '야누슈 코르착'에 대한 이야기는 많은 작가가 쓰고 있어서 다양한 관점의 책을 만날 수 있었는데, 이레나 센들러는 생소한 인물이다.

이레나 센들러(1910~2008)라는 이름을 보고 영화 '쉰들러 리스트'를 생각했다. 이 영화는 실존 인물 오스카 쉰들러를 모델로 한 영화였는데, 쉰들러는 처음부터 유대인에게 우호적인 사람이 아니었다. 회계 업무를 보던 유대인 회계사 이츠하크 스턴과 친밀하게 지내면서 유대인을 바라보는 관점이 바뀐다. 그러면서 차츰 유대인에게 인간적 애정을 느끼고 그들을 구하기 위해 노력하는 영화다. 쉰들러가 구한 1,200여 명의 사람들은 자신의 공장에서 일하는 유대인 노동자다. 수용소로 갈 사람들을 계속 돈을 주고 데려와 공장에서 물건 만드는 역할을 주어 살렸다. 반면 이레나는 사회복지사로 게토(유대인 거주 지역)에 드나들며 아기나 어린이를 데리고 나와 살리는 방법으로 어린이를 구했다. 이레나를 모델로 한 영화는 '더 코레이저스 하트 오브 이레나 센들러(2009)'가 있다. 그림책과 영화를 함께 본다면 뜻깊은 시간이 될 것이다.

마음이 하라는 대로 한 일

이레나 센들러는 폴란드 사람이다. 독일은 1939년 폴란드를 침공하며 제2차 세계대전을 일으켰다. 폴란드는 가장 치열한 전쟁터가 되었다. 1942년 나치는 하루에 6,000명이 넘는 유대인을 기차 화물칸에 태워 트레블링카 강제 수용소로 보내 학살했다. 이를 지켜보던 이레나는 자기가 할 수 있는 일을 찾았다. 아이들만이라도 게토에서 빼내 일반 가정이나 고아원, 수녀원으로 보내 살 수 있도록 도왔다. 이레나는 2,500명의 유대인 아이를 살렸다고 한다.

    책을 읽는 중에 자꾸 가슴이 쿵쾅거리고 눈물이 어렸다. 이 일은 조금만 부주의하면 이레나는 물론 유대인 아이, 도와준 사람 모두 목숨을 잃을 수 있다. 이레나는 모진 고문을 받으면서도 입도 뻥긋하지 않고 모든 고통을 다 참아내어 게토에서 빼낸 아이 모두를 살렸다.

『희망이 담긴 작은 병』
제니퍼 로이 글, 맥 오웬슨 그림, 도토리숲, 2018

전체적으로 어두운 분위기의 그림이다. 주인공만 그나마 환한 빛으로 그렸으며 나머지 사람들은 어둡다. 배경은 어른, 아이 할 것 없이 팔에 다윗의 별 완장을 차고 있다. 게토 안의 모습이다.

이레나의 가슴에는 일곱 살 때 돌아가신 아버지의 말씀이 언제나 살아 있었다.

"이 세상에는 두 종류의 사람이 있단다. 좋은 사람과 나쁜 사람……. 부자든 가난하든, 무슨 종교를 믿고 부모님이 누구든, 그건 아무 상관이 없단다. 중요한 건 좋은 사람이냐, 나쁜 사람이냐 하는 것이란다."

1940년 서른 살이 된 이레나는 사회복지사로 게토에 비교적 자유롭게 드나들었다. 처음에는 뜻을 같이하는 사람들과 함께 약품과 먹을 것을 날랐는데, 1942년 죽음의 수용소로 이동하는 사람들이 많아지자, 아이들이라도 게토에서 빼내 자유롭게 자라도록 돕는다. 이레나와 자가는 전쟁이 끝난 후에 가족을 찾을 수 있도록 유대인 이름과 바뀐 이름, 어디에 있는지 자세하게 기록해 놓아야 했다. 게슈타포가 들이닥친 날, 이레나는 아이들 이름이 적힌 종이를 친구에게 주고, 끌려가 모진 고문을 당하며 감옥살이를 한다. 어렵게 풀려난 이레나는 1944년 늦여름, 바르샤바 봉기로 전투가 벌어지자 자가와 함께 아이들 이름을 적은 종이를 작은 병에 넣어 땅에 묻었다.

제2차 세계대전 후 폴란드에 공산정권이 들어서면서 이레나의 행적은 인정받지 못하다 1996년 공산정권이 무너진 뒤 공로를 인정받았다. 이레나는 노벨평화상 후보에 올랐으나 수상하지는 못하고

2008년 세상을 떠났다.

이레나는 자신을 영웅이라고 생각한 적이 한 번도 없었으며 오히려 이렇게 말했다고 한다.

"우선 나를 도와준 사람들이 많았다는 것을 말하고 싶어요. 세상은 결코 그들을 잊지 않을 거예요. 영웅 같은 행동이었다는 건 옳은 표현이 아니에요. 그저 단순하고 자연스럽게 마음이 하라는 대로 했을 뿐이에요."

좋은 사람이 되는 길

『희망이 담긴 작은 병』을 읽은 다음 아이들과 600만 명의 유대인 학살이 진행된 제2차 세계대전 이야기를 나누고, '폴란드의 쉰들러'라 불리는 이레나 센들러에 대해 설명했다. 영상을 보여 주기도 하고 전체적인 인생 이야기를 들려준 뒤에 그림책 내용으로 들어갔다. 사실을 바탕으로 한 이야기는 인터넷을 검색하면 다양한 정보를 얻을 수 있는데, 그림과는 다른 생생한 실제 사진들을 볼 수 있다.

천천히 내용을 읽어 주자 아이들은 집중했다. 어린아이를 게토에서 데리고 나오는 다양한 방법들은 보기 불편한 끔찍한 장면이었으나 목숨을 살리기 위한 그들의 노력, 생명을 소중하게 여기는, 하는 일이 들키지 않기를 간절히 바라는 조심스러움 등이 그대로 전해

오는 듯했다. 자신이 몰래 빠져나오는 아이라는 생각이 들었는지 시체 사이에, 관속에, 연장함에, 쓰레기 자루에 담겨 게토를 빠져나오는 유대인 아이들의 이야기를 읽으면서 아이들 표정이 어두워졌다. 자신이 부모와 헤어져 저렇게 이동한다면? 가슴이 방망이질한다. 이 일을 매번 하는 이레나의 마음은 어떠했을까? 태연한 척 연기하면서도 쉽지 않은 일이었다는 것은 불을 보듯 뻔하다.

마지막으로 후기를 읽었다. 전쟁이 끝나고 희망이 담긴 작은 병의 서류는 유대인 단체로 전해져 부모를 찾은 아이도 있다는 이야기, 많은 아이가 부모를 잃어 고아로 자란 이야기들이 나왔다. 그리고 이레나의 공적이 이스라엘과 폴란드에서 인정받은 내력과 인터뷰 내용이 있었다. 글 작가가 이레나에 대해 알게 되고 작품을 쓰기까지의 과정도 의미 있었다.

한 사람의 뜻깊은 행적을 공부해 나가는 과정은 감동적이다. 그림책으로 만나 그것을 읽는 것으로만 끝났다면 이레나 센들러는 그리 오랫동안 기억되는 인물이 되지 못했을 거다. 행적을 찾아보고 연구하다 이를 알리기 위해 연극 대본을 쓰고 직접 연극으로 알렸던 미국 학생 엘리자베스와 같은 열정이 있어야 한다. 이것이 바로 세상을 밝게 만들어 나가는 힘이다.

마음 나누기로 '나는 어떤 사람인가?'를 이야기했다. 이레나 아버지의 '세상에는 두 부류의 사람이 있다'는 이야기에서 착안한 질문이다. 좋은 사람인 이유 다섯 가지, 나쁜 사람인 이유도 다섯 가지 정도 적고 발표하게 했다. 아이들은 자기 자신만을 위해서 하는 활동, 예를 들면 공부라든가, 운동실력이 우수한 것을 좋은 사람의 조건에 넣는 경우가 있으나 그것은 아니라고 설명했다. 여기서의 좋은 사람은 이타적 행동으로 다른 사람을 위해 무엇인가 선한 영향력을 발휘하는 행동으로 나열할 수 있도록 사전에 지도하는 것이 중요하다. 좋은 사람인지 나쁜 사람인지 나누는 것이 목표가 아니라 이기적인 행동을 이타적인 행동으로 수정하여 목표를 갖는 것이 중요하다. 나쁜 행동 다섯 가지를 얘기하고 어떤 점을 고치면 좋은 사람으로 향하게 될지를 고민하여 행동을 수정하는 시간을 가졌다.

"나의 발전을 위한 행동을 '좋은 사람'에서 빼내니 별로 쓸 내용이 없어요."

"난 쓰기 전에 좋은 사람이라고 생각했는데 쓸 게 별로 없는 거 보니 좋은 사람이 아닌데요."

"사소한 일이라도 다른 사람을 위하는 일을 좀 더 열심히 해야겠어요."

아이들의 말을 들으며 '그런 생각을 해 보는 것만으로도 훌륭하단다.'라고 마음속으로 읊조렸다.

활동은 한 명씩 유대인이 되는 걸 체험하는 '너는 유대인이야!'를 진행했다. 유대인 역할의 아이(한 번에 3명 정도)는 말없이 다른 아이들의 놀이를 지켜보는 역할을 했다. 팔에 별 완장을 붙이고 투명인간처럼 지내 보는 체험이다. 이 체험은 유대인이 되어 보는 체험이라서 유대인 역할을 바꿔 가며 한다. 한 시간으로 끝내지 말고 '유대인 체험의 날'을 정해 30분씩 체험해 보고 마지막 시간에 소외되었던 경험을 서로 나누면 좋다. 소외되니 어떤 기분이 들었는지, 어떤 점이 불편했는지 등 이야기 나누며 이 소외 기간이 몇 년, 몇십 년, 몇백 년으로 이어진다면 어떤 마음이 들지 생각해 보며 마무리했다.

굶주리는 아이들이 없는 세상

『야누슈 코르착』

야누슈 코르착(1878~1942)은 온 삶을 바쳐 아이를 사랑했다. 그는 마지막 순간 살아남을 기회가 있었지만 불안에 떠는 아이들과 함께 죽음의 수용소인 트레블링카로 떠나는 기차에 올랐다. 그리고 돌아오지 못했다. 아이를 살리고자 평생 노력한 분으로 아이들이 죽음의 길로 들어설 때 그들과 함께 마지막 길을 떠났다. 아이들을 구한 것이 아니라 그들과 함께 죽음을 선택한 사람이다.

이미 『하루 한 권, 그림책 공감 수업』에서 『블룸카의 일기』와 『천사들의 행진』으로 코르착의 이야기를 담았다. 그런데도 난 왜 그를 놓지 못할까? 아이들을 사랑하고 그들을 바로 세우는 가르침, 그 가르침을 이야기하고 싶었다. 어린이공화국을 세우고, 어린이 스스로 자치회를 운영하는 힘을 기르며, 바른 가치를 갖도록 믿음과 신뢰를 주었던 코르착의 이야기를 하고 싶다. UN이 정한 '어린이권리협약'의 기초가 되었던 그의 철학을 살펴보고 싶다.

책을 모아 놓고 보니 작가들이 말하는 '야누슈 코르착'은 관점에 따라 달랐다. 대부분 게토에서의 마지막 2년 생활이 중심이 되었다. 코르착이 어떤 사람인지 단번에 알 수 있는 이야기니 뺄 수 없는 부분이리라. 하지만 난 다른 이야기를 찾고 있었다. '고아들의 집' 내용이 좀 많은 책을 찾았다. 하지만 어느 것은 그림이 마음에 들지 않고, 어떤 책은 서사가 감동적이지 않았다. 인터넷서점에서 '야누슈 코르착'을 검색어로 넣고 한 권 한 권 절판된 책까지, 먼 곳에서 도착하기를 기다리며 시간을 보냈다.

제일 마지막에 내 손에 들어온 책이 토멕 보가츠키가 쓴 『야누슈 코르착』이다. 많은 자료를 바탕으로 글을 썼으며 그림은 사진과 영화를 참고로 하고 현지를 답사하면서 현지에서 받은 느낌을 넣고자 노력했다. 서사는 코르착의 일대기다. 하지만 어투는 객관적으로 사실을 전달하려는 노력이 엿보인다. 천천히 소리 내어, 바르샤바 골목길을 누비며 고아들을 찾아 헤매는 코르착의 눈길을 상상하며 읽어 보길 바란다. 그림은 자극적이지 않고 어둡지도 않다. 그것이 아마도 최종적으로 이 책을 고른 이유일 것이다.

『야누슈 코르착』
토멕 보가츠키 지음, 북뱅크, 2012

표지에는 아이들과 함께 이동하는 코르착의 모습이 나온다. 아이를 안고 있는 우울한 코르착의 얼굴이 확대되어 있으며 머리 위로 다윗의 별이 그려진 깃발이 있다. 깃발 뒤로 아이들이 코르착을 따라간다. 면지는 바르샤바의 모습인데 앞은 평화로운 시기의 아름다운 바르샤바고, 뒤는 전쟁으로 파괴된 바르샤바의 모습이다.

어린이 사랑, 어린이공화국의 꿈

'이 책은 가난하고 버려진 아이들을 돌보는 데 평생 몸과 마음을 쏟은, 야누슈 코르착이라는 한 위대한 영혼에 대한 이야기입니다'라며 이야기가 시작된다.

바르샤바에서 태어난 코르착의 원래 이름은 '헨릭 골드슈미트'였다. 유대인이 표시 나지 않도록 필명으로 사용한 이름이 '야누슈 코르착'이다. 부유한 가정에 태어났으나 아버지의 사망으로 빈민가로 이사해 학교 다니며 가정교사의 일을 병행해야 했고, 밤에는 신문에 글을 쓰는 일을 해 돈을 벌었다. 코르착은 어려서 본 빈민가의 아이들을 보고 '먹을 게 없어 굶주리는 아이들이 없는 세상을 만들겠다'는 꿈을 키웠다. 또 먹고살기 위해서는 노동을 해야 한다는 것, 풍족하게 제대로 살아간다는 것이 얼마나 어려운 일인지 어려서 깨달았지만 어린이의 삶을 향상시키겠다는 꿈은 변함이 없었다.

30대 초반 코르착은 소아과 의사이면서, 작가로, 아동권익옹호자로 널리 알려졌다. 그 무렵 유대인 고아원 원장을 제안받자 코르착은 의사의 길을 버리고 고아원으로 간다. 크로흐말나가 92번지는 바로 '고아들의 집', 이곳에서 코르착과 스테파니아는 '어린이공화국'을 세운다. 스스로 대표를 뽑고 모든 사람이 따를 수 있는 규칙을 만들었으며, 규칙을 어기면 어린이 법정에 서야 한다. 법정에서 어떤 벌을 내릴지 결정하는데, 가장 중요한 규칙은 '용서'다. 코르착은 한 번의 실수는 또 다른 실수를 반복하지 않는 법을 배우는 최선의 길이라고 가르친다. 매주 한 번씩 누구나 글을 실을 수 있는 신문을 발행했으며, 토요일 아침이면 모두 모여 다음 주의 행사와 문제점을 의논한다. 고아원에 새 아이가 들어오면 3달 동안 부모나 보호자처럼 보살펴 주는 형이나 누나를 정한다. 이것이 하나의 커다란 가족으로 이어주고, 상대방에 대한 사랑, 존경, 자립, 보살핌까지 연결되었다. 일주일에 한 번 목욕하고 키와 몸무게를 재며 건강을 점검하고, 잠자리에 들 때는 언제나 꿈을 갖도록 아름다운 이야기를 들려준다. 어른이 되어서 삶에 도움이 되는 기술을 가르치고, 여름이면 시골로 캠프를 떠나 자연을 느끼게 한다. 코르착은 어린이들이 스스로 운영하는 『작은 목소리』라는 신문을 발행했으며, 아이들의 문제를 상담해 주는 라디오방송을 진행하기도 했고, 또 아이들에게 용기를 주는 동화를 쓰기도 했다. 『마치우시 왕 1세』는 이때의 작품이다.

하지만 제2차 세계대전이 시작되었고 게토에서의 생활은 암울했다. 물자는 늘 턱없이 부족했고, 고아들은 매일 늘어났으며, 죽음의 공포는 점차 조여 왔다.

『마치우시 왕 1세』의 그림은 두 번 나온다. 어린 시절의 코르착이 상상하는 세계로 아이들의 왕국, 곧 어른들이 어린이를 함부로 대하지 않는 세상을 꿈꾸는 장면에서 나온다. 두 번째는 그가 실제로 동화로 쓰는 장면에서 나온다. 이 동화에서 마치우시 왕이 펼치고자 하는 세상이 바로 코르착이 꿈꾸는 세상이다.

　전쟁 이야기고, 600만 유대인 학살 이야기지만, 그림책은 시종일관 침착함을 유지하며 진행된다. 침착함, 이것은 바로 코르착이 보여 준 마지막 모습이다. 작가에게는 아이들과 함께 유유히 역사의 뒤안길을 걸어간 코르착이 위대한 사람으로 각인되었을 것이다. 그래서 글이 많음에도 그 침착함을 처음부터 끝까지 유지했다. 흔들리지 않고 나아가는 사람의 뒷모습을 존경 가득한 시선으로 보고 있었던 거다. 작가뿐만 아니라 이 책을 보는 독자까지도.

　아이들은 계속되는 코르착 이야기에 깊이 감동하고 있었다. 동영상 '어린이를 사랑하는 방법'을 보고, 그림책을 읽으며 나치의 잔혹함과 코르착의 숭고한 사랑을 공부했다. 그런데 작가가 다르고 관점이 다르니 같은 인물에 대한 그림책이지만 작가마다 내세운 비유는 서로 달랐다. 그 비유를 찾아보면서 작가가 강조하고 싶었던 것들을 알아보는 것은 흥미로운 일이다.

　이 책에서는 『마치우시 왕 1세』를 강조했다. 그러니 어찌 이 책을 읽어 보지 않겠는가! 아이들과 함께 읽기에는 내용이 길어서 간략하게 책을 소개하면서 각자 읽어 보길 권했다. 마치우시 왕이 독재자가 아니라 개혁 군주로 변모하는 과정을 살펴보면 그 성장이 아름답고 사려 깊으며 따뜻하다. 어린이 개혁 군주로 성공할 수 있을까? 호기심을 가지고 읽기를 응원했다.

죽음을 향해 함께 걸어가는 용기

마음 나누기는 어렸을 때 마음속에 새긴 생각이 삶의 지향점이 된 점을 이야기하며 현재 어떤 생각이 마음속에 자리 잡고 있는지 이야기를 나누고 싶었다. 그런데 아이들은 코르착처럼 확고하게 자리 잡은 생각이 없다고 했다. 그래서 질문의 단계를 좀 더 낮췄다. '무엇인가 보고, 혹은 경험하고 강한 인상을 남긴 일은 없는지?'로 바꿨다. 그 일이 기쁜 일일 수도 있으며, 마음 아픈 일일 수도 있으며, 끔찍한 기억으로 남았을 수도 있다고 열어 놓고 내 이야기로 말문을 열었다.

"부모님이 싸우는 게 정말 싫었어요. 그래서 난 어른이 되어 결혼하면 싸우지 말아야지 결심했던 것 같아요. 물론 현재까지 큰 싸움 없이 잘 살고 있어요. 또 한 가지는 동네에 친구가 없어서 3살 위의 언니들하고 놀았는데 언니들이 내가 모르는 이야기를 하면 내가 무식하다는 생각이 들었어요. 그래서 책을 많이 읽어야겠다고 생각했던 걸 지금도 실천하고 있지요."

그러자 이것저것 이야기가 많아졌다.

"전 사촌 형이 공부를 잘하는데 그걸 보면서 나도 공부 잘하는 사람이 돼야겠다고 생각한 적이 있어요."

"전 싸워서 혼나는 친구를 보면서 싸우지 말아야겠다고 생각했어요."

"전 친구들이 운동을 잘하는 모습을 보면 부러워요."

"난 게임을 잘하는 친구가 부러운데……."

부러움과 지향점이 있다는 것은 꿈을 꾸고 있다는 증거다. 꿈을 꿀 수 있고, 꿈이 있다는 것은 얼마나 큰 행복이고 축복인가. 다른 책에서 코르착과 아이들이 기차를 타고 가면서 나누는 대화가 꿈 이야기로 끝나는 책도 있었던 것을 생각하니 꿈을 가질 수 있다는 것이 그렇게 소중할 수가 없다.

또 아이들과 함께 죽음의 수용소로 향하는 기차에 오르는 코르착의 마지막 선택을 나라면 할 수 있을지 대화를 나눴다.

"어려울 것 같아요. 제 목숨도 소중하잖아요."

"아이들이 내 자식이라면 전 함께 할 것 같아요. 아이들만 죽게 할 수는 없잖아요."

"코르착은 아이들을 자신의 자식이라 생각했으니 그런 선택을 할 수 있었을 것 같아요."

"고아를 자신의 친자식으로 생각하고 아이들이 바르게 자라도록 애쓴 게 참 훌륭해요."

"죽으러 가는 걸 알면서 갈 때의 심정은 어떨까요?"

"코르착은 이레나처럼 아이들을 살리지는 못했지만, 더 어려운 일을 한 것 같아요."

아이들의 이야기를 들어보니 내가 뭔가를 더 이야기할 필요는 없을 것 같았다.

　활동은 '아이들은 누구나 사랑받을 권리, 교육받을 권리, 생명을 누리고 건강하게 살아갈 권리'가 있다는 말을 상기하면서 이 권리가 진정으로 권리인지 의무인지를 이야기 나누는 시간을 가졌다. 한 예로 '교육받을 권리'가 내가 선택한 권리인지, 내게 부여된 의무인지를 따져 보는 거다. 이 말은 곱씹어 보면 권리인데 그 권리가 박탈당한 경우가 있다. 이런 사례로 무엇이 있는지 이야기를 통하여 정리해 보는 수준 높은 사고 활동도 좋다.

아이들만이 희망이다

『방정환』

"어린이날을 누가 만들었지요? 어린이날 어떤 일이 일어났으면 좋겠어요?"

"방정환 선생님이요. 전 제가 좋아하는 커다란 레고 선물을 받았으면 좋겠어요."

"전 종일 놀기만 했으면 좋겠어요."

"놀이 공원도 좋고, 가족과 놀러 갔으면 좋겠어요."

시끌벅적 이야기가 쏟아지더니 얼굴이 모두 환해진다. 신나는 어린이날의 기억이 떠오르나 보다.

"방정환 선생님께서 어떤 삶을 사셨는지는 알고 있나요?"

"작가예요. 어떤 책을 쓰셨는지는 잘 모르겠지만……."

『방정환』
박소영 글, 심성엽 그림, 한국슈바이처, 2016

표지는 사진과 그림을 합성한 이미지다. 앞면지는 어린이대공원의 방정환 동상을 사진으로 실었으며, 뒤면지는 연대표로 방정환의 생애와 우리나라 및 세계 주요 사건을 실었다. 위인전 시리즈물의 특징이다.

"그럼 선생님과 방정환 선생님의 그림책을 먼저 읽고 방정환 선생님의 『만년 샤쓰』를 읽어 보도록 해요."

사회 시간 인권에 대해 수업하는 중에 '방정환'에 관한 아주 짧은 언급이 나왔는데 나는 좀 더 길게 방정환의 이야기를 나누고 싶었다. 아무도 어린이에게 관심을 두지 않던 시절, 어린이를 생각하고 어린이에게 길을 열어 주고자 했던 선생님의 깊은 마음을 아이들과 나누고 싶었기 때문이다.

어린이가 존중받고, 맑고, 밝게 자라기를 꿈꾼 아름다운 사람이 방정환이다. 방정환은 1899년 나라가 위태로운 시기에 태어나 1931년 조국이 암울한 시기, 서른셋의 젊은 나이로 세상을 떠났다. 너무 빨리 세상을 등져 아쉬움이 크지만 '나라의 주인공이자 희망은 어린이'라는 믿음을 많은 사람의 마음에 심은 분이다. 건강을 돌볼 새도 없이 어린이를 위해 일을 하고, 어린이가 부르는 곳이라면 장소를 가리지 않고 찾아다니며 동심의 세계를 퍼 날랐다. 나라의 독립을 위한 독립운동도 중요하지만, 어린이가 바르게 자라야 나라의 미래가 있다는 생각에 '어린이'라는 말을 사용하고 '어린이날'을 제정하여 어린이 사랑을 몸소 실천했다.

위인 그림책을 선별하는 일이 어렵다는 걸 이번에 알게 되었다. 위인전이 대부분 시리즈로 되어 있어서 단행본으로 만나기 어려웠다. 쉽게 구해 볼 수 있는 단행본은 이야기책과 다르게 많지 않았다.

몇 년 전부터 'WHO?' 만화 시리즈가 붐을 일으켜 아이들은 위인전을 글로 읽기보다는 만화로 쉽게 접근했다. 교과서에 언급되고, 타자에게 관용을 베푼 위인들의 명단을 미리 작성하고 실화를 바탕으로 만들어진 그림책을 찾아가는 일은 그래서 어려웠다. 방정환도 위인전 중심으로 되어 있는 게 많아 선택의 여지가 없었으나, 시리즈 책이면서도 낱권 구매가 가능하고 부록에서 많은 사료가 제시되어 읽고 난 뒤에 살펴보기 좋은 책이었다.

작은 물결이 큰 물결이 되도록

방정환은 일곱 살 때 삼촌이 다니던 학교에 따라갔다가 머리를 잘라야 학교에 다닐 수 있다는 말을 듣고 머리를 자르고 집으로 돌아온다. 할아버지는 노발대발 혼냈지만, 그 뒤로도 어른들 몰래 학교에 가 결국 학교에 다니는 걸 허락받는다. 나라가 일본의 손아귀에 들어가자 천도교 회관에서 권병덕, 손병희를 만난다. 방정환의 바른 사람됨을 보고 손병희는 자신의 딸과 연을 맺게 한다. 방정환은 천도교 회관에서 많은 종류의 잡지를 발행했는데, '색동회' 회원들과 어린이 잡지인 『어린이』를 발행한다. 18부 무료 발송으로 시작한 『어린이』는 점차 찾는 사람이 많아졌다. 또 이야기를 재미있게 들려주는 사람으로 전국 각지를 찾아다니며 어린이들을 만났다.

좀 더 자세하게 살펴보면, 방정환은 서울 야주개(현재 서울시 종로

구 당주동)의 상인으로 부를 축적한 중인 가정에서 태어났다. 할아버지의 사랑을 듬뿍 받으며 자란 방정환은 거칠 것이 없었으나 학교 들어가고 얼마 지나지 않아 집안 어른의 사업 실패로 형편이 어려워진다. 다니던 학교를 그만두고 토지조사국에 다니다 일본이 하는 일을 돕는다는 생각에 그만두고 천도교 교당에서 아이들 가르치는 일을 하게 된다. 열아홉 살에 손병희 선생의 사위가 되어 보성전문학교(현 고려대학교)에서 다시 공부를 이어간다. 3·1만세운동으로 감시가 심해지고 경찰은 방정환을 『조선독립신문』 제작을 이유로 체포한다. 모진 고문을 받으면서도 입을 열지 않아 일주일 만에 풀려나는데 조국의 암울한 현실에서 '일본을 이기려면 아이들을 잘 길러야 하고, 아이들만이 희망이다.'라는 사실을 깨닫고 뜻을 같이하는 사람들을 모아 어린이를 위한 운동을 시작한다. 1920년 방정환은 잡지 『개벽』의 특파원으로 일본에 건너가 도요대학 문학과 학생으로 공부한다. 서점에서 어린이를 대상으로 하는 책이 많음을 보고 고국의 현실을 생각했다. 그래서 조선 아이들에게 읽을거리, 놀 거리, 즐길 거리를 만들어 줄 것을 다짐하고, 틈만 나면 어린이 책을 읽고 우리말로 옮기는 작업을 해 『사랑의 선물』을 발간한다. 어린이 잡지 『어린이』는 방정환의 원고로 채워졌다. 그의 필명은 '목성, 북극성, 몽견초, 잔물, 허삼봉, 노덧물, 길동무, 깔깔박사, 잠주부, 은파리, 금파리 등 39개나 된다고 한다. 방정환은 1923년 색동회를 만들고 그해 5월 1일을 어린이날로 선포한다.

방정환의 호 '소파'는 '작은 물결'이란 뜻이다. 그 의미를 방정환은 다음과 같이 말했다.

"나는 지금껏 어린이들 가슴에 작은 물결을 일으키는 일을 했소. 하지만 이 물결은 날이 갈수록 커질 것이오. 언젠가는 큰 물결이 되어 우리 겨레의 앞날을 이끌 것이오."

어린아이는 미성숙하여 함부로 대하며 '저 조그만 애가 뭘 알겠느냐?'고 무시해도 된다는 생각이 많았던 시절, 어린이를 '딸년', '아들놈', '애새끼'라는 말로 하대하던 시절, 어린이를 존중하고 어린이가 잘 자라기를 바라는 마음에서 어린이 운동을 펼친 방정환은 선각자다. 나라를 구하기 위해 독립운동으로 힘을 모으고 있을 때 국가의 미래를 생각하여 어린이의 정신을 깨우고, 동심을 기르며 마음과 몸이 건강하게 자라기를 바랐다.

방정환 관련 동영상은 아주 많은데 그중에서 EBS의 지식채널e의 '소파 방정환'을 아이들에게 보여 주었다. 이 영상은 독립운동가로서의 방정환을 이야기한다. 나라를 살리는 일이 아이들이 바르게 자라는 일이라는 그의 생각을 반영한 것이다. 또 책으로는 얼마나 아이들이 모여 방정환의 이야기를 들었는지, 그 당시의 상황이 어땠는지 살피기 어려운데 동영상은 당시 사진으로 화면구성을 하여 당시의 상황을 알 수 있다.

아이들과 『방정환』을 읽고 그의 대표작이며 그림책으로 출판된 『만년 샤스』를 읽었다. 이야기는 유머를 담고 있으나 마음이 짠해진다. '만년 샤스'가 오래 입어도 변하지 않는 '천연 피부'라는 걸 알게 되고, 그 추운 날 속옷을 입지 못하게 된 사연을 알면 마음이 아파진다. 그러면서도 해맑기만 한 '창남'이가 대견하다. 아마도 방정환은 창남이같이 아이들이 씩씩하게 자라길 꿈꾸며 『만년 샤스』를 들려줬을 것이다. 연극하듯 읽어 내려가던 방정의 구수한 이야기가 듣고 싶다.

나를 자랑하는 시간

아이들과 마음 나누기는 방정환처럼 '어린이 운동'을 한다면 어떤 활동을 중심으로 전개하겠느냐는 다소 엉뚱한 질문으로 시작했다. 방정환은 이야기, 구연동화, 잡지 발행, 동요 부르기 등으로 전개했는데 아이들은 살아온 세대가 다르고 접하는 매체가 달라서인지 자신들이 즐거워하는 활동으로 이야기했다. 운동회나 체육대회, 컴퓨터 게임대회, 특별한 솜씨 자랑, 어린이 요리 대결, 노래와 춤 발표, 악기 연주, 동영상 제작 발표, 연극 발표 등 자신이 주인공이 되는 활동이 많았다. 나는 아이들에게 몸과 마음이 튼튼한 어린이로, 나라의 기둥이 될 어린이로 성장하고 있는지 물었다.

"저는 국가를 위하며, 역사에 남을 훌륭한 사람이 될 수는 없겠지만 튼튼한 어린이로는 자라고 있습니다."

"전 큰 그릇은 아니라고 봐요. 그냥 평범한 사람으로 자라고 있어요."

"전 행복한 사람으로 살려 해요. 나에게 만족하면서 밝게 살고 싶어요."

"내가 잘하는 일은 정말 잘하고 싶어요. 장점을 찾아 노력하는 사람이 될 것입니다."

활동은 '나 마인드맵' 만들기를 했다. 나의 장점을 중심으로, 내가 잘하는 일을 중심으로 나를 자랑하는 시간이다. 특히 밝고, 긍정적이며, 어떤 상황에도 굴하지 않는 창남이처럼 자신의 성격에서 드러내는 부분을 많이 찾아보라고 당부했다. 그림도 그리고 색칠도 하면서 시각화하여 아름답게 완성하고 그중에서 어떤 일을 노력하여 더 잘하는 장점으로 만들 것인지 발표했다. 아이들은 친구의 발표에도 자신의 발표에도 웃음이 만발했다. 앞 세대가 만들어 준 자랑스럽고 아름다운 전통이다. 이번 5월에는 다시금 이 책을 읽으며 감사하는 시간을 갖도록 해야겠다.

평화와 인권 보호에 앞장선 영부인
『엘리너 루스벨트』

'미국인이 가장 사랑한 영부인'

엘리너 루스벨트(1884~1962)를 칭하는 말이다. 처음 엘리너를 만난 건 프랑수아 드스메 글, 티메리 부에르가 그림을 그린 만화『세계 인권선언의 탄생』에서다. '인권'을 내가 먼저 공부해야겠다는 생각으로 여러 책을 만나는 중에 세계인권선언문의 기초 작업을 한 인물로 엘리너 루스벨트를 만났다. 대통령 서거 후인데도 이런 국제적인 일에 미국의 대표로 참석한 엘리너 루스벨트는 어떤 인물인지 너무나 궁금했다. 이것저것 찾아 읽으면서 나는 또 위대한 인물과 만나고 있었다.

대통령에게 바른말을 할 수 있는 사람, 대통령이 제일 신뢰했던 사람, 그래서 대통령이 은밀하게 지시할 수 있는 사람이 바로 부인이자 조력자인 엘리너 루스벨트였다. 엘리너는 남편의 편에서 일을 한다기보다는 국민의 편에서, 힘없고 그늘진 사람들의 편에서 말했다. 엘리너가 "대통령께서는 이렇게 하셔야 합니다."라는 말을 대통령 프랭클린 루스벨트는 덮어 버릴 수 없었다. 루스벨트(미국 최초 4선 대통령)가 대통령으로 활동을 시작한 시기는 1933년 대공황의 시기였고 1945년 4월 대통령이 서거할 때는 제2차 세계대전이 한창이었다. 1921년 프랭클린 루스벨트가 소아마비에 걸리자 엘리너는 더욱 열성적으로 남편을 내조하였으며, 제2차 세계대전 중에는 남편을 대신하여 미군이 주둔해 있는 전쟁터를 순회하며 장병들을 위로했다.

루스벨트 대통령이 세상을 떠난 후, 트루먼 대통령은 엘리너 루스벨트를 UN 총회 사절단으로 임명하여 UN 인권이사회 이사장으로 세계인권선언문의 철학적 기반을 다지도록 했다. 존 F. 케네디 대통령도 엘리너를 UN 미국 사절단에 임명하여 그녀는 미국평화봉사단으로 활동했다. 엘리너는 어떤 영부인과도 다른 행보를 보여 준다. 엘리너 루스벨트는 평생 공공정책에 관심을 가지고 노력했으며, 인도주의자로 사회적 변화를 위하여 투쟁하는 데 자신의 일생을 바쳤고, 신문에 26년간 칼럼을 쓰며 대중과 소통하고 중요한 논점들을 공표하는 진실한 삶으로 최선을 다했다.

『엘리너 루스벨트』
바버러 쿠니 지음, 아이세움, 2006

정치가의 가정에서 태어난 엘리너는 저택에서 살았으나 외로운 아이였다. 표지는 여자아이가 눈 내린 겨울날 창문을 열고 밖을 내다보는 모습이다. 뒤표지는 아홉 살 겨울 동생과 함께 찍은 실제 사진이다. 사진 설명에 얼마 뒤 부모님 모두 세상을 떠난다고 나와 있다.

자신을 단단하게 만들어 간 사람

엘리너 루스벨트의 인생을 다룬 그림책이 있을 거라고는 생각하지 못했다. 그러던 어느 날, 중고서적에서 책을 훑어보는 중에 익숙한 그림이 눈에 들어와 보니 바버러 쿠니의 『엘리너 루스벨트』였다. 절판된 책을 운 좋게 만났으니 행운이 나에게 별 하나를 안겨 준 거다.

작가는 엘리너의 인생을 조명하기 위해 3년간 그녀의 발자취를 찾아다녔다고 한다. 특히 일찍 부모를 여의고 할머니 밑에서 살아가던 어린 시절의 발자취를 찾으며 어릴 적 환경과 사회적 약자를 생각하는 사람으로 성장하게 된 것의 연관성을 찾으려 노력했다. 그리고 많은 자료를 찾고 한 장면, 한 장면 현장을 답사하여 그렸다고 했다. 작가로서는 미국인이 사랑하는 영부인을 그림책으로 소개한다는 것이 부담스러운 작업이었으리라. 이미 영부인으로서의 모습을 많은 대중이 기억하고 있어 작가는 초년의 삶을 중심으로 담았다. 내용은 프랭클린 루스벨트가 대통령에 당선되어 백악관에 들어갈 때 아버지의 편지와 인생의 스승인 수베스트르 여사의 초상화도 함께 들어가는 것으로 끝을 맺는다.

이 내용만으로는 인권 보호를 위해 실질적으로 노력하는 모습은 안 보인다. 그런데 이후 '세계인권선언문' 작업을 하며 각각의 조항은 물론 낱말 하나까지 신중하게 검토하면서 세계평화에 이바지했으며, 영부인이 되기 전부터, 백악관을 나와서도 사회의 그늘을 찾아다니며 사람들의 삶을 보살폈다. 프랭클린 루스벨트가 장애인으로 4번이나 대통령에 당선된 이유는 엘리너가 보이는 솔직담백하고 따뜻한 인간애를 신뢰할 수 있었기 때문은 아니었을까 생각된다.

아이들은 엘리너 루스벨트의 행적에 대해 잘 모른다. 동영상을 찾아보니 아주 짧은 영상으로 '불구자를 대통령이 되게 한 사람'이 있었으며, 다른 하나는 지식채널e의 '어디든 가는 부인'이 있었다. 선수 학습으로 두 영상을 보여 주고 시작하는 것도 좋다.

엘리너 루스벨트는 태어날 때부터 예쁘지 않았고 주목받지 못했다. 어린 엘리너를 엄마는 '할머니'라고 부르며 웃음거리로 여길 때, 아버지만은 '하늘이 내린 기적'이라며 예뻐했다. 하지만 아버지는 늘 집을 비워 엘리너를 지극히 보살피지 못했고, 엘리너는 유모의 손에서 낯가림이 심한 아이로 자랐다. 엘리너는 사람들이 모두 호화롭게 사는 건 아니라는 것을 아주 어려서부터 깨달았다. 추수감사절 음식 나눠 주는 일을 도우러 갔다가 비참하게 살아가는 아이들을 보고, 크리스마스트리를 장식하러 간 '헬스 키친'에서 빈민가의 삶을 보았으며, 바우어리 선교회 활동으로 집 없는 사람들에게 노래를 불러 주러 다니기도 했다. 어린 시절의 경험을 결코 잊지 않았다. 엄마는 엘리너가 여덟 살 때 세상을 떠났으며, 홀할머니 댁으로 들어간 그해 겨울에 남동생도 세상을 떠났고, 엘리너가 아홉 살 때 아버지도 세상을 떠난다. 그 뒤 엘리너의 삶은 암울하다. 다른 사람에게 인정받기 위해 노력하는 아이로, 외톨이로 지내다 런던 근처의 앨런스우드 학교로 유학을 하면서 처음으로 따뜻한 시기를 보낸다. 바로 교장인 수베스트르 여사의 보살핌을 받으며 사랑스럽고, 자랑스러우며, 아름다운 숙녀로 자란다. 여사는 엘리너에게 혼자 힘으로 생각하고 의문을 던지게끔, 자기 인생과 다른 사람의 삶에 열성적으로 참여하게끔 영감을 주었다.

엘리너는 어린 시절 행복하지 못한 삶을 살아서였을까? 평생 가난한 사람과 혜택받지 못하는 사람들을 위해 싸웠다. 사회 개혁에 관심이 많아서 여성 단체, 청년 운동, 소비자 단체에서 일했다. 약하고 힘없는 사람들의 권리를 보장하고, 실업률을 줄이고, 더 나은 환경에서 살 수 있도록 애썼다.

남편의 서거로 영부인의 시기가 지났어도 세계 평화를 위해 바쁘게 돌아다니던 엘리너 루스벨트. 우리나라 사람에게는 친숙한 인물이 아니다. 그러나 그녀의 인생을 따라 책을 읽으면서 '영부인'으로서의 엘리너보다 '사회운동가'로서의 엘리너가 더 어울린다는 생각이 들었다. 전통적인 정치가의 가문에서 태어났지만, 부모로부터 보살핌이 거의 없었다. 그런 암울한 환경에서 흔들리지 않는 튼튼한 나무로 자란 엘리너가 대단하다. 난 아이들에게 이 점을 강조하고 싶었다. 바버러 쿠니가 형상화한 모습처럼 자기 스스로 강하게 만든 이야기의 핵심을 전하며, 사회를 따뜻하게 변화시키려면 어떻게 해야 하는가에 대한 끊임없는 탐구도 담고 싶었다.

아이들은 책을 읽기 전에 영상을 보고, 세계인권선언문의 각 조항을 읽었다. 이 선언문대로만 된다면 세계는 참 아름다울 거란 생각이 들었다. 또한 프랭클린 루스벨트의 대통령 시기 어떻게 대공황을 타개했으며, 제2차 세계대전 당시 어떻게 했는지를 설명했다. 이 부분은 그림책에서 제외된 부분이라 설명으로 할 수밖에 없다. 당시 우리는 일제강점기라 우리나라 사람들도 참혹한 시련의 시기를 보내고 있었던 점을 상기하고 책으로 들어갔다.

나를 강하게 만드는 힘

『엘리너 루스벨트』는 내용이 긴 책이다. 위인의 업적보다 위인의 마음이 어떻게 자라는지를 살펴보는 시간이라고 하면서 결코 행복한 유년이 아니었음을 아이들도 느끼도록 했다. 나보다 더 어려운 어린 시절을 보낸 사람이 어떻게 훌륭한 사람이 될 수 있었는지 책에서 답을 찾으라고 강조했다. 아이들은 엘리너 엄마의 태도에 흥분했다. 엄마가 외모지상주의자라면서 자녀가 받은 상처가 얼마나 컸을지 생각했다.

"위로해 주어야 하는 부모가 나서서 비웃음거리로 만드는 것은 엄마답지 않아요."

"사진과 영상으로 보니 예쁜데 그 엄마는 왜 그렇게 못생겼다고 하셨을까요?"

엘리너는 외모가 아닌 다른 것으로 인정받으려 했는데 그것이 바로 공부와 독서였다. 이것이 엘리너를 강하게 만들었다. 나는 은근히 이 부분을 강조하듯이 목소리를 높였다. 단점에 매달려 자존감 낮추지 말고 잘할 수 있는 일에 집중하여 자신의 가치를 높이라는 듯이 강조했다.

마음 나누기는 '강한 여성 엘리너 루스벨트'에 초점을 맞췄다. 자신의 환경에 좌절하지 않고 길을 개척한 힘이 어디에서 나오는지 물었다.

"아버지 같아요. 곁에서 지극하게 보살핀 것은 아니지만 편지를 계속 쓰셨잖아요. 그리고 엘리너는 늘 그 편지를 간직하고 있으면서 아버지의 가르침을 평생 실천하잖아요."

"수베스트르 여사의 따뜻한 배려가 없었다면 다정다감한 사람이 되긴 어려웠을 것 같아요."

활동은 인권선언문 중에서 '이것만은 꼭 지킨다'라는 '약속조항 찾기'를 했다. 각 조항의 문구를 내가 지킬 약속으로 바꿔 정리하는데 혼자 하기보다는 모둠으로 해야 흥미롭게 진행할 수 있다. 모둠원과 함께 세계인권선언문 조항을 약속 문구로 바꾼 후 내가 반드시 지키고자 하는 것으로 '나의 약속조항'을 만들었다. 선서하듯이 손을 들고 서로 다른 말을 하더라도 자기 약속조항을 큰 소리로 외쳤다.

총 대신 악기를 들어라

『못된 녀석』

나는 '음악'이라면 도망치고 싶은 사람이다 보니 의식적으로 음악을 들으려 하고, 나로 인하여 아이들이 음악적이지 않은 아이들로 자랄까 봐 음악적 환경을 만들려 노력한다. 그런데 음악 그림책을 수집하다 보니 그림책에서 참 다양한 방법으로 음악을 이야기하고 있었다. 그 와중에 이 책은 다른 그림책과는 결이 달랐다. 처음에 표지를 보고 '마음 다루기' 책인 줄 알았는데 그림책에 등장하는 담대한 어른이 실제 인물이며, 베네수엘라의 '호세 안토니오 아브레우'라는 사실을 알고 여러 가지 궁금증이 생겼다.

호세 안토니오 아브레우(1939~)는 경제학자이며 오르간 연주자다. 그는 빈민가의 아이들이 범죄와 마약에 빠져드는 것을 안타깝

『못된 녀석』
안젤리키 달라시 글, 아이리스 사마르치 그림, 씨드북, 2016

앞표지는 먹구름을 머리에 인 것 같은 소년이 곁눈질로 옆을 바라보고 있다. 뒤표지는 소년이 계단에 앉아 바이올린을 연주하고 골목에 음악이 가득 찬다. 면지는 같은 그림이나 색상이 달라진다. 앞에서는 먹구름 아래 비가 내리고 언덕을 덮은 집들은 검은색인데 뒤로 가면 붉은색으로 변하고 음표가 등장한다. 음악으로 삶이 바뀌는 모습이다.

게 여겨 11명의 아이로 오케스트라를 조직한다. 총을 악기와 바꾸고 그들에게 연습 공간을 마련해 주며 음악 무상교육으로 세상을 향한 새로운 문을 열어 준다. 그러자 아이들은 얼굴이 밝아지고 희망을 품게 됐다. 이것이 바로 무상 음악교육 시스템인 '엘 시스테마(El Sistema)' 운동이다. 빈곤과 열악한 환경에 처해 있는 아이들에게 음악을 통하여 정서를 함양하고자 시작한 일이 긍정적 파급 효과를 얻었다. 베네수엘라는 이것을 아예 국가사업으로 확대했으며 공식 명칭은 '베네수엘라 국립 청년, 유소년 오케스트라 시스템 육성재단'이다. 현재 엘 시스테마 가입 인원은 전국적으로 30만 명에 이르며 '엘 시스테마USA'를 비롯하여 세계적으로 퍼져 나가고 있다.

엘 시스테마 운동의 목적은 전문 연주자를 기르는 것이 아니라 마약과 범죄에 무방비 상태로 노출된 빈민가의 아이들을 구하는 거다. 가입 단원의 90% 이상이 빈민가 아이들이다. 이 아이들은 악기를 연주하고 음악을 사랑하면서 안정적으로 자랐다. 성인으로 성장해 전문 연주가로 세계 무대에서 활동하는 사람도 있지만, 다시 그들의 고향으로 돌아가 악기 연주 선생님으로 과거의 자신과 같은 아이들을 위해 활동하는 사람도 있다. 이들에게 음악은 희망이고, 삶의 연결고리다. 구스타보 두다멜(Gustavo Dudamel)은 바이올리니스트로 LA 필하모닉 음악 감독이자 상임 지휘자로 베네수엘라의 엘 시스테마 출신이다.

이름을 찾아주는 사람

그림책 서문에 나오는 문장에서는 알싸한 아픔이 전해 온다.

> 가난이란 단지 헐벗고 굶주리는 것으로 끝나지 않는다. 그것은 자신이 아무것도 아니라고 느끼기에 이르는, 자아정체성 상실의 문제다.

누구에게 책임지라고 말할 수 없는 가난이 다음 세대의 정체성에 영향을 미치고 삶을 허덕이게 한다는 말이다. 그렇다면 우리는 가난을 물리치기 위한 일에 팔을 걷어야 하는 게 먼저다. 하지만 빈부 격차가 날로 심각해지는 현대사회는 골이 더 깊어지고 있어 결코 단순하게 해결될 문제가 아니다. 그럼 가난한 사람은 희망도 필요 없고, 자아정체성의 상실은 당연한 일이며, 운명이라 여기고 살아야 할까?

머리에 먹구름을 얹은 것 같은 곱슬머리 '못된 녀석'은 일자리를 찾아 집을 나가 돌아오지 않는 아버지가 있으며, 병들어 누워 있는 엄마와 산다. 엄마는 노래 몇 곡과 형편없는 음식, 따뜻한 몇 마디 말이 전부였다. 남이 입던 커다란 회색의 낡은 코트를 입을 때면 엄마는 "잊지 마라, 아가. 그 코트가 맞을 만큼 자라면 여기를 벗어나 네 손으로 뭔가를 할 때가 됐다는 뜻이다. 큰 사람이 될 때, 행복해질 때가!"라고 한다. 그러면 아이는 머리를 가로저으며 밖으로 나와 별을 올려다보며 비밀 기도를 한다.

'별들이 답을 들려주는 날이 오면 나도 행복해질 수 있을 거야!'

빵을 훔치고, 양말을 훔치고 남의 물건에 손을 대자 '못된 녀석'은 그 어떤 가난하고 불행한 아이보다 더 가난하고 불행하다. 동네에는 그런 아이가 많이 몰려다니며 더 못된 짓을 한다. 그러다 패거리의 막내가 되어 망을 보고, 총을 지니고 다니며 돈을 뜯어내는 '못된 녀석'이 된다. 총으로 위협하고 돈을 빼앗았던 '못된 녀석'을 지갑 주인이 찾아다닌다. 아이를 다시 만난 아저씨는 바이올린을 꺼내 '못된 녀석'을 위해 연주한다. 음악을 듣던 아이의 눈에 눈물이 흐른다. 그리고 못된 녀석은 총과 바이올린을 바꾼다. '못된 녀석'은 패거리에서 나와 악기를 든 '펠릭스'가 된다. 어느새 커다랗던 회색 코트는 펠릭스에게 딱 맞고 별처럼 환해진다. 세월이 흘러 이제는 맞지 않는 회색 코트를 펠릭스는 옷장 안에 소중하게 보관하며 한때 자기가 '못된 녀석'이었음을 잊지 않는다.

바이올린을 주고 연주를 가르쳐 주었던 사람은 바로 호세 안토니오 아저씨다. 펠릭스는 호세 안토니오 아저씨처럼 불행한 아이들을 찾아다니며 교향악단에서 연주할 기회를 만들어 주기 시작했다. 아이들에게 음악을 선사하고, 진짜 이름을 찾아주고, 자신의 삶을 당당하게 살아갈 수 있도록 한다. 펠릭스는 별처럼 반짝이는 눈으로 아이들에게 말한다.

"너는 쓸모없는 아이가 아니야. 못된 아이가 아니라고. 다른 모든 아이처럼 너도 정말 특별해. 세상 모든 사람은 다 특별한 거야. 그러니까 우리 같이 연주하자. 우리가 연주하는 음악으로 세상을 바꿀 수 있어."

이 이야기는 호세 안토니오 아브레우의 실화를 바탕으로 하고 있어 진실하고 진지하다. 내용은 길지만 문장은 시적이다. 엘 시스테마에 대하여 조사하며 많은 음악 동영상을 만났다. 살펴보니 엘 시스테마의 연주 영상은 유튜브를 통하여 세계인이 감상하고 있었으며, 다큐멘터리로 제작되어 우리나라에서도 방영된 적이 있었다. 구스타보 두다멜의 지휘 영상은 아주 즐겁고 신났다.

책을 읽어 주고 난 뒤에 지식채널e의 '엘 시스테마와 베네수엘라의 기적'이란 영상을 보여 줬다. 엘 시스테마의 탄생과 활동 내용을 집약적으로 보여 주고 있어서 이 책을 이해하는 데 좋은 자료였다. 그리고 연주 영상을 몇 곡 봤다. 아이들은 음악으로 마음을 치유하고 삶의 길을 열어 간 엘 시스테마에 깊이 감동했다. '선한 영향력'을 다시 한 번 실감했다. 한 사람의 의지로 올곧은 일이 시작되면 영향력은 걷잡을 수 없을 정도로 퍼져 나간다. 시작은 사람이 했으나 그 일이 퍼져 나가도록 하는 일은 하늘이 하는 일이다.

다큐멘터리 영상에서 아이들이 집으로 가는 길이 인상적이었다.

너무나 좁은 길이라 두 명이 나란히 가기도 어려운데 악기를 들고 갈 때는 한 줄로 가야 했다. 다닥다닥 붙어 있는 집들의 모습은 그곳의 열악한 환경을 보여 준다. 책의 면지에 나오는 언덕을 따라 계단처럼 있는 집들의 모습과 다르지 않았다. 우리 반 아이들은 그 아이들의 환경을 말없이 바라봤다. 아마도 마음속으로는 자신의 집으로 가는 길을 떠올리며 비교하고 있을지도 모른다. 엄마가 아이에게 줄 수 있는 것이 '노래 몇 곡과 형편없는 음식, 따뜻한 몇 마디 말, 포근히 안고 입 맞춰 주기'라는 부분을 읽을 때면 안타까움이 얼굴에 가득했다. 또 자신의 엄마와 함께하는 많은 것들을 떠올리며 자신이 얼마나 행복한 아이인지를 생각했을 것이다.

'못된 녀석'이 자꾸 못된 짓을 하며 총을 가지고 나갈 때는 "안 돼!" 소리가 아이들 틈에서 터져 나왔다. 나락으로 자꾸 떨어지고 꿈도 희망도 사라져 가는 '못된 녀석'이 안타까운 거다. 이 못된 녀석을 구해 내는 안토니오 아저씨가 수호천사처럼 보인다. 절망에서 희망의 빛을 끌어내는 수호천사. 한 번 빛을 경험한 사람은 그 찬란한 빛을 지울 수 없다. 그래서 펠릭스는 연주 선생님으로 다시 길 위의 아이들을 찾아 나선다.

나도 누군가의 수호천사

마음 나누기의 주제는 '나는 어떤 수호천사가 될 수 있을까?'다. 안토니오 아저씨처럼 나의 어떤 재능을 발휘하여, 누구에게 수호천사와 같은 역할을 할 것인가 생각하고 대화를 나눴다.

"소방관이 되어 화재 현장에서 위급한 사람들을 구해 내는 것도 수호천사라고 할 수 있지요?"

"당연하지요. 자신의 재능과 하고 싶은 일이 무엇이고, 그 일로 다른 사람을 어떻게 기쁘게 할지 생각하면 수호천사 되기는 어렵지 않을 것 같아요."

"운동선수가 되어 승리하면 나도 기쁘고, 응원해 주신 관중도 기쁠 것 같아요."

"의사나 간호사가 되어 환자를 치료하는 일은 정말 수호천사가 되는 일이네요."

"난 요리사가 꿈인데 이 직업으로도 많은 사람을 기쁘게 할 것 같아요."

"무엇을 잘하는지, 그 일로 어떤 사람에게 기쁨을 주게 될지 많이 생각해 보길 바랍니다."

활동은 '내가 잘하는 것 한 가지 자랑하기'를 했다. 전 시간에 '재능 나눔' 활동을 한다고 말하고 미리 연습해 오라고 했다. 노래를 부르고 싶은 아이는 노래를 부르고, 동화책 읽어 주기도 가능하며, 아나운서가 되어 퀴즈 풀이를 해도 되고, 악기 연주를 해도 된다고 했다. 그랬더니 '컵 쌓기'를 신속하게 하여 박수를 받은 아이도 있고,

방송 댄스를 멋지게 춘 아이도 있고, 큐브를 순식간에 맞추는 아이도 있었다. 어떤 재능이든 아이들은 아주 즐겁게 호응해 주고 박수로 응원했다.

시간이 좀 남아서 지금까지 발표한 아이들에게 배우고 싶거나 함께 즐기고 싶은 친구가 있다면 배워 보거나 가르쳐 보라고 했다. 방송 댄스로 모인 아이들은 교실 뒤로 가더니 노래를 부르며 너도나도 합세해 춤을 춘다. 뭐가 그리 우스운지 한 동작을 할 때마다 '까르르' 완전 신났다. 스피드 컵 쌓기로 몰린 아이들은 순서를 정하더니 한 번씩 한다.

돌아다니며 아이들을 보니 배우는 것도 가르치는 것도 그냥 놀이다. 얼굴은 환하고 목소리들은 점점 커진다. 조용하다가도 누군가 뭘 성공하기라도 하면 "와아!" 소리로 교실이 '출렁'한다. 다른 반의 수업이 걱정되어 목소리만 조금 줄이라고 하지만 나도 감탄사 연발이다.

세상으로 나가는 계단
『여섯 개의 점』

복도 수돗가에서 손을 씻으며 보니 복도 끝에서 누군가 오는데 형체만 보이고 누군지 전혀 알 수 없었다. 바로 앞까지 오니 그제야 얼굴이 보인다. 어제까지 멀쩡하던 눈이 하룻밤 사이에 시력이 확 떨어진 거다. 시아버님이 갑작스럽게 돌아가시자 맏며느리로서의 여러 가지 역할을 떠안게 되었다. 특히 일요일마다 당진으로 내려가 제를 모셔야 했고, 학교는 학교대로 학기말 업무로 너무 바빠 하루도 쉬운 날이 없었다. 이런 시간을 두 달 보내고 나니 내 몸이 아우성 친다.

'이러다 시력을 영영 잃으면 어쩌지? 볼 수 없다면 내가 살아갈 수 있을까? 그 좋아하는 책을 읽지 못하면 행복할 수 있을까?'

침대에 누워 있다가 이 생각이 들자 벌떡 일어나 병원으로 갔다.

내게서 시력이 사라지는 것은 상상할 수 없었다. 다행히 치료받으며 시력은 원래대로 회복되었으며, 피곤이 겹치고 스트레스가 이어지면 시력에 문제가 생길 수 있다는 새로운 사실을 알게 됐다. 또한, 시각은 그 어느 감각보다도 소중한 감각이라는 것을 새삼 깨닫게 됐다.

2000년대 초 도서관 업무를 처음 맡았을 때 신간 구매 서적 중에 『루이 브라이』가 있었다. 궁금증이 생겨 그 책부터 읽고 '루이 브라유'가 점자를 만든 사람이라는 사실을 그제야 알게 됐다.

루이 브라유(1809~1852)는 읽고 쓰고자 하는 욕구가 강했다. 비장애인처럼 글을 읽고 쓸 수 있기를 간절히 바랐지만, 시각장애인을 위한 책은 없었다. 있다고 해도 비장애인의 책을 돋을새김으로 인쇄하여 읽기가 불편했으며 부피가 너무 컸다. 그런데 그마저도 많지 않아 공부를 잘하면 상으로 볼 기회를 얻었다. 읽고자 하는 갈망과 쓰고자 하는 욕구는 열두 살의 루이를 움직이게 했다. 샤를 바르비에가 창안한 12개의 점으로 된 '야간 문자(소노그래피)'를 익히고 활용이 어렵다고 느낀 루이는, 누구의 도움도 없이 3년을 연구한 끝에 6개의 점으로 세상을 여는 점자를 완성했다. 하지만 세상은 열다섯 살 시각장애 소년의 노력을 인정하지 않았다. 오히려 '브라유 점자'를 사용하지 못하도록 막았다. 시각장애인들은 다른 사람의 눈을 피해 몰래 이 점자를 익히고 소통했는데 익히기 쉽고 활용하기도 쉬웠기 때문이다. '브라유 점자'는 발명한 지 30년이 지난, 루이 브라유

『여섯 개의 점』
젠 브라이언트 글, 보리스 쿨리코프 그림, 함께자람, 2017

표지에는 눈먼 소년이 창문을 열고 미소 띈 얼굴로 책을 펼치고 있다. 창문은 활짝 열렸으나 방안은 깜깜한 어둠의 세계다. 그림 작가가 방 안 배경을 어둠으로 처리한 이유가 짐작된다. 소년이 든 저 책이 밝은 세상으로 안내할 것이다.

가 사망한 지 2년이 지난 후에야 시각장애인의 공식 문자로 인정받았다. 프랑스 정부는 루이 브라유 사망 100주년(1952)에 고향에 있던 무덤을 파리의 팡테옹 국립묘지로 이장하며 루이 브라유를 프랑스의 위대한 영웅으로 대접했다.

위인 그림책을 고를 때는 내용의 정확성과 이미지의 전달력에 신경을 썼는데 적합한 책으로 젠 브라이언트의 『여섯 개의 점』이 있었다. 화자는 루이 브라유다. 긴 글이지만, 전 생애를 다룬 것이 아니라 '브라유 점자'가 인정받는 순간에 이야기를 끝맺는다. 그림은 두 가지의 패턴으로 표현했는데, 한 가지는 비장애인이 보는 상황으로 표현했으며, 다른 한 가지는 루이가 보는 어둠의 방식으로 표현했다. 이런 표현으로 독자는 루이가 접하는 세계를 감각적으로 인식할 수 있다.

점자, 세상으로 나가는 길

루이 브라유는 총명하고 호기심이 많은 아이다. 아버지의 작업장에서 놀기를 좋아했는데 세 살 때 한쪽 눈을 송곳으로 찔리는 사고가 난다. 균이 다른 눈까지 퍼져 다섯 살 무렵, 시력을 완전히 잃는다. 200년 전, 시력을 잃은 장애인은 가족에게 버림받고 거리에서 구걸로 연명하는 것을 당연하게 받아들이던 시절이다. 하지만 가족들은 루이가 어떻게든 정상적으로 자라길 바라며 응원한다. 총명한 루이를 안타깝게 여기고 도와준 사람이 많다. 그중 자끄 빠뤼 신부는 일주일에 3~4일 역사, 과학, 성서를 가르쳐 주었으며, 루이의 지적 호기심이 자라자 마을 학교에서 공부하도록 도왔다. 읽고 쓸 수 없었던 루이는 수업 내용을 모두 외워 우수한 성적을 받는다. 10살 때, 이웃 마을 귀부인의 도움으로 파리의 왕립시각장애학교에서 공부를 이어갔으며, 언제나 읽고 쓸 수 있기를 갈구한다. 1821년, 전직 군인인 샤를 바르비에가 창안한 12개의 점으로 된 '야간 문자'를 접한다. 루이는 '야간 문자'의 불편함을 보완하고자 혼자서 3년의 연구 끝에 점 6개를 이용한 '브라유 점자'를 완성한다.

비장애인은 소수 시각장애인의 삶의 질을 그다지 신경 쓰지 않았다. 있는 시설, 있는 자료로 충분하다고 생각하며 시각장애인을 위한 투자는 손해라 여겼다. 그러니 시각장애인 스스로 문제를 해결하려 노력하는 수밖에 없었다. 책에서 언급되지 않았지만, 파리의 왕립시각장애학교는 최초의 시각장애인을 위한 학교였지만 원래 감옥으로 사용하던 건물이라 너무나 열악한 곳이었다. 강가의 학교라 습기가 많았다. 루이 브라유는 그곳 생활로 결핵에 걸리고 몇 번의 위기를 넘겼으며 결국 결핵으로 사망한다.

또 시각장애인의 자립을 위한 직업 교육을 받았는데 루이는 음악에 특히 관심이 많았다. 여러 악기를 다룰 수 있었으며 오르간 연주자로 활동하기도 했다. 특히 피녜 교장은 루이의 사람됨을 높이 평가하여 왕립시각장애학교의 교사로 아이들을 가르치도록 했다. 『점을 사용하여 단어와 음악, 간단한 악보를 작성하는 법』이란 책을 함께 펴내기도 했다.

점자는 시각장애인이 세상으로 나가는 계단이었다. 헬렌 켈러는 점자로 공부하고 소통하며, 점자의 발명을 구텐베르크가 발명한 인쇄기의 성과와 비교했다. 그만큼 시각장애인의 삶에서 점자가 큰 역할을 했다는 찬사다. 여섯 개의 점은 지식의 창고를 여는 일을 했으며, 장애인이 자립하고 소통하는 힘이 됐고, 시각장애인의 삶을 한 단계 끌어올렸다.

선한 세상을 향해 도전하는 사람들

아이들과 함께 책을 읽는데, 이미 '루이 브라유'를 책으로 접한 아이도 있었다. 주인공이 화자로 이야기를 들려주는 책이라 아이들은 주인공에 쉽게 감정이입 했다. 눈을 찔리는 장면에서 얼굴을 찡그리고 몸을 움찔하던 아이들은 "해는 어디 있나요?"란 질문에 자신이 질문을 받은 사람인 양 어쩔 줄 몰라 했다. 완벽한 어둠으로 배경을 처리한 그림은 바라보고 있는 독자를 우울하게 만들었다. 하지만 어둠은 루이의 다른 감각을 깨웠다. 바로 청각이다. 청각을 예민하게 발전시키면서 독특한 특성을 알아간다. 절망의 어둠 어딘가에는 새로운 희망의 씨앗이 싹트고 있다.

장애인이 버림받던 시절, 루이는 복이 많은 아이였다. 아버지는 지팡이를, 형은 소리의 반사를 읽는 법을, 누나들은 글자를 만들어 손가락으로 익히도록 했으며, 엄마는 도미노 블록으로 수를 이해하도록 했다. 이런 가족의 노력은 밝고 긍정적인 루이로 성장시켰다.

아이들은 열두 살 소년이 점자를 만들기 위해 노력하는 장면에 집중했다. 자신들과 별반 다르지 않은 시기여서 그랬을까? 누구의 도움도 받지 않으면서 연구에 몰입하여 문제를 해결하는 과정에 깊은 인상을 받았다.

"만약 제가 루이라면 열 살에 가족을 떠나 학교 가는 것도 어려웠겠지만 스스로 문제를 해결하려 노력하는 끈기도 없었을 것 같아요."

"전 루이가 대단해 보여요. 실패하면서 도전을 멈추지 않는 면을 본받고 싶어요."

"비장애인이 보기에 점자는 별것 아닌 것으로 보이지만 시각장애인에게는 우리가 배우는 말과 글처럼 소중할 것 같아요. 루이 브라유가 고마워요."

책을 읽고 난 뒤에 동영상을 시청했다. 지식채널e의 '여섯 개의 점'과 '열정의 사람들' 프로그램에서 제작한 '루이 브라유 – 절망을 넘어선 도전'이었다. 함께 보면 그림책의 내용을 더 가슴 깊이 느낄 수 있다.

마음 나누기는 '도전하는 삶'에 초점을 맞췄다. 루이는 배움을 이어 나가려고 가족을 떠났고, 공부에 열심히 매달렸으며, 새로운 점자를 만들기 위해 끊임없이 노력했다. 또한, 그 점자를 퍼뜨리기 위해 무시와 수모를 겪으면서도 멈추지 않았고, 건강이 안 좋은 와중에도 조금만 나아지면 학교로 돌아가 시각장애인을 가르쳤다. 그 힘은 어디에서 오는 걸까? 어떤 마음으로 살아야 루이처럼 살아갈 수 있을까 생각해 봤다.

"전 루이 브라유가 저와는 완전히 다른 사람인 것 같아요. 전 하기 싫으면 포기를 잘하고 미루기를 잘하는데 루이는 어려운 상황인데도 포기하지 않잖아요. 저도 끈기를 길러야겠어요."

"전 루이 브라유가 머리 좋은 사람으로 태어났기 때문에 이룬 성취가 아닐까 생각했어요. 물론 노력도 했지만요."

활동은 브라유 점자를 활용하여 한글 점자를 만든 이야기 『훈맹정음 할아버지 박두성』을 읽었다. 그리고 '당신을 사랑합니다'라는 문장을 한글 점자로 써 보게 했다. 6개의 점을 이용하는 점자는 또 다른 언어였다.

한글을 자동으로 점자로 변환해 주는 기계가 있으면 좋겠다고 생각했는데 그런 생각을 실천한 사람이 있었다. 바로 사회적기업인 '오파테크'였다. 이 회사에서 만든 '탭틸로'는 두 줄로 되어 있는데 시각장애인이 점자로 이야기하면 아랫줄에 부모나 선생의 말이 점자로 튀어 올라 시각장애인과 소통하는 도구로 앱과 연결되어 '1:다

수'의 학습이 가능했다. "개발도상국 점자 문해율(점자를 읽고 이해하는 비율)은 3% 정도입니다. 이 낮은 문해율을 10% 정도로 높이는 게 저희의 목표입니다."라는 대표의 말이 인상적이었다.

장애를 넘어 인권 운동으로

『손으로 말하는 헬렌 켈러』

어렸을 때 누군가 나에게 존경하는 인물이 누구냐고 물으면 언제나 내 대답은 '헬렌 켈러'였다. 어느 정도 자란 뒤 존경하는 인물이 누구냐고 물으면 '설리번 선생님과 헬렌 켈러'로 바뀌었다. 어릴 때 읽은 헬렌 켈러 위인전은 내게 너무나 큰 충격이었다. 듣지도, 보지도, 말하지도 못했던 삼중고의 장애를 갖고 있으면서도 활기차게 살았으며, 자신과 같은 장애인들을 위해서 인권 운동까지 하는 삶이라니! 조금 자라자 평생 헬렌 켈러 옆에서 세상으로 나가는 빛이 되어 준 설리번 선생님이 보였다. 설리번 선생님을 만나지 않았다면 헬렌은 헬렌일 수 있었을까 생각하니 설리번 선생님의 존재가 그렇게 크게 보일 수 없었다. 헬렌 켈러의 전기는 설리번 선생님의 전기이기도 했다.

『손으로 말하는 헬렌 켈러』
김미혜 글, 조미자 그림, 다락원, 2018

표지는 새가 지저귀는 나무 아래 점자책을 읽는 행복한 헬렌의 모습이 나온다. 헬렌 켈러는 시각을 제외한 감각으로 자연을 관찰했으며, 자연에 깊은 통찰과 교감이 있었다. 그림 작가는 그런 헬렌의 특징을 표지에 담았다.

어른이 되고 헬렌 켈러의 책을 읽은 것은 『3일만 볼 수 있다면』 이 다였다. 이 글을 쓰기 위해 다시 헬렌 켈러의 전기를 읽으니 어렸을 때의 감동이 다시 한 번 온몸으로 느껴졌다. 배움에 대한 열의가 나에게 많은 이야기를 하고 있었다. 장애가 전혀 없으면서 게으름을 피우고 지레 '할 수 없어.'라고 나의 한계를 스스로 인정한 적이 얼마나 많았는지 다시금 생각하게 되었다.

호기심과 영특함을 지닌 헬렌은 설리번 선생님을 만나 배움으로 나가는 길을 알게 되고는, 자신의 감각을 훈련하며 장애를 품고 사는 방법을 알아냈으며, 다시금 세상의 장애인을 깨우는 일에 혼신을 바쳤다. 지구촌의 수많은 장애인을 만나며 용기를 주고, 평등을 위해 행동하는 사회주의 지식인으로 여성참정권을 주장하고, 사형제 폐지를 주장하며, 아동 노동과 인종 차별을 반대했다.

헬렌 켈러(1880~1968)는 좋은 인연으로 축복받은 사람이다. 장애가 심한 사람으로 자신의 인생을 개척해 나가는 모습이 언론에 자주 언급되면서 많은 인물과 교류하며 지낼 수 있는 복을 누렸다. 첫 번째 인연은 바로 앤 설리번을 만난 일이다. 설리번은 시각장애인이었는데 수술 후 시력을 회복하여 헬렌을 만나 배움의 길로 인도하는 중심 인물이다. 설리번이 세상을 떠났을 때는 비서로 헬렌을 돕던 폴리 톰슨이 그녀의 곁을 지키고, 폴리 톰슨의 사망 후에는 간호사 위니 코베리가 남은 인생의 동반자가 된다.

설리번이 헬렌을 만나도록 도와주고, 학교 다닐 수 있도록 길을 열어 준 평생의 지지자는 전화기를 발명한 알렉산더 그레이엄 벨이다. 또 한 사람, 헬렌에게 잊을 수 없는 사람은 『톰 소여의 모험』의 작가 마크 트웨인이다. 이 작가는 헬렌의 대학 학비를 지원해 줄 사람을 소개하는 등 헬렌의 열렬한 지지자가 되었다. 헬렌 켈러는 그로버 클리블랜드부터 린든 존슨까지 살아 있는 동안 모든 미국 대통령을 만났다.

신체 장애가 삶의 장애는 될 수 없어

『손으로 말하는 헬렌 켈러』는 '학교 가기 전에 만나는 교과서 속 세계위인' 시리즈 중 한 권이다. 낱권 그림책으로 헬렌 켈러를 만날 수 없었던 차에 이 책을 만나 다행이라 생각했다. 취학 전 그림책으로 만나는 이야기지만 내용이 길고 헬렌의 전 인생을 담고 있어서 부족함이 없다. 이 책은 헬렌의 인생 중 설리번을 만나 학습이 시작되기까지의 과정을 비교적 상세하게 서술하고 그 나머지는 인생의 업적을 중심으로 한 바닥씩 소개한다. 사회주의 지식인으로서의 모습, 연극과 영화의 이야기까지 담았으니 작가가 정성껏 쓴 글임을 알 수 있다. 그림은 맑고 밝은 수채화로 그렸으며, 서사에서 말하지 못한 내용을 그림 속에 붉은 글씨로 쓰고 있어서 그림에 있는 문자를 그냥 넘기면 안 된다.

헬렌은 호기심 많고 명랑한 아이였다. 건강하게 자라던 헬렌은 생후 19개월에 성홍열과 뇌막염으로 시력과 청력을 잃는다. 청력을 잃음으로 소리를 듣지 못하여 말하지 못하는 장애를 갖게 된다. 60가지 정도의 수화와 몸짓 언어로 소통했지만 보지 못하고 듣지 못하니 갈수록 여러 가지 문제를 일으킨다. 고집 센 아이로 자기 마음대로 하려 했으며, 가위로 옷을 자르고 친구의 머리를 자르기도 하며, 동생의 요람을 쓰러뜨려 위험한 상황을 연출하기도 했다. 그러자 주변에서는 헬렌을 보호 시설에 보내라고 했지만, 헬렌의 부모는 포기할 수 없었다.

여덟 살 무렵 설리번 선생님이 오셨다. 헬렌이 자신의 얼굴을 만지며 확인하는 걸 본 설리번 선생은 촉각을 이용해 손바닥에 글씨를 쓰고 따라 쓰도록 했다. 하지만 헬렌은 손바닥에 쓰는 글자의 의미를 몰랐다. 어느 날 우물가에서 펌프로 물을 품으며 헬렌의 손바닥에 물을 느끼게 하고 '물'이란 단어를 썼다. 순간 헬렌은 그 손가락 글씨가 '물'이라는 의미를 깨닫고 모든 사물에 이름이 있고, 글자가 있음을 깨닫는다. 이 깨달음은 곧바로 학습으로 이어져 매 순간 사물과 문자를 외우는 시간으로 매워졌다. 손바닥 글씨는 점자로 이어져 점자책을 읽으며 지식을 넓혀 갔다. 배움의 열정은 장애인을 받아들이지 않는 학교의 문을 열어 래드클리프 대학교의 최초 장애인 졸업생이 되기도 한다. 발음 연습을 무수하게 반복한 끝에 도움 없이 연설할 수 있게 되었으며, 생각을 글로 표현해 작가로 인정받기도 했다. 시청각 장애인을 위한 재단을 설립하고 장애인 인권 보호 및 직업교육으로 장애인을 당당한 사회인으로 이끌었다. 기회가 있으면 여성참정권을 주장하고, 흑인 차별을 비판하며 어린이와 같은 힘없는 사람들의 편에서 서슴없이 생각을 피력했다. 설리번 선생과 자신의 이야기를 '미라클 워커(The Miracle Worker)' 연극 상연을 시작으로 헬렌 켈러의 이야기는 영화로 이어진다.

헬렌 켈러의 영화를 함께 보면 좋지만, 시간관계상 그럴 수 없다면 조각 영상이라도 함께 보길 권한다. '위대한 위인 헬렌 켈러와 그녀의 스승 설리번의 이야기'는 9분 정도의 조각 영상으로 영화를 편집해 놓은 것이다. 식사 예절을 가르치기 위해 싸우는 장면과 널리 알려진 물 펌프 장면으로 깨달음의 순간을 편집했다. 마지막 장면 '선생님'을 물을 때는 눈물이 왈칵 쏟아진다. 그 장면 이후, 둘은 늘 함께하며 가족보다 가까운 관계가 된다.

또 하나의 영상은 지식채널e의 영상이다. 이 영상은 스무 살 이후 장애를 극복한 헬렌 켈러의 인생을 이야기하는 영상으로 제목은 '사회운동가 헬렌 켈러'다. 헬렌 켈러는 사회주의자로 장애 복지 일을 끊임없이 했으며, 사회적 약자의 편에 서서 미국 사회에 날 선 비판을 계속하여 FBI의 감시를 받았다고 한다. 헬렌 켈러가 인권 운동, 노동 운동을 끊임없이 했으나 잘 알려지지 않은 이유이기도 하다. '민주주의 대표 국가'라는 자존심이 있는 미국의 입장에서는 사회를 비판하는 헬렌 켈러가 불편했던 거다.

흔들리지 않는 강인한 사람으로

두 영상을 보고 다시 책을 떠올리면 책은 진실을 담고자 노력했음을 알 수 있다. 아이들에게 헬렌 켈러에 대해서 알고 있느냐고 하니 장애 이야기가 줄줄 나온다. 그리고 그 장애를 극복한 사람이라고 설명했다. 헬렌 켈러가 일제강점기에 일본 방문 일정 중에 우리나라를 방문(평양)하여 장애 시설을 돌아보았다고 이야기하니 아이들은 깜짝 놀랐다. 헬렌은 세계 여러 곳을 다니며 장애인 시설을 돌아보고 장애인 복지를 위해 노력했다.

마음 나누기는 '헬렌의 삶이 어떻게 변했나?'라는 질문으로 시작했다. 아이들은 의기양양하게 손을 들었다.

"설리번 선생님과 만남 때문입니다. 선생님의 인내심이 없었다면 한 번도 교육을 받지 못한 짐승 같은 헬렌을 보고 포기하고 떠났을 거예요."

"저도 설리번 선생님의 역할이 크다고 봐요. 선생님이 안 계셨다면 헬렌 켈러도 없었겠지요."

"저는 헬렌의 끈기도 인정해야 할 것 같아요. 읽고 쓰는 것은 선생님을 통해 배우더라도 거기서 멈출 수도 있었겠지만, 계속 공부하고 대학을 우수한 성적으로 졸업하고, 작가가 되는 일은 결국 본인의 노력 없이는 가능한 일이 아니지요."

다음 질문으로 '나는 인생의 스승을 만났는가?', '난 누군가의 인생 스승이 될 수 없는가?'에 대해 이야기 나눴다. 10대 초반인 아이들에게 다양한 이야깃거리는 없다. 그래서 내 말로 이야기를 마무리했다.

"사람을 만날 때 진심으로 만나면 어떻게 해야 하는지는 저절로 알게 돼요. 내가 도와줄 사람인지, 내가 어떻게 대해 줘야 하는지를 깨닫게 되지요. 마음에서 하라는 대로 행동하면 정말 좋은 관계를 만들 거예요. 하지만 전제 조건은 마음을 다하는 '진심'이 있어야 해요. 좀 어렵게 들릴지 모르지만, 저 사람과 가까이 지내고 싶다는 마음이 생기면 거짓 없이, 꾸밈없이 다가가라는 말이에요. 설리번 선생님은 짐승 같은 헬렌에게 동정심이 생겼고, 그녀를 도와주고 싶은 마음이 있었기 때문에 인내하며 가르쳤던 거예요. 여러분도 그런 만남을 만들어 가길 바랍니다."

활동은 '나 좀 도와줘!'를 했다. 미리 '난 이런 문제에 도움을 받고 싶습니다.' 하는 내용을 미리 받았다. 내용을 보고 비슷한 것끼리 묶어 도움받고 싶은 내용을 5개 정도 만들고 도움을 줄 수 있는 사람이 모여 서로 이야기를 나누었다. '수학(공부)을 잘하고 싶어!' 하면 '내가 도와줄게!' 하는 사람이 모여 장기적 학습 동아리를 만들

수 있으며, '달리기(혹은 2단 줄넘기)를 잘하고 싶어!' 하면 '내가 도와줄게!' 하는 친구들이 만나 함께 운동 모임이 만들어지기도 한다. 매번 만나기 어려운 팀을 위해서는 교사가 창체 시간에 자투리 시간을 내주어 이어지도록 하는 것도 좋다. 마음이 맞는 친구를 만나면 즐거움은 덤이다.

    이 글을 쓰면서 내가 알고 있던 '장애인 헬렌 켈러'는 '강인한 사람 헬렌 켈러'로 완전히 바뀌었다. 그녀의 거칠 것 없는 행보를 추적하고 따라가 보니 사회의 그늘에서 산 헬렌이 아니었다. '헬렌'의 뜻인 '빛'처럼 살다 간 인물이다. 두려움 없는 결단은 어디서 오는지 혼자 생각했다. 아직은 '이것이다' 말할 수 없지만, 헬렌의 삶을 닮으려 노력하다 보면 이 비밀을 알게 되는 순간이 있을 거라 믿는다.

가난한 사람들의 어머니

『가진 것이 많을수록 나눌 것은 적습니다』

마더 테레사처럼 봉사하는 사람은 평범한 사람이 아니고 '하느님의 부름을 받은 자'라 생각했다. 그래서 나와는 전혀 다른 사람이라 여겼고, 마음속으로 '나는 타인에 대해 별다른 생각이나 행동을 하지 않아도 된다.'고 스스로 면죄부를 주고 있었던 것은 아니었을까? 사랑이 너무나 깊고, 간절하고, 숭고해 마더 테레사의 이야기를 따라가며 깊은 감동이 물결쳤다. 그동안 내가 아이들 앞에서 했던 말들이 허공에 떠도는 영혼 없는 말이었다는 걸 깊이 느꼈다.

그동안 마더 테레사(1910~1997)에 대해 '크나큰 사랑의 실천과 봉사의 삶'이라고 여기며 다 안다는 듯이 생각했다는 걸 알게 됐다. 그래서 테레사 수녀의 행적을 제대로 알아보기 위해 책을 골랐다. 아이들이 손쉽게 읽을 만한 책을 찾으며 한 권 한 권 읽을 때마다 나는 무의식중에 표지를 쓰다듬고 있었다. 이 행동은 마음에 와닿는 책을 읽었을 때 나오는 나의 오래된 습관이다. 얇은 어린이 책이고, 비슷한 사례가 나오지만 읽을 때마다 울컥하며 눈물짓게 하는 부분이 많았다. 문제 상황을 만났을 때 나는 골치 아픈 '문제'라 여겼지만, 테레사 수녀에게는 하느님께서 하시고자 하는 '일'이었다. 그래서 테레사 수녀는 문제가 하나도 없었다. 하느님이 하시고자 하는 일이면 발 벗고 해야 하는 일이고, 하다 보면 늘 스르르 풀리도록 준비해 놓고 있었던 거다. 그걸 보고 있는 나는 테레사 수녀의 명랑함과 단순함을 배우고 있었다. 그리고 큰 빛이 되신 삶에 무한 감사했다.

등불이 된 길 위의 어머니

『가진 것이 많을수록 나눌 것은 적습니다』는 양철북 인물 이야기 중 한 권이다. 마더 테레사와 관련된 일화를 중심으로 콜카타의 봉사 기간부터 사망에 이르는 시기를 다뤘다. 수녀로 교사 생활한 일과 1946년 피정 가는 중에 '빈민가로 들어가라'는 소명을 들은 일은 한 줄씩 소개되고 나머지는 '사랑의 선교회' 활동이다.

> 낡고 버려진 집을 치우고 먼지 쌓여 있던 등불을 환히 켜게 한 사람. 작은 관심과 사랑으로 아프고 외롭고 가난한 이들의 마음에 희망의

『가진 것이 많을수록 나눌 것은 적습니다』
강무홍 글, 신민재 그림, 양철북, 2014

가로로 긴 판형의 책으로 표지에는 사람들 사이 흰 수녀복을 입은 테레사 수녀가 있다. 테레사 수녀는 '낮은 곳으로 가라'는 말씀대로 사람들의 의지처가 되고자 보퉁이만 들고 거리로 나왔다.

빛을 밝힌 사람. 이 작은 수녀가 바로 '가난한 사람들의 어머니'로 불린 마더 테레사다.

위의 글은 테레사 수녀가 어떤 사람인지 응축한 말이다. 버려진 노인을 찾아가 등불이 되고, 길거리에 쓰러진 사람을 안고 병원에 갔으나 거절당해 길거리에서 죽음을 맞이한 경험은 빈자들의 삶으로 들어가는 길이었다.

로레토 수녀회에서 나와 흰색 사리를 걸치고 콜카타 빈민가에서 활동할 때 최초의 협력자인 아녜스 수녀가 함께한다. 2년 후 '사랑의 선교회'로 로마 교황청의 정식 인가를 받고 거리에서 죽어 가는 사람들의 집인 '죽어 가는 사람의 집'을 만들고, 고아들을 위해 '고아들의 집'을 만들고, 나병 환자들의 마을을 만든다. 사이사이 스며든 일화는 굶어 죽어 가는 아이를 안고 우유를 구걸하던 엄마의 이야기, 자기가 받은 쌀을 반으로 나눠 이웃에게 전하는 엄마의 이야기, 자신의 빵을 아껴 두었다가 노숙하고 있는 엄마에게 가 빵을 나눠 먹는 아이의 이야기다. 그 모습들을 보면서 테레사 수녀는 '참된 사랑이란 무엇일까? 내가 있는 곳에서 내가 주고 싶은 것을 주는 것이 아니라, 그들이 있는 곳에서 그들이 필요로 하는 것을 주는 것이 아닐까?' 생각하고 가난한 사람들 속으로 더욱, 더 깊이 들어간다.

그림책 한 권으로 그 인물의 전부를 알기란 어렵다. 그림책은 시작점에 불과하다. 그림책을 시작으로 더 깊이 있는 책을 읽도록 방향을 제시하는 것이 옳다.

아이들에게 표지를 보여 주며 제목의 의미를 생각해 보자고 했다. '가진 것이 많을수록 나눌 것은 적습니다.'라는 말은 어떤 의미를 나타내는지 물었다.

"가진 것이 많은 사람은 욕심이 많다는 말 같아요."

"많이 가지려고 노력하기보다는 많이 베풀려고 노력하라는 말 같아요."

"내 욕심을 먼저 채우지 말라는 뜻 같아요."

아이들의 말에 이렇게 말했다.

"뒤에 부록을 보면 마더 테레사는 '남은 것을 내게 주지 마십시오. 나는 여러분의 양심의 진정제가 되고 싶지 않습니다. 나는 당신이 아끼고 소중하게 여기는 것을 받고 싶습니다.'라고 말씀하시며 '우리가 가진 것이 많을수록 나눌 것이 적습니다.'라고 탐욕의 시대를 경고하는 말이 나와요. 책의 내용처럼 없어서 죽는 사람이 많은 시대니 너무 탐욕 부리지 말라는 의미로 받아들이면 좋을 것 같아요."

테레사 수녀의 이야기는 성당 다니는 친구들은 물론 많은 아이가 잘 알고 있었다. 어느 현대 인물보다도 많이 알고 있어 반가웠다. 하지만 아는 것에서 멈출까 봐 걱정됐다. 작은 나눔이라도 실천할 때라는 걸 아이들도 알아야 할 것 같다. 간절한 마음으로 혼자 거리로 나온 테레사 수녀 곁으로 얼마나 많은 사람이 도와주러 오는지, 이 많은 사람이 먹고살기 위해 물자를 어떻게 구할지 의문을 가지고 자세히 그림을 보라고 당부했다. 내용을 일일이 설명하지 않으나 봉사의 물결이 커지는 것을 그림은 자세하게 보여 준다.

"수녀님은 봉사를 할 뿐 돈을 벌지는 않으세요. 그 많은 약품과 식량은 어떻게 감당할까요? 이 많은 사람을 수용하는 집은 어떻게 얻지요?"

여러 차례 질문을 주고받으며 아이들은 차츰 나의 질문 의도를 알아 갔다. 결국, 나눔을 실천하는 기부로 많은 사람이 생명을 유지하고 안락한 죽음을 맞이하는 거다.

동영상은 테레사 수녀의 삶과 관련된 것이 아니라 나눔에 관한 영상으로 준비했다. 지식채널e의 '작은 힘1 - 나'와 '작은 힘2 - 우리' 영상이다. 나눔의 실천이 상대를 위한 것이 아니라 나를 위한 것이라고 말한다. 작은 나눔인데도 큰 효과를 발휘한다는 가슴 뭉클한 메시지를 전한다.

모자란 물방울 하나를 위하여

마음 나누기는 '나눔 선서!'로 했다. 작은 나눔이라도 어려서부터 실천하는 계획을 세워 실천해 보기로 했다. 도서관 봉사도 좋고, 하굣길이나 등굣길에 후배 데리고 다니는 것도 좋고, 용돈의 일부를 모아 기부하는 것도 좋으니 꾸준히 실천할 수 있는 것을 정해 보라고 했다.

활동은 '내가 받은 친절 자랑하기'로 했다. 같은 반 친구도 좋고, 모르는 사람도 좋다고 하면서 다른 사람에게 어떤 친절을 받았는지, 그때 기분이 어땠는지 발표하는 시간을 가졌다.

세상에는 헤아릴 수 없을 만큼 많은 고통과 소외와 불평등이 존재하고 이것을 극복하려는 하나하나의 실천은 미약할지라도 이 미약한 실천이 결국 세상을 희망 있는 곳으로 바꿔 나가리란 믿음이 테레사 수녀에게는 있었다. 테레사 수녀는 이렇게 말했다.

"우리가 하는 일은 넓은 바다의 물 한 방울에 지나지 않습니다. 그러나 우리가 그 일을 하지 않으면 그 한 방울만큼은 모자랄 것입니다."

이 글을 쓰는 날, 토마 수녀님의 전화를 받았다. 수녀님은 브라질로 3년간 선교 활동을 떠나게 되었다고 했다. 직접 뵙고 인사를 드리고 싶었는데 전화로 이별 인사를 했다. 아쉬웠다.

지난해 말, 수녀님을 한 번 뵈었을 뿐인데 우리 반 아이들 그림책 발표회 초대에 흔쾌히 응했다. 한 명 한 명 작품을 다 보고는 너무나 아름다운 그림책이라고 칭찬해 주었다. 그다음 날, 보안관실에서 전화가 왔는데 어제 오신 수녀님께서 가방을 하나 놓고 갔다는 거다. 가방 안에는 한가득 아이들 간식이 들어 있고 카드와 편지가 있었다. 아이들에게 편지를 읽어 주니 우르르 몰려나와 편지를 확인하고 카드를 열어 보며 기뻐했다. 아이들에게 간식을 나눠 주니 한 가득 웃음이다. '너무나 감동적인 하루였다.'는 말씀에 아이들은 뿌듯해했다. 수녀님의 따뜻한 마음이 고맙고 이런 인연을 준비해 주신 분께 감사했다.

전화하면서 받은 강렬한 느낌은 수녀님의 목소리였다. 그렇게 맑고 낭랑한 목소리를 들어본 적이 있었는지 가물가물하다. 목소리에서 맑음과 강건함이 느껴져 브라질에서 의미 있는 시간을 보내고 오실 거라는 확신이 들었다. 수녀님과 나는 서로를 위해 기도하기로 약속했다.

생명외경 사상을 실천하다

『슈바이처』

슈바이처(1875~1965)를 꾸미는 말은 '아프리카의 성자'다. 나도 슈바이처에 대해 써야겠다고 생각한 배경은 의술을 펼친 봉사활동 때문이었다. 그런데 책을 찾고 읽으면서 인술을 펼친 것만으로 슈바이처를 말하는 것은 슈바이처 인생을 반에, 반도 말하지 않는 것과 같다는 걸 알았다.

슈바이처는 단순히 한 분야의 석학이 아니었다. 철학, 신학, 의학, 문화사, 음악, 파이프오르간 전문연주가 등 앞서나간 진보적 발자취는 정리가 어려울 정도였다. 30세가 넘어 의학 공부를 시작하고 인턴을 거쳐 논문을 작성하는 7년 동안에도 교수직과 목사직을 병행했으며 『예수 생애 연구사』, 『독일과 프랑스의 오르간 제작법과

오르간 음악』, 『바흐』를 출간했다. 아프리카 랑바레네에서 인술을 펼치는 중에도 파이프오르간 연주를 계속하여 실력은 더욱 깊어졌으며, 『문화 철학』을 저술했다. 한마디로 슈바이처는 자신의 관심 분야는 철저하게 공부하고 새로운 견해를 끌어내 저작물로 완성하는 창조적 저술가였다. 그러니 아프리카의 인술 활동만 떼어 슈바이처를 말할 수 없다.

『나의 문화유산답사기』를 쓴 유홍준 교수는 강의 중에 추사 김정희의 평전을 쓰기가 까다롭다고 했다. 김정희의 전문 분야에 해박한 지식을 가져야 하는데, 김정희가 석학으로 최고 수준에 이른 분야(서체 연구, 추사체, 고증학, 금석학, 문인화, 불교 경전 연구, 문학, 다도 등)가 많아 어설프게 접근할 수 없다는 게 그 이유였다. 슈바이처를 읽으며 자꾸 그 이야기가 떠올랐다.

슈바이처는 어린이 책으로 엮어내기 어려운 분이다. 그림책으로 찾아보려고 여러 차례 시도했으나 마음에 썩 드는 내용을 만나기 어려웠다. 어린이 책은 대체로 어린 시절의 이야기에서 아프리카로 떠난 부분이 중심을 이루고 있었다. 제대로 슈바이처의 삶을 이해하려면 청소년 수준 이상의 책을 읽어야 이해할 수 있었다.

슈바이처의 사상은 한마디로 정리할 수 없지만 근접한 단어를 찾는다면 '생명외경(生命畏敬)'이다. '외경'은 친숙한 말이 아닌데 '두려워하면서 우러러본다'는 의미다. '생명외경'은 '생명존중'보다

『슈바이처』
정지아 글, 임연기 그림, 랜덤하우스코리아, 2006

표지 그림은 아프리카 사람들 사이에서 밝은 미소를 띤 슈바이처의 모습이다. 따뜻하고 밝은 느낌의 배경과 편안한 표정에서 생명외경을 실천한 슈바이처의 정신을 느낄 수 있다.

더 크고 강한 힘이 있는 말이다. 생명외경 사상은 인간은 자기를 도와주는 모든 생명을 존중하고, 살아 있는 어떤 것에도 해를 끼치는 것을 부끄러워할 때 비로소 진정으로 윤리적이라고 보았다. 윤리적 인간은 이 생명 혹은 저 생명이 얼마나 가치 있는 것으로 동정받는지 묻지 않으며, 또한 그것이 느낄 수 있는 능력이 있는지 없는지, 있다면 얼마나 느낄 수 있는지 묻지 않는다. 생명은 그 자체로서 인간에게 신성한 것이다. 슈바이처는 이 사상을 전 생애에 걸쳐 실천했다. 야생동물은 물론 살아 있는 것을 있는 그대로 사랑하고, 그 사랑이 점점 세상으로 퍼져 나가길 기원했다. 전쟁을 비판하고, 핵폭탄 사용을 제지했다. 그래서 슈바이처의 전 생애는 '평화'로 대변할 수 있다.

'슈바이처'로 검색해 보니 세상에는 너무나 많은 슈바이처가 있었다. '한국의 슈바이처 장기려', '수단의 슈바이처 이태석', '히말라야의 슈바이처 강원희'를 비롯해 'ㅇㅇ동의 슈바이처'도 있었다. 그만큼 슈바이처의 생애가 여러 사람에게 영향을 미치고 있으며, 많은 사람이 슈바이처를 기억하고 그의 봉사를 최고의 봉사로 생각하고 있다는 증거다. 몇 개의 동영상 중 음악 파일로 슈바이처의 파이프오르간 연주곡이 있었다. 파이프오르간의 웅장한 음색을 들을 수 있어서 너무나 반가웠다. 인터넷의 발달에 새삼 감사한 마음이 들었다.

불행한 사람들 곁으로

그림책은 만나지 못했지만 제대로 슈바이처를 담아낸 책으로 하고 싶어 위인전으로 선정했다. 정지아 글의 『슈바이처』다. 이 책은 어린 시절의 슈바이처, 아프리카로 가기 위해 의학을 공부하는 슈바이처, 아프리카에서의 슈바이처로 전개된다. 아프리카에서의 봉사 활동을 중심으로 슈바이처의 인생을 풀어 썼다. 물론 슈바이처의 전 생애에서 가장 중요한 일은 아프리카에서의 생활이다. 중간중간 공부거리를 설명해 놓았는데 좋은 학습 자료다. 이 책을 함께 읽는 교사는 슈바이처의 전 생애를 깊이 이해하고 안내했으면 좋겠다. 저술가 슈바이처, 파이프오르간 연주자 슈바이처, 철학자 슈바이처, 신학자 슈바이처, 강연자 슈바이처 등 자신의 삶을 정말 사랑하고 최선을 다한 슈바이처의 모습을 흥미롭게 전하길 바란다.

어린 시절의 슈바이처를 말해 주는 한 에피소드가 있다. 친구와 레슬링을 하던 중 친구가 "나도 너처럼 고기를 먹으면 절대로 지지 않아!"라고 한 말이 슈바이처에게는 가시가 된다. 그래서 고깃국을 먹지 않고 형편이 어려운 아이들처럼 입었다. 또 새를 살려 주는 이야기를 통해 어려서부터 생명을 귀하게 여긴 모습을, 음악적 재능이 발현되는 모습을 엿볼 수 있다.

20대는 열정의 시기였다. 스트라스부르에서 대학을 다니며 신학과 철학을 공부하고 파리로 파이프오르간 연주회를 다니는 등 바쁘게 지냈다. '서른 살까지는 학문과 예술을 위해 살고, 그 후부터는 하느님과 불쌍한 사람을 위해 일생을 바친다.'라는 목표가 분명했기 때문이다. 20대에 이미 신학과 철학 박사학위를 받았으며 교수직과 부목사직을 수행했다.

1904년 파리선교회의 잡지를 보고 '주여! 제가 가겠나이다. 불행한 사람들의 곁으로 제가 가겠나이다.' 하고 결심하고는 아프리카 사람들에게 가장 필요한 것이 의사임을 알고 의학 공부를 시작한다. 다시 학생으로 돌아가 공부해 의학 박사학위를 받고 의사가 되어 아프리카로 떠난 것이다.

1913년 가봉의 랑바레네에 도착해 다음 날부터 몰려오는 사람들을 진료하기 시작한다. 그리고 사망하기까지 총 12회 랑바레네를 왕복한다. 사이사이 유럽에 들러 강연회 및 책을 출판하고 오르간 연주를 다니며 돈이 모이면 의약품을 구해 다시 랑바레네로 돌아가 인술을 펼쳤다. 많은 사람이 슈바이처를 찾아와 한때 병원 사람이 100여 명에 이른 적도 있다. 아인슈타인과 존 F. 케네디 등 세계 유명한 사람들과 편지를 주고받으며 지냈는데 이들이 의약품과 기증품을 보내주어 제2차 세계대전 중에도 병원을 유지할 수 있었다. 슈바이처는 '생명을 존중하고 두려워하며 존경하는 마음(생명외경 사상)'으로 살아 있는 모든 것을 형제라 여기면 나와 적의 구별도 사라져 참된 인간이 된다는 것을 밀림 속에서 깨달았다. 슈바이처는

1952년 노벨평화상을 수상하고 받은 상금은 전액 나병 환자를 위한 시설에 썼다.

봉사하는 삶과 꾸준한 실천

『슈바이처』는 자투리 시간이 날 때마다 읽어 다 읽는데 사흘이 걸렸다. 나의 격한 찬사를 들어서일까, 자투리 시간이 되면 아이들에게서 "슈바이처 읽어요." 하는 말이 먼저 나왔다. 마음 급한 친구는 도서관에서 책을 빌려 읽고 있었다. 참 예쁜 모습들이다. 이 책은 의료 봉사를 중심으로 하고 있으며 문맥으로 보면 한 번 찾아간 랑바레네에서 제1차 세계대전 때 포로로 쫓겨 나왔다가 제2차 세계대전 시작 전에 다시 들어간 것으로 나온다. 하지만 슈바이처는 어느 곳이든 부르면 찾아가는 편이었다. 그리고 그곳에서 강연회를 하고 많은 유명인사와 인연을 맺고 그 관계를 이어나갔다. 그 인맥은 병원 운영에 힘이 됐다. 책에는 이런 구체적 사연이 없어서 중간중간 사연을 이야기하며 읽어 주는 것도 좋다.

아이들은 여러 가지 능력 있고 자신을 찾는 사람이 많은데(안정적으로 생활할 수 있는데) 봉사를 위해 서른 살이 넘어 의학 공부를 하고 아프리카로 떠난 슈바이처의 행동에 대해 집중적으로 이야기했다.

"저라면 '오르간 연주자'라는 신분 하나로 살아도 행복할 거예요."

"어려운 사람에게 하는 봉사는 너무 힘들 것 같아요. 일이 너무 많잖아요."

"그동안 흑인들이 경험한 백인은 차별하고, 빼앗고, 폭력을 쓰는 사람이었는데, 자신들을 도와주는 슈바이처가 고마웠을 것 같아요."

"자신을 위해 10년간 열심히 공부하여 박사학위 두 개를 받고, 또 10여 년을 완전 다른 공부를 해야 한다면 전 도망갔을 것 같아요. 공부가 지겨워서요."

"초등학교부터 따진다면 공부만 30년을 엄청 열심히 했다는 거잖아요. 그 결과 박사학위가 3개라면 천재 아닌가요."

"그런 천재가 아프리카 봉사로 평생을 보냈다는 게 참 대단해요."

"아무나 따라 할 수 없는 일을 했기 때문에 '성자'라는 말이 붙는 게 아닐까요."

이런저런 이야기를 나누며 '나라면 아프리카로 떠났을까?'로 이야기가 옮겨지자 고개를 절레절레 저었다. 어쩌면 당연한 일인지 모른다. 나에게 봉사하는 삶을 살라고 하면 흔쾌히 "예, 제가 가겠습니다."라고 말하지 못할 것이다. 슈바이처는 하느님의 부름을 받고, 하느님께서 준비하신 분이라는 생각이 들었다. 그런 분을 세상에 보내신 이유는 사랑을 나누는 일을 더 크게 하시려는 뜻이 있었을 거라 여기며, 슈바이처를 생각하는 한 사람, 한 사람이 사랑의 씨앗이 되길 기원했다.

활동은 '내가 키워 갈 재능, 그리고 봉사'를 주제로 정했다. 슈바이처는 철학, 신학, 문화, 음악, 의료 등 다방면에 재능을 발휘했다. 원래 타고난 재능으로 노력 없이 성취된 것이 아니라 피나는 노력으로 성취했다. 그 과정을 아이들이 본받았으면 좋겠다는 생각이 들어서 먼저 '내가 키워 갈 재능'에 집중했다. 자신의 재능이 뭔지 모르는 아이들에게는 어떤 것을 배우고 싶은지로 질문을 바꿔도 된다고 했다. 그리고 '봉사'는 어떤 사람으로 생활하든 일생에 함께 가는 일이라고 했다. 거창한 봉사가 아니어도 이웃과 나눔을 꾸준히 실천하는 것이 중요함을 강조했다.

낮은 곳으로 향하는 마음

『선생님, 바보 의사 선생님』

"혹시 '청년 의사 장기려'라고 읽어 봤나요?"

10여 년 전 친구를 만나면 묻던 말이다. 현대 인물 중에 장기려(1911~1995)라는 인물이 있다는 것이 놀라워 자꾸 소문내고 다녔다. 의사가 되기 전에 서원 기도를 올리고, 하느님과 약속을 지키기 위해 평생을 노력하신 분, 가난하고 힘없는 사람들을 위해 아낌없이 의술을 펼치신 분, 북에 두고 온 가족을 마음에 품고 살면서도 국가의 특혜를 마다하신 분, 처음으로 우리나라에 의료보험제도를 실천하신 분. 나열할 말이 너무나 많지만 많은 사람이 깊이 알고 있지 않은 분이다. 왜 그럴까? 그분의 삶을 감히 흉내조차 낼 수 없어서 짐짓 모르는 척하고 있는 것은 아닐까?

『선생님, 바보 의사 선생님』
이상희 글, 김명길 그림, 웅진주니어, 2006

가난한 사람들의 의사, 무의촌을 찾아다니며 봉사하는 의사의 모습으로 표지를 꾸몄다. 투박한 사람들과 함께한 모습이라 그랬을까? 전체적으로 황토색을 많이 썼다.

『선생님, 바보 의사 선생님』이 출판되자마자 구했다. 그림책은 소설 장기려보다 단순해 첫인상은 가벼운 느낌이 들었다. 그러나 세월이 지나고 보니 어린이 그림책으로는 이 수준으로 적당하다는 생각이 들었다. '봉사'나 '사람을 귀하게 여기는 의술'에 대한 수업을 하게 되면 제일 먼저 떠오는 책이다. 소설로 읽은 장기려 박사의 이야기는 설명으로 더했다.

이 책의 화자는 기오라는 다리가 아픈 어린이다. 엄마와 사는 기오는 가난해 치료를 받을 수 없어 걱정만 하고 있던 차에 '복음병원'의 소문을 듣는다. 기오와 엄마가 병원에 가니 의사 선생님은 "수술을 해도 완전히 낫기는 힘들겠어요. 하지만 병이라는 게 의사가 다 고치는 건 아니거든요. '꼭 낫겠다.' 기오가 그렇게 마음먹고 노력하면 또 모르지요."라고 한다. 병을 낫게 하는 것은 의사의 수술이 아니라 환자의 마음에 달렸다고 하니 기오는 이상하기만 하다. 또 수술실에 들어선 의사는 기오의 손을 잡고 "수술을 너무 지나치거나 모자라지 않게 해 주십시오. 법칙에 맞게 해 나갈 수 있도록 힘을 주십시오."라고 기도한다.

장기려 박사는 최고의 외과의였다. 그 누구도 따라갈 수 없는 의술을 지닌 분임에도 하느님께 기도하며 하느님이 관장하는 수술이 되도록 기도했다.

기오는 선생님의 집을 찾아가 사는 모습을 관찰한다. 기오네 집과 별반 다르지 않은 단출한 집이다. 선생님은 가족사진을 보고 그리울 때마다 말을 건다면서 "내가 환자들을 정성껏 돌보면 북쪽의 우리 가족도 누군가 돌봐 주겠지 하는 생각이 든다."라고 말한다. 선생님은 평생 이 마음으로 환자를 돌본 거다. 환자는 선생님의 부모님이 되기도 하고, 아들딸이 되기도 하고, 아내가 되기도 하는 가족과 다름없었다. 그래서 돈이 없는 사람에게 뒷문을 열어 놓아 나가게 하고, 가족 인원수로 봉급을 나누기도 했다.

낮은 곳으로, 더 낮은 곳으로

역사 수업 중 6·25전쟁을 가르칠 때 피난 생활과 이산가족의 아픔을 장기려 박사의 가족사로 풀었다. 먼저 장기려 박사가 의사가 되기 전 하느님께 드리는 서원 기도의 내용을 전했다.

"주님, 저를 합격만 시켜 주신다면 평생 의사 한번 못 보고 죽어 가는 사람들을 위해 일생을 바치겠습니다."

이 약속을 지키는 일이 장기려 박사의 평생 과업이었다. 그리고 어쩌다 둘째 아들하고만 부산으로 피난을 오게 되었는지는 서진선의 『엄마에게』라는 그림책으로 읽었다. 이 책은 둘째 아들이 북에 있는 엄마를 그리워하는 이야기가 중심 서사다. 엄마와 6명의 아이가 피난을 떠났다가 아버지 옷을 가져온 걸 알고 둘째 아들이 되돌아간다. 둘째 아들은 아버지 장기려 박사와 환자를 실은 차를 타고 가다 피난 무리에서 엄마와 형제들을 보지만 태우지 못하고 지나가는 것이 마지막 모습이었다. 나중에 알게 된 사실로는 엄마는 아이가 아파 피난을 포기하고 집으로 되돌아가 북한에 남게 된 거란다. 이산가족의 아픔을 평생 안게 된 사연의 그림책이다.

낮은 곳으로, 낮은 곳으로 향하여 의술을 펼친 분의 가족사는 그대로 현대사의 비극이었다. 『선생님, 바보 의사 선생님』은 성자의 모습인 장기려 모습을 볼 수 있다면, 『엄마에게』는 6·25전쟁이 남긴 상처를 보여 주는 작품이다. 엄마는 '봉선화' 노래를 녹음해 봉선화 씨앗과 함께 보낸다. 아들은 이 씨앗을 심고 엄마의 노래를 들으며 봉선화를 바라보는 것으로 엄마에 대한 그리움을 달랜다.

이산가족상봉 때 장기려 박사는 북한의 가족을 특별히 만나게 해 준다는 정부의 배려를 거절한다. 자신만 특혜를 받는 것을 받아들일 수 없으며, 영원히 만나는 것이 아니라 며칠 후 헤어지는 만남이라면 안 만나는 것만 못하다는 이유였다. 결국, 둘째 아들은 장기려 박사가 세상을 떠난 후에 북한의 어머니를 만난다.

사회 수업 끝에 읽는 그림책이라 그런가, 한 가족사가 그대로 대한민국의 굴곡진 현대사의 아픔을 간직하고 있어 말하는 내내 마음이 아렸다. 아이들에게는 '장기려'가 생소한 이름인 듯했는데 한 아이가 손을 들었다.

"저 그분 알아요. 부산에 있는 복음병원하고 장기려 기념관을 가

봤어요."

"전 '성자가 된 옥탑방 의사'를 봤어요."

이런 반응이 그저 고맙다. 자라는 아이들이 이렇게 가난한 사람들, 소외된 사람들에게 관심을 가졌던 분을 본받으려 애쓴다면 얼마나 대견한 일인가.

장기려 박사에 대한 영상으로 어떤 것이 있을까 살펴보니 정말 많았다. 기독교방송국에서 제작한 것도 있고, 인기 프로그램에서 부산을 여행하다 장기려 박사를 언급된 것도 있었다. 하지만 이런 영상들은 초등학생이 보기에 시간상으로나 내용상 알맞지 않았다. EBS의 지식채널e '장기려 박사'가 아이들과 교육적으로 시청하기 적당하다. 책을 읽고 시간이 허락한다면 이 영상을 보고 아이들 마음에 자리 잡은 이야기를 나누는 것도 좋다.

베풀기만 하는 바보 의사

아이들과 '다급함에 기도 올리며 한 말(서원 기도)을 나라면 평생 지켰을까?', '남에게 베풀기만 하는 아버지를 아들은 이해할 수 있었을까?', '우리 아버지가 남에게는 후한 인심으로 대하시면서 자식에게는 엄격하시다면 난 어땠을까?'라는 질문을 하면서 마음 나누기를 했다.

"저는 처음에 마음먹은 대로 살려고 아무리 노력해도 며칠 지나면 흐지부지 잊어요. 약속이라도 제 성격을 보면 평생 지키지 못할 것 같아요."

"저도 자신 없어요. 남들은 잘 먹고, 잘 사는데 나만 봉사하느라 못사는 사람이 된다면 가족에게 미안할 것 같아요."

"전 봉사를 해도 어느 정도 자신의 삶을 유지하면서 해야 한다고 생각해요."

아이들은 자신의 삶을 유지하면서 나눔을 실천하겠다는 이야기가 대부분이었다. 그래, 그것도 감사한 일이지. 아이들은 이웃에게 눈을 돌리고 그들의 아픔을 이해하며 마음을 나누는 일에 동참하겠다는 그 마음의 씨앗을 심는 중이다.

장기려의 '아버지상'에 대한 이야기는 분분했다.

"내가 아들이라면 아버지의 봉사와 희생이 늘 고맙지는 않았을 거 같아요. 나도 잘 먹고, 잘사는 집의 자녀가 되고 싶을 거예요. 우리나라 최고의 의사잖아요."

"전 아버지가 자랑스러울 것 같아요. 아버지의 모습을 보며 더 열심히 공부했을 것 같아요."

"그래도 전 아버지께 섭섭할 것 같아요. 엄마가 얼마나 보고 싶었을까요? 만나게 해 주겠다는데 거절하는 아버지가 미웠을 것 같아요."

"전 장기려 박사님의 베푸는 삶을 이해할 수 있을 거 같아요. 내가 누군가를 보살피면, 북한의 가족도 누군가가 돌봐 줄 거라는 마음이었다고 했잖아요. 만나지 못하니까 평생 그 마음을 버릴 수 없었을 것 같아요."

아이들은 내게 선생이다. 기특하고 멋지며, 나의 머리를 순간적으로 강타하는 주먹이기도 하다. 그래서 고맙고, 감사하다.

활동은 '내가 할 수 있는 봉사 분야 생각하기'를 했다. 아이들에게 '봉사'라는 말에 부담이 될 것 같아서 '재능 기부'를 해 보자고 설명하고 자신이 잘할 수 있을 것 같은 분야로 이야기를 나누자고 했다. 아직은 자신이 무엇을 잘하는지 모르는 아이에게는 노력하고 싶은 분야를 정하고 그 분야의 일로 어떻게 재능 나눔을 실천할지 생각하라고 했다. 그러면서 나의 이야기를 했다.

"선생님은 교직 생활 30년이 될 때까지 재능 나눔을 할 만한 것이 없고 그저 최선을 다해 아이들을 사랑하고 가르치는 일이 전부라고 생각했어요. 할 수 있는 일은 열악한 환경의 아이들을 위해 기부를 하는 일이 다였지요. 하지만 지금은 선생님과 아이들을 대상으로 '마음을 보듬는 독서활동'을 몇 년간 계속하고 있는데 이 활동이 선생님에게는 재능 나눔이랍니다."

그러자 아이들은 조금씩 밝은 표정으로 손을 들었다.

"연주로 사람들을 위로하겠습니다."

"아이들과 운동하며 즐겁게 시간을 보내는 어른이 되겠습니다."

"전 정기적으로 고아 시설이나 노인 시설을 찾아가 봉사하는 사람이 되겠습니다."

"전 주변의 어려운 사람에게 다가가 말을 걸어 주는 사람이 되겠습니다."

"전 돈을 많이 벌어 기부하겠습니다."

마지막 말에 모두 웃음을 터뜨렸다. 그리고 꼭 그렇게 하길 기원하며 많이 벌어야만 가능한 일은 아니고 적게 벌 때 적은 액수로도 기부는 가능하다고 안내했다.

장기려 박사와 관련된 책은 어린이용보다는 성인 대상 책이 많다. 한 권씩 읽어 나가는 중에 참으로 부끄럽다는 생각을 떨칠 수가 없었다. 나 자신의 안위를 먼저 생각하고, 내 욕심 채우는 것을 먼저 챙기는 삶을 지속해 온 나에게 박사님의 삶은 투명한 유리처럼 빛나고 구차한 내 삶을 고스란히 되비치게 했다. 그리고 빛과 그늘을 생각하게 했다. 물론 자신의 것을 다 내어 주는 이야기는 공통이었지만, 어린이 책에는 박사의 빛을 조명하는 내용으로 채워졌다. 어려움이 있어도 하느님께 기도하고 매달리면 어느 순간 해결되는 이야기가 많았다. 그러나 성인의 책에서는 고뇌하고 배반당하고 좌절하는 모습이 그대로 나왔다. 빛이 아니라 그늘의 모습도 보면서 난 오히려 안심했다. 그 인간적인 모습에 나도 함께 눈물을 흘리며 기도할 수 있었기 때문이다. 장기려 박사는 고통 속에서 눈물 흘리고 안타까워하면서도 더욱 자신을 절제하고 사람을 향하여 비수를 날리지 않았으며, 오히려 더 기도에 집중하고 환자에 집중했다. 일반 상식이 전혀 통하지 않는 그만의 방식으로 헤쳐나갔다. 일반인이 보기에 그 방법은 영락없는 '바보'의 행동이었다. 단순한 사람, 복잡하게 설명할 필요가 없는 사람, 하나의 뜻에서 벗어나지 않는 사람. 하느님이 당신의 뜻을 펼치기 위해 선택한 사람이 바로 장기려 박사다.

모든 걸 받아 주는 낙서장 같은 어른

『아프리카 톤즈 마을을 울린 신부님 : 이태석』

2020년은 이태석 신부의 선종 10주기다. 선종 10주기를 맞아 '울지 마, 톤즈 2 - 슈크란 바바(감사합니다, 아버지)'가 개봉되었다. 아직도 신부의 선종은 우리에게 안타깝고, 그립고, 인정하기 싫은 그 무엇이다. 어느새 10년이라니, 아직 우리는 신부님을 보내지 못하고 있는 것 같다. 어쩌면 우리는 자꾸 기억을 재생하며 마음속의 신부님이 영원히 우리 곁에 머물기를 기원하고, 그 뜻에 조금이라도 다가가려 노력 중인지도 모르겠다. 그래야만 할 것 같다.

이태석(1962~2010) 신부의 이야기는 위인전과 만화로는 보았는데 그림책은 없다. 몇 차례 뒤졌으나 아직 그림책으로 접근하는 작가는 없나 보다. 아쉬웠다. 이 아름다운 사람의 이야기를 꼭 전해야

『아프리카 톤즈 마을을 울린 신부님 : 이태석』
박현숙 글, 윤만기 그림, 효리원, 2014

초등학교 저학년을 대상으로 한 위인전이라 글씨가 크고 그림이 많다. 성장 과정을 짧게 이야기하고, 톤즈에서 사랑을 실천하는 부분을 중심으로 다뤘다. 그림은 영상과 사진을 많이 참고한 것으로 보인다.

지 하면서 관련 동영상을 몇 시간째 보며 혼자 울다, 웃다, 박수하다, 또 울다, 웃다 박수했다. 한 사람이 저렇게 많은 사람을 변화시키고, 상황을 변화시킨다 생각하니 가슴이 벅차기도 하고, 그동안 난 뭘 했나 생각했다.

'베풀다'는 '받아 누리게 한다'는 뜻으로 흔히 많이 가지고 있는 자가 자기보다 못한 사람에게 나눔을 실천하는 걸 의미한다. 필요한 돈을 보내거나 음식이나 물건을 주는 것으로도 베풀 수 있고, 그들의 삶으로 들어가 그 삶을 이해하고, 희망을 밝혀 주고, 희망이 현실이 되게 도와줄 수도 있다. 하지만 전자와 후자의 실천은 너무나 다르고, 미치는 파급효과도 엄청 다르다. 우린 그 차이를 이태석 신부를 통해 볼 수 있다.

'슈크란 바바'를 보지 못했지만 2013년 KBS 추석특집으로 방영한 '브라스밴드, 한국에 오다' 영상은 인상적이었다. 신부의 선종 후에 제작된 것으로 여러 사람의 도움으로 브라스밴드가 한국에 와서 의미 있는 시간을 보내고 가는 다큐멘터리다. 브라스밴드 단원의 여권을 만들 때는 항공기로 직원이 톤즈에 와서 만들고, 미리 톤즈에 간 선생님이 밴드를 지도하고 준비한 후에 한국에 왔다. 이들은 제일 먼저 이태석 신부의 묘소를 참배하고 신부의 가족을 만났으며, 여러 장소로 이동하며 새로운 친구들을 사귀고 연주 활동을 했다. 마지막 무대는 '열린 음악회'였다. 장면마다 뭉클한 감동을 주고 있어서 자리를 뜨지 못했다.

　신부님은 안 계시지만 잊지 않는 사람들로 인하여 그 연결은 계속되고 있었으며, 그 사랑은 다른 곳에서, 다른 방법으로 더 확장되고 있었다. 한 사람이 심은 의로운 씨앗은 생명을 부여받아 더 튼튼하게 성장하고 꽃을 피웠고, 열매를 맺고 있었다.

　신부를 도와주던 열여섯 살 소년, 토마스 타반 아콧이 한국에서 의학 공부를 하여 2018년 9년 만에 의사 면허를 취득한 소식이 방송을 탔다. 인터뷰를 보니 고향으로 돌아가 톤즈에 사랑을 심어 준 이태석 신부처럼 살 것을 다짐하고 있었다. 사랑은 거짓말을 하지 않으며 그 온도는 뜨거워 한 번 경험하면 잊지 못하게 심장에 자국을 남긴다.

톤즈의 슈바이처

이태석 신부의 삶을 사랑의 시선으로 바라본 그림책을 고르고 싶었으나 마땅한 책이 없어 박현숙 글의 『아프리카 톤즈 마을을 울린 신부님 : 이태석』을 골랐다. 서문을 보니 작가는 이 글에서 업적을 보려 하지 않고, 어떤 마음으로 그 일을 하게 되었는지 신부님의 마음을 읽으라고 당부하고 있었다.

　미소가 환한 이태석은 10형제 중 9번째다. 신앙심이 깊고 다른 사람을 배려할 줄 아는 아이로 자랐으며 어머니가 활짝 웃도록 마음 쓰는 아들이었다. 어릴 적 벨기에 '다미안' 신부님의 생애를 그린 영화를 보고 크게 감동했다. 다미안 신부님은 한센병 환자를 돌보다 한센병으로 소천하신 분이다. 영화를 보며 이태석은 봉사하는 사람을 꿈꾸었다. 어머니의 소원대로 열심히 공부하고 의대를 졸업한 후 군의관으로 복무를 마치며 새로운 결심을 한다. 바로 신부가 되겠다는 각오다. 주변에서 말리는 사람이 많았지만, 이태석은 신부가 되기 위해 살레시오회에 입회하고 광주가톨릭대학교에서 신학을 전공했으며, 2001년 사제서품을 받자 아프리카로 떠났다.

톤즈는 남수단에 있는 곳으로 아주 열악한 곳이다. 찌는 더위에 남북 수단의 오랜 내전으로 국토는 황폐하고 전쟁의 피해로 눈빛이 거친 사람들이 살고 있었으며, 하루에 한 끼의 식사도 어렵고 집다운 집도 없는 지역이었으며, 깨끗한 물이 없고 먹을 게 부족하여 주민의 삶은 차마 눈 뜨고 볼 수 없을 지경이었다. 신부님은 그곳에 가장 필요한 의사가 되어 그들의 삶을 살피며 한 가지, 한 가지씩 바꿔 나갔다. 오로지 톤즈의 미래를 생각하고 아이들의 미래를 생각하여 급한 것부터 실천했다.

모든 그림에서 신부님은 활짝 웃고 있다. 영상을 통해 본 모습은 언제나 '활짝'이다. 한 몸으로 몇 가지의 역할(신부, 의사, 선생님, 친구 등)을 하면 지칠 법도 한데 신부님은 언제나 '스마일'이다. 낮은 곳으로 내려가 그곳의 한 명, 한 명이 예수님이라 여기며 최선을 다해 섬기는데 어찌 마음의 문을 안 열겠는가? 신부님의 환한 미소를 따라 나도 미소 지으며 글을 읽다가, 톤즈 아이들과 함께 눈물을 흘렸다. 일찍 부르시는 것도 하늘의 뜻이겠지만 마음은 너무나 아팠다.

20대까지 자신이 하고 싶은 공부를 하다, 30대에 봉사를 위한 공부를 다시 시작하고, 30대 말에 아프리카로 떠나 봉사한 사람, 슈바이처와 이태석 신부는 그 길이 참 닮았다. 그래서 이태석 신부를 '톤즈의 슈바이처'로 부르나 보다. 슈바이처처럼 오래 사셨다면 어떤 역사가 이어졌을까? 또 안쓰럽고 아쉽다.

이태석 신부는 톤즈에 도착해 제일 먼저 진료소를 정비한다. 환자를 진료할 공간을 넓히고, 약을 보관하기 위해 전기 문제를 해결하고 진료에 몰두한다. 처음 의사를 만나는 환자들은 며칠을 걸어서 찾아오기도 한다. 바쁜 와중에도 신부는 할 일 없이 시간을 보내는 아이들이 자꾸 마음에 걸린다. 아이들의 미래를 밝힐 등불이 '배움'이라고 생각한 신부님은 고민 끝에 아이들을 위해 학교를 세운다. 스스로 선생님이 되어 가르치기도 하고 선생님을 모셔 오기도 하면서 아이들의 배움에 대한 갈증을 해소한다. 나중에는 '돈 보스코' 고등학교까지 열어 배움을 이어가게 했다.

또한 전쟁의 상처로 마음이 아픈 아이들을 위해 음악을 가르치고 '브라스밴드'를 조직한다. 처음 보는 악기를 접하는 아이들은 음악의 신동처럼 악기를 다루었는데 일주일 만에 합주가 가능한 모습에 신부님은 감탄한다. 이 밴드는 수단 대통령의 초대를 받을 만큼 유명한 밴드가 된다. 무엇보다 마음을 아리게 하는 장면은 신부님과 한센병 마을의 이야기다. 통증을 느끼지 못해 세균 번식이 많다는 것을 알고 한 사람 한 사람 발을 그려 신발을 제작하여 나눠 주며 그들의 삶을 보살펴 웃음을 찾아준 신부님은 신부님이 존경했던 다미안 신부처럼 보였다.

가톨릭 신자도 아니고, 먹고 살기에 급급했던 나는 이태석 신부님을 선종 후 텔레비전 프로그램을 통해 알았다. '우리나라에도 저렇게 선을 펼치시는 분이 계셨구나!' 하면서 가슴 뭉클하고 여러 생각을 떠오르게 했다.

때론 낙서장 같은 어른으로

아이들에게 책을 들고 소개하자 여러 이야기가 쏟아져 나온다. 성당에서 영화로 보았다는 아이, 책으로 봤다는 아이, 뉴스 시간에 봤다는 아이 등 다양했다. 책을 읽고 난 뒤에 톤즈의 어려움을 먼저 살펴봤다.

"기후가 달라 어려웠을 것 같아요. 여름만 있고, 40~50도 오르내리는 곳에서 생활하려면 힘들었을 것 같아요."

"전쟁을 겪은 사람들이라 날카롭고 쉽게 마음을 열지 않아서 힘들 것 같아요."

"같은 문화를 지닌 익숙한 사람이 없어 외로웠을 것 같아요."

"불편함을 겉으로 드러내지 않는 게 어려웠을 것 같아요."

"전 먹는 게 힘들었을 거 같아요. 우리나라와 음식도 다르고 풍족하지도 않잖아요."

"화장실이 없다고 했잖아요. 휴지도 없고. 어휴, 어떻게 지내요?"

"시도 때도 없이 오는 환자는 어쩌지요? 쉬는 날이 없잖아요."

"완전히 전쟁이 끝난 것이 아니잖아요. 언제 폭격이 시작될지 모르는 곳에서 어떻게 맘 놓고 살죠?"

나는 아이들의 말을 칠판에 적어 나갔다.

한참을 아이들에게 우리와 다른 열악한 조건을 이야기하게 하니 톤즈는 완전 사람이 살 수 없는 곳으로 변하는 듯했다. 그래서 '너라면 의사 면허증이 있는데 사제가 될 수 있니?', '너라면 그런 곳으로 봉사활동을 떠나겠니?', '너의 자녀가 그곳으로 살려고 떠난다고 한다면 허락할 수 있겠니?'라고 질문했다. 그러자 시끄럽게 쫑알거리던 아이들이 일순 조용해졌다.

"봉사하는 사람에게 필요한 물건을 기부할 수는 있지만, 제가 직접 떠나지는 못할 것 같아요."

"저도요. 간다고 해도 일정한 시간 봉사하고 다시 돌아올 것 같아요."

"이태석 신부님의 어머님도 참 대단하신 분이군요. 허락하신 걸 보면."

"제 자녀가 그렇게 한다면 저는 반대할 것 같아요."

아이들의 솔직한 말을 들으니 나도 마음이 착잡해졌다. 신부님은 저리도 힘들고 어려운 길을 가시겠다고 나선 거였구나. '의사' 하면 대개 최고의 직업으로 생각하는데 이태석 신부님은 마을 사람들에게 다가가는 사랑의 도구였다. 신부님은 그 사람들과 삶을 함께하며 그들의 동무가 되었다.

활동은 칠판 가운데 이태석 신부님의 사진을 붙이고 모두 일어나 리코더로 감사의 마음을 담은 노래를 한 곡 연주했다. 그리고 좀 큰 포스트잇을 한 장씩 나눠 주고 마음을 표현해 사진 주변에 붙이라고 했다. 아이들은 엄숙하고 조용한 가운데 활동을 진행했다.

이태석 신부의 글을 읽으며 교사로서 마음에 담아 두고 싶은 글을 만났다. 톤즈에서 이태석 신부는 아마도 이 마음으로 아이들에게 다가갔으리라. 매일매일 아이들을 만나는 나도 부디 이 마음으로 아이들에게 다가가길 간절한 마음으로 기원한다.

여러 가지 이유로 인해 정신적으로, 심리적으로 아파하는 청소년들이 우리 주위엔 참 많다. 그들에게 물론 심리 치료도 상담 치료도 필요하지만 때로는 그냥 편하게 같이 있어 주고 도가 넘는 왜곡된 투정도 아무 대꾸 없이 받아줄 수 있는 낙서장 같은 어른도 꼭 필요하지 않나 생각한다. 그냥 생각나는 대로 화가 나는 대로 부담 없이 긁적이기도 하고 찢기도 할 수 있는 그런 낙서장 말이다.

(이태석,『친구가 되어 주실래요?』, P.146~147)

평화로 가는 길

『간디의 소금행진』

젊었을 때 핸드북에 빠진 적이 있다. 외국의 크기가 다양한 핸드북을 보면 부러웠다. 저런 조그만 크기의 책을 손에 들고 보면 색다른 기분이 들 것 같았다. 그때 만난 여러 권의 핸드북 중 한 권이 『간디의 자서전』이다. 제법 두꺼운 책인데 이 책을 읽고 핸드북 읽기는 그만두었다. 그리고 김구의 『백범일지』를 빨리 읽어야겠다고 생각했다. 두꺼운 책을 조그만 글자로 읽으려니 눈이 너무 피로했고, 인도의 독립 과정을 보니 우리나라의 독립 과정을 먼저 봐야 하지 않았을까 후회됐기 때문이다. 하지만 『간디의 자서전』을 읽고 간디가 왜 '위대한 영혼'으로 불리는지 마음 깊이 느낄 수 있었으며, 간디라는 인물 한 사람으로 인하여 인도가 부럽기도 했다. 한 명의 올바른 철학을 지닌 리더가 만들어 가는 세상이 어떤 세상인지, 어떻게 민중을 이끌어 가는지, 그리고 그 중심에는 어떤 숭고한 정신이 자리 잡고 있어야 하는지 알게 됐다. 그 후 어떤 책보다 간디를 떠올리게 하는 책이 되었다.

모한다스 카람찬드 간디(1869~1948)는 인도 민족운동의 지도자이자 사상가이자 비폭력운동을 추진한 인물로 '마하트마 간디(Mahatma Gandhi)'라는 이름으로 널리 알려졌다. '마하트마'는 '위대한 영혼'이란 뜻으로 인도의 시인 타고르가 지어 준 이름이다. 간디는 영국에 유학해 법률을 배우고 귀국해 변호사로 개업했다. 1893년의 남아프리카공화국으로 가 백인에게 박해받는 인도인들을 보고 1915년 귀국할 때까지 인도인의 지위와 인간적인 권리를 위해 투쟁했다. 이후 아힘사(불살생), 무소유를 중심으로 하는 사상적 바탕 위에 사티아그라하(진리의 주장) 운동, 아슈람 공동체 운동 등을 전개했고, 영국에 대한 비협력 운동으로 납세 거부·취업 거부·상품 불매 등을 통한 비폭력 저항운동을 지도했다. 인도 카스트의 최하층인 하리잔의 지위 향상을 위해서도 노력했으며, 그가 보인 평화정신은 세계인의 공감을 받았다.

간디의 독립운동 행보는 크게 두 시기로 나뉜다. 수줍음에 한마디 변론을 못 했던 변호사가 남아프리카공화국으로 가 동포들의 처참한 삶을 보고 차별을 없애기 위해 노력한 시기와 인도로 돌아

『간디의 소금행진』
앨리스 B. 맥긴티 글, 토마스 곤잘레스 그림, 여유당, 2014

표지는 화려한 석양을 등진 간디의 얼굴을 크게 클로즈업했다. 간디의 상징으로 여겨지는 동그란 안경과 오랫동안 걸어 구릿빛으로 변한 얼굴에 강한 의지가 엿보인다. 가로로 긴 판형은 행진에 참여한 사람들을 다채롭게 보여 준다.

와 지방 곳곳을 다니며 독립운동을 전개한 시기다. 1년을 계약하고 남아프리카공화국으로 갔지만 21년 동안 머무르며 인도인의 차별 철폐를 위해 노력했고, 인도로 돌아와서도 그의 행보는 오로지 200년간 영국의 식민치하에 있던 인도를 독립국으로 만드는 일이었다. 간디는 시간이 지날수록, 어려움을 겪을수록 단단한 민족의 지도자가 되었다.

남아프리카공화국에서건 인도로 돌아와서건 그의 독립운동 방향은 비폭력 무저항 시민 불복종 운동이었다. 폭력을 쓰면 상대방이 거칠게 폭력으로 개입하라는 빌미를 주는 일이라 언제나 최소의 피해로 최고의 효과를 내기 위한 평화적 노선으로 운동을 전개했다. 이 정신은 톨스토이의 사상에서 비롯되었으며, 간디의 실천은 이후 많은 시민운동가에게 영향을 미친다.

소금 행진, 평등에 다가가는 길

간디의 삶을 조명하고 돋보이게 하는 책을 찾기 위해 많이 노력했다. 그 와중에 만난 책이 앨리스 B. 맥긴티의 『간디의 소금행진』이다. '소금행진'은 간디의 독립운동사에 뺄 수 없는 사건이다. 24일간의 도보 행진에 수많은 인도인이 뒤따르고, 경찰이 뒤따랐으며, 많은 외신기자가 일거수일투족을 관찰하는 대서사시의 사건이다. 글 작가는 이 사건을 집중적으로 다루며 지도자 간디의 모습을 시적으로 표현했다. 운율이 있고 흥얼흥얼 노래하는 것 같은 서사 안에는 간디의 정신이 고스란히 배어 있다. 반드시 소리 내어 잔잔하게 읽어 보길 권한다. 그림은 화려하지 않게 배경이 되도록 처리하고 있다.

처음에 만나는 글은 소금행진에 대한 배경을 설명하는 서문이다. 본문과 다른 서체로 되어 있으며 간디의 어린 시절과 성격, 소금 채취 금지법의 부당함, 비폭력 저항 운동을 간단하게 설명한다. 동트기 전, 간디와 70명이 넘는 사람이 출발한 여정에 수천 명의 인도 사람이 몰려와 자유와 더 나은 삶을 위한 싸움에서 승리를 빌며 법에 대항하는 행진에 참여한다. 한때 조용한 아이였던, 한때 부끄러움이 너무 많아 말도 제대로 못 하던 변호사 간디가 많은 사람 앞에 단호하게 연설한다. 인도 사람의 소금 채취를 금지하는 것은 잘못이라고, 소금 살 때 붙는 세금도, 옷감 살 때 붙는 세금도 잘못이라고 말한다. 법을 어길 때마다, 한 걸음 한 걸음 걸을 때마다, 물레를 돌릴 때마다 인도 사람 누구나 이 싸움에 참여하는 거라고, 자유에 한 걸음 더 가까워지는 거라고.

간디가 멈춘 곳은 불가촉천민들 앞이다. 그들을 '하리잔(신의 자녀들)'이라 부르며 영국인이 인도인에게 한 차별을 인도 사람끼리 해도 되느냐고 묻는다. 마침내 도착한 아라비아해, 검은 모래 속 하얀 소금. 간디는 앙상한 손으로 소금을 머금은 모래를 퍼 올린다. 인도 곳곳에서 소금을 퍼 올려 불순물을 없애고, 사고, 팔고, 음식에 넣어 먹었다. 사람들은 체포되어 감옥에 갇혔고, 감옥이 꽉 차고 넘치자 사람들을 풀어줘야 했다. 소금이 이처럼 달콤했던 적은 없었다.

중심내용은 행진 과정이지만 굽이굽이 간디의 생애와 사상을 넣었다. 소금행진과 관계없는 물레 돌리기(영국 옷감 불매운동)가 노래의 중간에 한 가락이 되었으며, 불가촉천민의 이야기를 넣어 카스트제도 타파에 노력한 점을 이야기했고, 힌두교도와 회교도, 기독교가 한 가족처럼 기도하고, 물레를 돌리고, 정의를 위해 뭉치기를 원했던 간디의 생각을 작가는 노래에 담았다.

간디의 소금행진은 비폭력 시민 불복종 운동의 정수다. 영국은 인도를 식민지배하면서 소금을 영국 독점품목으로 만들었다. 인도의 바다에서 인도인의 싼 노동력을 이용해 소금을 만들고, 높은 세금을 받고 인도인에게 되팔았다. 간디는 소금은 당연히 인도인의 것이라며 '사티아그라하'를 선언한다. 바로 비폭력 저항 운동을 시작한 것이다. 1930년 3월 13일 간디는 78명과 걷기 시작하여, 날이 지나면서 간디의 대열은 수만 명으로 늘어났다. 간디가 걸은 이 길은 총 380km다. 마침내 간디 일행은 목적지에 도착해 바닷물로 소금을 만들었다. 영국 정부는 염세에 대한 불복종 운동이 확대되자 탄압에 나서 6만여 명을 체포했다. 간디의 소금행진은 염세 거부를 통한 독립 투쟁이자 비폭력 저항 운동의 상징이 되었다.

비폭력 저항 운동의 힘

아이들과 이 책을 읽기 전, 인도 독립운동의 과정인데 왜 인권 운동으로 간디를 보았는지에 대한 관점을 먼저 설명했다. 독립운동의 전개 과정이 인도인의 차별철폐 운동으로 전개된 점과 인도의 신분제도를 타파하기 위해 노력한 점, 독립한 후에 종교분쟁이 일어났을 때 서로의 종교를 인정하고 하나의 인도를 만들기 위해 노력했던 점을 미리 설명했다. 그리고 독립운동 방식이 폭력을 사용하고, 폭탄을 터뜨리고, 누군가를 암살하는 식으로 전개한 것이 아니라, 비폭력으로 전개한 점도 설명했다. 아이들이 간디의 생애에 대한 전반적인 이해가 있는 상태는 아니었다. 그래서 그림책의 내용만으로는 간디를 안다고 할 수 없어 이런저런 설명이 길어졌다. 아이들은 설명을 듣고 나더니 한 마디씩 보탰다.

"간디의 이야기를 들으면서 우리나라 독립운동을 하신 분들이 생각나요."

"우리나라도 식민 지배를 받았던 설움이 마음 아프게 느껴져요."

"감옥에 많은 사람이 갇혔다고 하는데 감옥 안에서 어떤 생활을 했는지 궁금해요."

"다른 책에서 보면 감옥에서 많은 노동을 했다고 하는데, 함께 저항 운동을 한 사람들이라 간디도 인도인들도 감옥 가는 것을 두려워하지 않게 되었다고 해요."

가로로 긴 판형은 그림을 꽉 채워 길 위의 사람들을 보여 주고 그 위로 이야기는 노래하듯이 흐른다. 법을 어기고, 법에 대항하는 행진으로 엄청난 사람들이 체포되는 사건인데 그림책은 평화롭기만 하다. 이미 각오한 사람들에게는, 이미 용기를 낸 사람들에게는 두려움이 그저 지나가는 바람인가 보다. 이 비폭력으로 단결된 힘은 엄청나다. 전체적인 느낌을 이야기해 보라고 하니 아이들은 우리나라의 독립운동과 비교하면서 이야기를 꺼냈다.

"독립운동이 아니라 소풍 가고 있는 것 같아요."

"행진하는 사람들을 위로하기 위해 공연하는 걸 보면 걷는 게 즐거운 일일 수 있었을 것 같아요."

"걷는 중에는 불법을 저지르지 않았으니 체포할 수 없지요?"

"소금 만드는 걸 보고 체포했다고 해요. 그 자리에서 간디도 체포되지요."

"참 독특한 운동이에요. 3·1운동이 비폭력 만세운동이라고 했는데 일본 경찰과 비교되는걸요."

"아마도 여러 나라의 기자들이 동행하고 있어서 조심한 것도 있었을 것 같아요. 간디는 세계적으로 주목받는 인물이었거든요."

"간디도 김구처럼 암살되었지요?"

"맞아요, 이슬람교도와 힌두교도가 함께 인도를 만들어야 한다고 주장하니까 불만을 품은 힌두교도 청년이 총을 쏘았어요. 인도는 인도와 파키스탄이란 두 개의 나라로 분리 독립되지요."

아이들은 비폭력 저항 운동을 소금행진으로 배웠다. 평화적인 방법으로도 원하는 바를 얻을 수 있다는 지혜를 책을 통해서 터득하는 과정이었다. 사실 간디의 개인적인 삶을 보면 폭력을 당하여 죽다 살아난 적도 있다. 그런 상황에서도 폭력자 처벌을 원하지 않았다. 그 큰마음은 어디에서 비롯되는 것일까? 그림책 한 권으로 간디의 정신을 공부한 시간이었다.

활동은 비폭력을 경험하는 '단결하여 단호하게!'로 했다. 역할극 놀이인데 폭력적인 말이나 행동을 하면 나머지 사람들이 어떻게 말할지 상의한 후 한꺼번에 단호한 어투로 못하도록 막는 말과 행동을 한다. 너무 큰 소리로 노래 부르는 친구에게 다가가 "너 혼자 있는 곳이 아니야. 조용히 해 줄래!", 친구에게 기분 나쁘게 말하고 행동하는 친구에게 다가가 "너에게 그렇게 하면 좋겠니? 그만하면 좋겠어!" 하는 식으로 역할극을 한다. 단결은 서로 연대해 힘을 키운다는 의미다. 사실 혼자서 나서는 것도, 함께 나서는 것도 용기가 필요하다. 폭력을 폭력으로 대응하지 않고 연대하여 말로 해결할 수 있다면 그것 또한 막강한 힘이다. 이 활동은 역할을 계속 바꾸는 것이 좋다. 그러는 과정에서 역할의 느낌을 인지할 수 있기 때문이다. 한차례 소란스러운 과정이 지나고 나니 모두 얼굴이 밝아진 느낌이 든다.

불씨가 된 위대한 용기

『일어나요, 로자』

예전에 우리나라에서는 유색인종에 대한 차별이 그다지 심각한 일이 아니었다. 일상에 우리와 피부색이 다른 사람은 많지 않았기 때문이다. 하지만 지금은 아니다. 대한민국은 동아시아의 조그만 나라지만 국제사회에서 인지도가 낮은 나라가 아니다. 그러다 보니 일상에서 다양한 피부색의 사람을 만나게 된다. 우리 반 아이들에게 외국인을 만나지 않고 등교하거나 하교한 적이 있느냐고 물었을 때 아이들은 불가능하다고 했다. 그만큼 다양한 국적의 사람들이 우리나라를 방문하고 있으며, 다양한 피부색의 사람들이 어울려 살고 있다.

하지만 그들 모두를 차별 없이 대하고 있는지는 살펴볼 일이다. 나보다 낮은 사람을 하대하던 습성과 마음속 벽으로 그들을 '혐오대상'으로 삼고 차별하는 현상이 늘어나고 있다. 동남아에서 온 우리보다 피부색이 좀 진한 사람이면 '똥남'이라고 부르며 무시한다. 피부색에 의한 차별이 이제는 다른 나라의 이야기가 아니다. 인구절벽의 시대에 자라나는 우리 아이들은 다른 피부색의 사람과 협력하고 공존해야 할 세대다. 그러므로 타자의 인권을 존중하고 그들과 더불어 살아가는 힘을 기르는 것은 중요하다.

링컨 대통령의 노예해방 선언은 1863년 1월 1일이다. 100여 년이 지난 1955년 미국은 인종분리정책에 의해 평등하지 않은 세상이었다. 특히 남부는 그 정도가 너무나 심각했다. 식당에서도, 수돗가에서도, 화장실에서도, 학교에서도, 버스에서도 백인과 흑인은 분리된 공간을 이용했고, 흑인은 차별을 받았다. 흑인들은 유색인 인권협회를 만들어 활동했는데 그러던 중 로자 파크스(1913~2005)가 인권 운동의 불씨를 지폈다. 이후 유색인 인권 운동은 거대한 물결을 이뤄 1964년 1차 공민법 선포를 이뤄낸다. 불씨가 된 사건은 자리에서 일어나라는 운전기사의 말에 로자 파크스가 한 "NO(싫다)."라는 말이었다. 용기 있게 말한 한 여성의 행동에 수많은 사람이 마음을 합하여 평화적이고 단합된 행진으로 사회를 바꾼 것이다. 역사가는 이를 '몽고메리 버스 보이콧 사건'이라고 한다.

'몽고메리 버스 보이콧 사건'은 로자 파크스의 한마디로 시작된다. 경찰에 연행된 로자 파크스는 보석금을 내고 그날 저녁에 풀려

『일어나요, 로자』
니키 지오바니 글, 브라이언 콜리어 그림, 웅진주니어, 2006

표지는 경찰이 로자에게 다가가서 일어나라고 강요하며 경찰서로 연행하기 직전의 장면이다. 이 장면이 연출된 장소는 물론 버스 안이다. 그림에서 로자의 머리 뒤쪽은 노란색 얼음 모양의 빛으로 처리했고 그 뒤로는 벽이다. 벽은 위로 갈수록 검은색이 짙어진다. 그림 작가가 왜 이런 방법으로 표지를 표현했는지 독자는 해석해야 한다.

난다. 이 사건은 앨라배마 주립 대학교수 조 안 로빈슨에게 전해지고, 밤을 새워 3만 5천여 장의 버스 보이콧을 선언하는 유인물을 만들었다. 승차 거부 운동이 거세지던 중에 로자 파크스는 질서를 어지럽힌 혐의로 기소되어 유죄를 선고를 받아 14달러의 법정 비용을 물게 됐다. 그녀는 이에 항소하여 무죄와 인종 분리법에 정식으로 도전한다. 이 일은 승차 거부 운동에 기름을 부었다.

평등의 불씨를 살린 사람

『일어나요, 로자』는 로자 파크스가 주인공이다. 한 사람의 용기 있는 행동에 지지를 보냈던 많은 사람들이 또 다른 주인공이 되어 함께 만들어 가는 역사를 기록했다.

　로자는 12월 첫날 기분이 좋았다. 감기 기운이 있는 어머니는 기운을 차리고 식탁에서 아침을 드셨고, 남편은 일류 이발사로 공군 부대에서도 일을 맡아 달라는 요청을 받았으며 아직 크리스마스 시즌이 아니라 일에 여유가 있었다. 로자는 언제나처럼 버스 앞문으로 동전을 내고 흑인 전용 좌석이 있는 뒷문으로 탔다. 흑인과 백인 누구나 앉을 수 있는 공용좌석이 남아 있어 로자는 자리에 앉았다. 버스가 몇 번 서고 멈추는 사이 버스 기사는 공용좌석에 앉은 흑인들에게 일어나라고 소리쳤다. 로자는 옳지 않은 일에 굴복하지 않으리라 생각하고 자리에서 일어나지 않았다. 인종 분리에 지쳤고, 평등하지 않은 것에 지쳤다고 생각했다. 결국, 로자는 일어서기를 단호하게 거부하고 체포되었다.

지역 여성 단체의 일원들은 그날 밤 일을 분담하여 '오늘, 버스를 타지 맙시다.', '승차 거부하여 로자 파크스를 도와줍시다.', '월요일에는 걸어 다닙시다.'라는 내용의 포스터를 제작했다. 그리고 지역 여성 단체를 비롯해 유색인 인권협회, 모든 교회가 단합하여 대규모 집회를 열었고, 인종 차별에 항거할 대변인으로 마틴 루터 킹 목사가 앞장섰다. 그렇게 해서 빗속에서도 걷고, 땡볕에서도, 이른 아침에도, 늦은 밤에도 걸었다. 크리스마스에도 걷고, 부활절에도, 독립기념일에도, 노동절에도 걸었다. 전국에서 몽고메리 시민들을 지원하며 비폭력 저항 운동을 자랑스러워했다. 로자 파크스가 체포된 지 거의 1년이 다 되어 가는 1956년 11월 13일 미국 연방대법원은 버스 안에서의 인종 분리는 '불법'이라는 판결을 내렸다. 로자 파크스의 '싫다'로 모든 국민은 법 앞에 평등하며 누구나 법의 보호를 받을 권리가 있다는 것을 보여 주었다.

그림은 전체적으로 콜라주 기법을 활용했다. 한 화면이 자연스러운 한 폭의 그림으로 완성된 것이 아니라 형태들의 조합이 만들어 낸 이미지다. 그림은 현장성을 전달하기도 하지만 현장을 떠나 심리적 상태를 표현하기도 한다. 대표적인 부분이 앞표지 설명에서 언급한 경찰과 대치한 장면이다. 또 하나는 백인과 흑인의 출입문이 다른 가게 앞에서 고개를 숙이고 한 손을 높이 치켜든 장면이다. 마지막으로, 로자 파크스의 정신을 기리는 장면 또한 상징적 이미지를 표현한 부분으로 봐야 한다.

버스 안에서 로자의 앞사람이 읽고 있는 신문의 제목 기사는 '에메트 틸 폭행당하다'인데 로자 파크스의 사건과 맥을 같이하고 있다. 1954년 학교에서의 인종 분리는 불법이라는 판결이 나오고 얼마 후 열네 살의 에메트 틸이 무자비하게 폭행을 당해 사망했다. 그의 장례식에 10만 명이 넘는 추모객이 모였는데, 그 살해범이 풀려난 지 불과 몇 주 지나지 않아 로자 파크스가 체포된 것이다. 인종 분리 정책이 옳지 않다고 생각하던 중에 일어난 로자 파크스의 사건은 대대적인 저항운동의 동기가 되었음을 작가는 의미심장하게 신문 그림으로 복선을 깔았다.

거리로 퍼져 나간 한 사람의 용기

'싫다'라는 말 한마디 때문에 체포되었다가 저녁에 풀려난 사건은 그리 큰 사건이 아니다. 하지만 인권 단체들과 교회들의 발 빠른 연대가 사건을 키우고 아름답게 마무리했다. 폭력적 장면 없이 그저 걷고, 행진하는 것으로 자신들의 주장을 말했다. 연방법이 통과되고 몽고메리시에 공식적으로 전달될 때까지 381일을 투쟁한 끈질김이, 두려움 없이 참여한 시민의 단결이 차별하는 법을 무너뜨리는 힘이 되었다. 로자 파크스는 승차 거부 운동으로 해고되었으며, 흑인인권 운동가로 변신하여 전국을 돌며 강연하고 평등한 세상을 만들려 노력했다. 미국의회도서관에는 로자 파크스의 앉아 있는 동상이 있다고 한다. 버스에서 일어나지 않고 '앉아 있음'으로 저항했다는 의미를 담고 있다.

로자 파크스에 대한 그림책은 여러 권이 있다. 이는 그만큼 중요한 사건으로 생각하는 사람이 많다는 뜻이다. 나는 '용기'에 집중했다. "싫다!"라고 말한 용기가 많은 사람에게 퍼져 거리로 나오게 하고, 행동으로 옮기는 힘이 됐다. 책을 읽기 전에 한 사람의 용기가 어떻게 발전하는지 살펴보자고 강조한 후 책을 읽었다.

"인종 분리 정책이 뭔지 알아요? 흑인과 백인의 사용 공간을 분리하는 걸 말하는데 그게 법으로 정해졌어요."

"그럼, 그 법은 지켜야 해요?"

"그건 차별이잖아요. 법은 누구에게나 공평해야 하지 않나요?"

"먼저 법을 바꿔야 하는군요."

"법을 바꾸는 사람이 모두 백인이라면 바꿀까요?"

"쉽지 않지요."

"맞아요. 이 책은 그 쉽지 않은 법을 바꾸려고 노력한 사람들의 이야기입니다."

앞에서 나눈 이야기 때문인지 아는 이야기라고 하던 아이들도 조용히 책에 집중했다. 우선 처음부터 흐름대로 읽었다. 그리고 그림을 보거나 부연 설명이 필요한 부분을 다시 읽었다. 아이들은 그림 작가의 의도를 처음에는 파악하지 못하다 설명을 곁들이니 그제야 고개를 끄덕인다.

『간디의 소금행진』으로 비폭력이 무엇인지, 어떤 힘을 발휘하는지 보았던 아이들은 몽고메리의 행진에 응원을 보냈다. 화면이 펼친 면으로 넓어지고 연방대법원을 향하는 씩씩한 발걸음도 인상적인데, 전국에서 보내 온 물품으로 1년 동안 행진을 응원했으며 그로 인해 더욱 단결할 수 있었다는 내용은 감동 그 자체였다. 법을 바꾸는 힘은 로자 파크스 혼자의 힘이 결코 아니다. 걸으면서 동참한 사람, 전국에서 응원을 보낸 사람, 그리고 신발, 외투와 같은 물품을 보낸 사람 모두가 이뤄낸 승리였다. 또 비폭력 저항은 시위에 참여한 사람만의 승리가 아니다. 비로소 평등한 법을 만든 사람들과 이를 승인한 사람, 모두의 승리다. 그래서 비폭력이 위대하다.

"고치기 쉽지 않은 법을 어떻게 바꿨나요?"

"그 법이 부당하다고 생각하는 많은 사람의 버스 승차 거부로 바뀌게 되었어요."

"1년 내내 그렇게 하기는 정말 어려웠을 거예요. 날씨가 안 좋거나, 몸이 안 좋은 날도 있잖아요."

"그런데도 참으며 했다는 건 '용기'지요."

"혼자라면 못했을 거예요. 서로가 서로에게 '용기'를 주었으니 그 긴 시간을 한 거지요."

"목숨을 내놓고 해야 하는 운동이라면 그렇게 많은 사람이 동참할 수 있었을까요?"

"결국, 비폭력 운동이기 때문에 가능했겠네요."

아이들과 책의 내용을 가지고 이런저런 이야기를 나누니 책에서 다루지 않은 내용까지 자신들의 생각을 이어 나갔다.

활동은 '용기를 내보자!'로 진행했다. A4 용지에 가로 3칸, 세로 3칸으로 9칸을 만들어 가운데에 내가 용기를 낼 내용을 적고 나머지 8칸은 실천 사항을 적게 한다. 실천 사항이 여덟 가지여서 구체적으로 계획을 짜야 한다. 그리고 그 결과를 친구에게 발표하면 친구들은 그 발표를 듣고 "넌 할 수 있을 거야!"라는 말로 응원하도록 한다.

공존과 평화, 함께 사는 법

『마틴 루터 킹』

1963년 마틴 루터 킹은 워싱턴에서 대규모 집회를 계획한다. 10만 명이 모일 거라 예상했는데, 전국 각지에서 모인 25만 명이 넘는 사람들이 민권법 통과를 호소하며 행진해 링컨기념관 광장에 모였다.

"여러분, 저는 지금 우리가 겪고 있는 어려움과 좌절에도 불구하고 하나의 꿈을 가지고 있습니다. 그것은 미국의 꿈에 깊게 뿌리박힌 꿈입니다. 어느 날 이 나라 국민 모두가 '모든 인간은 평등하게 태어났다는 진리를 자명하게 믿는다.'고 한 헌법 구절의 진정한 의미에 충실하게 살아갈 날이 올 것이라는 꿈을 갖고 있습니다. 어느 날 조지아주의 붉은 언덕에서 옛 노예의 자손들과 옛 주인의 자손들이 형제

『마틴 루터 킹』
도린 래퍼포트 글, 브라이언 콜리어 그림, 아이세움, 2010

마틴 루터 킹이 환하게 웃는 얼굴 모습을 확대하여 표현했는데 자세히 보면 유리 위에 그려진 느낌이다. 그림 작가의 설명에 의하면 교회의 색깔 유리창을 의도적으로 표현했다고 한다. 색깔 유리창의 다양한 색으로 인종의 다양성을 표현한 것은 종교적 공간을 상징하고, 이 유리창은 정치적 모습을 비추는 거울이라고 한다.

애의 식탁 앞에 함께 앉아 있을 수 있으리라는 꿈을 갖고 있습니다. 어느 날 불의와 억압의 기운으로 가득 찬 미시시피주조차도 자유와 정의의 오아시스로 변화하리라는 꿈도 갖고 있습니다. 나의 네 어린 자식들이 그들의 피부 빛깔이 아니라 그들의 인품으로 평가될 수 있는 날이 오리라는 꿈도 갖고 있습니다."

(권태선, 『마틴 루터 킹』, P.123~124)

    이날 마지막 연사로 나선 마틴 루터 킹 연설의 일부분이다. 헌법의 준수가 너무나 자연스러운 세상을 바란다는 꿈이 마음 아프게 다가온다. 이 행진은 1964년 분리정책을 없애는 민권법을 통과시키고, 흑인의 공정한 투표권을 보장하는 1965년 투표권법으로 이어진다.

    이 인권 운동 성공의 중심에 마틴 루터 킹(1929~1968)이 있다. 1955년 '몽고메리 버스 보이콧 사건'의 공식적인 대변인으로 나선 마틴 루터 킹은 목사라는 직업에서 흑인인권운동가, 민권운동가, 반전운동가로 1950년대, 1960년대 중심적인 역할을 했다. 간디의 비폭력 저항 운동에 큰 감명을 받은 후, 모든 시위 장면에서 비폭력을 주장한다. '사랑'과 '평화'만이 사회를 변화시키고 성장시킨다고 강조한다. 집이 폭파되고 정신이상자로부터 위협적인 자상을 입었을 때도 그들을 용서하고 큰 사랑만이 세상의 길임을 몸소 실천한다. 이런 계속되는 시위 과정에서 마틴 루터 킹의 주장을 무시하는 사람들이 등장하지만, 그의 비폭력에 대한 신념은 흔들리지 않는다.

마틴 루터 킹에 대한 그림책을 선정하고도 막막한 느낌이 들어서 몇 번이고 다시 읽기를 반복하고 난 뒤에야 마음이 고요해졌다. 반복해 읽으면서도 뭉클한 마음과 차오르는 눈물은 어쩔 수 없었다. 대중을 휘어잡는 연설이 중간중간에 나오는데 다시 봐도 그곳의 열기가 느껴지는 착각이 든다. 어떤 때는 아무 준비 없이 '하느님, 이끌어 주세요.' 기도하고 시작하는데도 청중의 마음에 다가가고 그들의 마음 깊은 곳을 건드리는 연설을 한다. 말솜씨라기보다는 진심으로 다가가려는 노력과 말과 행동이 하나로 움직이는 힘이리라.

뜻깊은 말로 진심에 다가가기

글은 검은색 글씨와 다른 색의 큰 글씨로 나뉘는데 큰 글씨는 마틴 루터 킹의 말을 직접 인용한 문장이다. 그림은 스테인드글라스로 장소의 상징을 넣었으며, 콜라주 기법이 자연스럽게 들어가 강렬한 인상을 준다.

마틴은 '뜻깊은 말'을 배우고자 했으며 성경을 통하여 뜻깊은 말을 깨닫는다. 그리고 "미움으로는 미움을 몰아낼 수 없습니다. 오직 사랑으로 미움을 몰아낼 수 있습니다."라고 말하며 비폭력 운동을 실천하고, 공존과 평화, 함께 사는 방법을 모색한다. 앨라배마주의 몽고메리에서 381일간 행진과 대화와 기도를 대중과 함께하며 흑인들의 권리를 찾기 위해 노력한다. 10년간 계속된 민권 운동으로 감옥에 갇히고, 폭행당하고, 살해 위협은 계속되었으나 '사랑은 세상 모든 문제를 푸는 열쇠'라고 함께 하는 사람들을 설득했다. 그리하여 남부에서 '백인 전용'이라는 문구가 사라지고, 1964년, 마틴에게 수여된 노벨평화상은 '주먹이 아니라, 말로 싸우라는 가르침'을 기리는 상이 되었다. 마틴은 부르면 그곳이 어디라도 마다하지 않았고, 환경미화원을 도우러 갔던 멤피스에서 마침내 피살된다.

마틴의 죽음을 알리는 장면은 마틴이 심각한 눈빛으로 정면을 바라보고 있는데 가로로 4개의 줄이 있고 사방은 색유리로 처리했다. 다음 한 장을 넘기면 줌아웃 된 것처럼 영정이 작아지고 주변의 상황을 보여 준다. 마틴 루터 킹의 영전에는 네 개의 촛불이 불을 밝히고 있다. 네 개의 양초는 1963년 식스틴스 스트리트 침례교회에서 숨진 네 명의 소녀를 나타낸다고 한다. 희생자들에 의해 민권운동이 완성되었음을 느낄 수 있다.

이 책을 읽은 후에는 동영상으로 한글 자막이 있는 마틴 루터 킹의 명연설 'I HAVE A DREAM'을 함께 시청하긴 바란다. '말의 힘이 저렇게 발현되는구나!' 하는 것을 온몸으로 느낄 수 있다. 책과는 또 다른 뭉클함을 선사할 것이다.

마틴은 1955년 12월 인권운동가로 발을 딛고 1968년 4월 피살되기까지 10년이 조금 넘는 세월을 치열하게 살았다. 그 치열한 삶을 어린이가 보는 그림책에 다 담는 것은 불가능하다. 그러자니 작가의 고민이 깊어질 수밖에 없다. 이 작품을 보면서 응축된 언어로 서사를 풀어가며 되짚고, 되짚었을 그의 고뇌가 느껴졌다. 어린이에게 위인 그림책을 읽어 줄 때, 교사나 보호자는 위인의 삶을 충분히 조명한 뒤에 읽어 주었으면 좋겠다. 낱말 사이의 공백과 행간에 숨겨진 의미를 파악하며 읽도록 유도하기 위해선 그림책 한 권이 시작점이 되길 기원한다.

꿈은 만들어 가는 것

이 책에서는 흑인의 참정권 쟁취 운동으로 1965년 3월 앨라배마주 셀마에서 몽고메리까지의 행진이 빠졌다. '셀마 행진'이라 불리는 이 행진은 세 번의 시도로 완성된다. 1차는 마틴이 참석하지 못하는데 에드먼드 페투스 다리 위에 경찰이 무장하고 기다리다 엄청난 강제 진압을 하고, 그 장면은 그대로 생방송으로 세계로 나간다. 노벨평화상을 받고 유럽에서 돌아온 마틴은 이틀 후 2차 행진에 참여하지만, 다리에서의 무력진압으로 사망 사건이 발생하자 또 중도에 멈춘다. 3차는 대통령 린든 존슨이 연방군을 파견하여 연방군의 호위를 받으며 셀마에서 시작된 행진이 몽고메리에 도착한다. 이 행진은 1965년 9월 '투표권법'을 통과시키는 결정적 역할을 한다. 이렇게 행간의 이야기가 존재함을 알고 글을 읽어 주는 것이 중요하다.

"어떤가요? 어떤 마음이 들어요?"

"너무 슬퍼요. 총에 맞아 죽는 게 안타까워요."

"저라면 용기가 없어 앞에 나서지는 못하지만, 뒤에서 함께 걷는 일은 참여할 것 같아요."

"함께 용기 내는 사람들이 대단해 보여요."

"여러분이 인간적인 대접을 받지 못하고 차별을 받는다면 어떻게 할 건가요?"

"참을 수 없을 것 같아요."

"참지 못하고 대드는 사람을 죽이려 든다면 어쩌지요?"

"말 안 하고 살아야겠군요."

"그래도 가슴 속에 억울함이 늘 있을 것 같아요."

"그럼 어떻게 할 건가요?"

"모르는 척, 관계없는 척하며 살 것 같아요."

"힘을 모아야 할 것 같아요."

"함께 해야 힘이 세지고, 누군가 관심 있게 봐 주겠지요."

"일을 성사시키는 데 훌륭한 리더가 있어야 한다는 게 느껴져요."

중간에 질문만 한 번씩 던져 주고 아이들이 자유롭게 이야기하도록 했다. 느낌이나 생각도 있고, 새롭게 다지는 이야기들도 나왔다. '네 생각이 어떠니?'를 입에 붙은 질문처럼 아이들에게 하고 다닌다. 어떤 생각이든 한마디 해야 이동한다. 책을 읽고 나서 남의 이야기만 듣는 것은 의미 없다. '내 생각'이 주인이 되도록 독려할 필요가 있다.

활동은 'I HAVE A DREAM'이다. 내 꿈을 만들어 나가는 거다. 그림을 그리고 설명하는 문장을 추가하는 활동으로 했다. 마틴 루터 킹의 꿈은 크고 원대한 꿈이라서 그처럼 힘든 과정을 거쳤는지도 모른다. 소소한 꿈을 향해 달려가는 것도 좋지만 가슴속에 팽창된 원대한 꿈을 가져보는 것도 좋은 것 같다. 꿈은 꾸는 것이 아니라, 가지는 거라고 한다. 그래야 그 꿈에 몸과 마음이 움직인다고 한다. 몰두한 아이들의 모습이 아름답다.

인종 차별을 화합으로

『넬슨 만델라』

인권 운동, 비폭력운동으로 맥을 같이하는 분들 중 제일 마지막에 넬슨 만델라를 놓았는데 정말 흐름을 말끔하게 정리한 리더라 생각한다.

남아프리카공화국은 아프리카대륙의 최남단에 있다. 희망봉이 발견된 후 네덜란드 동인도회사의 동양무역 보급기지로 쓰였다. 네덜란드인(보어인)이 흑인들이 살던 지역에 들어와 주인 행세를 했고, 1899년 보어전쟁에서 영국이 승리함으로 영국령이 된다. 1961년 영국의 식민지에서 벗어나 남아프리카공화국으로 선포하나, 이 나라는 13%의 백인만을 위한 나라로 인종 차별 정책이 더욱 극심한 지역이 된다. 흑인들이 살던 땅에 백인이 들어와 주인 행세를 하며, 원래 주인을 노예 취급하고 온갖 차별 정책으로 억압했다.

『넬슨 만델라』
알랭 세르 글, 자위 그림, 문학동네, 2011

표지는 오른손을 높이 치켜든 만델라 뒤로 지지자들이 환호하고 있는 모습이다. 27년이란 긴 세월 동안 감옥이란 장벽을 넘어, 인종 차별의 장벽을 넘고, 무지개 나라 아프리카를 꿈꾼 사람이 바로 넬슨 만델라다.

차별 정책에 제일 먼저 저항한 사람은 간디다. 간디는 21년간 남아프리카공화국에 머무르며 인도인 차별을 비폭력 저항 운동으로 개선해 나갔다. 이것을 본받은 아프리카민족회의(ANC)는 흑인들의 단합을 도모하며 비폭력 저항 운동을 전개한다. 남아프리카공화국에는 '아파르트헤이트(apartheid, 인종 분리 정책)'라는 극단적인 인종 차별 정책과 제도로 흑인들의 인권을 무시하고 백인우월주의를 주장한 나쁜 정책이 있었으며 날이 갈수록 악랄해졌다. 인종 별로 거주 지역을 나누고, 인종 간 통혼을 금지하며, 흑인을 외국인으로 만드는 반투자치법 등의 차별, 분리, 격리 정책을 펼쳤다.

넬슨 만델라(1918~2013)는 아파르트헤이트 정책이 추진되는 시대에 흑인들의 인권과 권리 회복에 투신한 인물이다. 아프리카민족회의에 가입하여 중추적 역할을 하며, 비폭력 저항 운동을 전개하다 한계를 느끼고 '국민의 창'을 설립하여 무장 항전을 실천한다. 이것이 발각되어 '내란음모죄'로 교도소에 수감된다. 1990년 석방되기까지 무려 27년이나 갇혀 있었다. 그 사이 만델라는 비폭력도, 무력 항전도 한계가 있음을 깨닫고 '협상'을 시작한다. 문제를 해결하는 방법은 대화를 통한 협상으로 민족회의 소속 사람, 정부 사람을 만나 조율하는 역할을 한다. 대통령이 되고 나서 아파르트헤이트 시절에 일어난 인권침해 사례를 조사하고 과거사를 청산하기 위해 '진실과 화해위원회'를 설치했다. '용서는 하되, 망각하지는 않는다.'라는 취지로 발족된 위원회에서는 흑인들의 인종 차별 반대 투쟁을 화형, 총살 등 잔악한 방법으로 탄압한 국가폭력 가해자가 진심으로 죄를 뉘우치면 사면했으며, 피해자 가족들의 요청에 따라 피해자의 무덤에 비석을 세워 아파르트헤이트 시절의 국가 폭력 피해자들이 잊히는 일이 없도록 했다.

    비폭력 저항 운동에서 무력 항전으로 발전했다가 마지막 문제해결의 열쇠를 협상이란 '대화'로 해결하는 리더십이 놀라웠다. 간디를 공부하고, 마틴 루더 킹을 공부하고, 넬슨 만델라로 넘어오는 과정은 인권 운동사를 섭렵하는 과정이기도 했지만, 사람에게 다가가고, 사람을 귀히 여기며, 함께 전진하는 따뜻한 인간애를 체험하는 과정이기도 했다. 그래서 인권 운동이 어떻게 전개되어야 하는지 그 방향에 대해서 생각하게 됐다. 참으로 귀한 체험의 시간이었다.

죽을 준비가 된 사람

『넬슨 만델라』는 60여 쪽으로 그림책으로는 상당히 긴 책이다. 책은 크게 세 부분으로 나뉜다. 감옥에 수감되기 전, 수감 중, 수감 후로 나뉘는데 수감 중 27년을 1년씩 세어 나가서 서사가 긴 그림책이 되었나 보다. 그림은 세 부분으로 다르게 구성했다. 수감 전과 수감 후는 완전히 펼친그림으로 표현했지만, 수감 중은 그림을 중앙에 놓고 양쪽 끝에 글을 놓았는데 한쪽이 1년이다. 수감 기간은 빨간 바탕에 흰 글씨로 다른 부분과 구분했다.

　이야기는 객관적으로 바라보는 전지적 작가 시점으로 전개된다. 음베조 시절의 롤리랄라는 놀이를 금세 익히는 말썽꾸러기였다. 학교에 간 롤리랄라는 영국식 이름인 '넬슨 만델라'로 불리고 학교에 잘 적응한다. 어른들과 이야기하기를 좋아하고 토론을 즐기는 학생이 된다. 결혼하라는 어른들의 말씀에 요하네스버그로 가 탄광에서 일하다 중심가의 새로운 일자리를 얻는다. 그리고 평생의 친구이자 동지인 월터 시술루와 올리버 탐보를 만나 가깝게 지내며 변호사가 되기 위해 열심히 공부한다. 피부색에 따라 남아프리카인들을 분리하고 사회적 권리를 차별하는 '아파르트헤이트' 정책으로 빈곤하고 억압당하는 민족의 현실을 직시한다. 아프리카 민족회의에서 비폭력 항쟁을 이끌다 1960년 샤프빌 타운십에서 평화적 시위였음에도 강제 진압으로 69명이 사망한 소식을 듣고 분노하며 무력 항쟁 노선으로 바꾼다. 1962년 파업을 선동하고, 나라를 벗어났다는 혐의로 체포되고 수감 생활이 시작된다. 1964년 다시 재판을 받아 죄수번호 46664로 무기징역을 선고받는다. 1990년 석방되어 증오도 복수심도 없는 새로운 나라를 만들 것을 다짐한다. 1994년 흑인, 백인, 혼혈인, 인도인 모두 투표에 참여하고 첫 번째 흑인 대통령으로 당선된다. 오랜 세월 수모를 당했던 흑인들의 자유를 보장하고 존중하며, 백인들도 존중하여 화합의 정치를 한다. 그리고 임기가 끝나고 세계를 더 평화로운 곳으로 만드는 일에 협조한다.

아이들과 볼 수 있는 영상은 EBS 다큐멘터리 '세상을 바꾼 리더십 - 인종 갈등을 종결시킨 화합의 지도자, 넬슨 만델라'다. 제법 긴 영상인데 반 아파르트헤이트 운동에서 협상으로 인종 갈등을 종결시키는 과정을 보여 준다. 반 아파르트헤이트 운동의 실제 장면이 있고, 다양한 사람들의 인터뷰가 있어서 남아프리카의 상황을 멀게 느끼는 아이들에게 도움을 준다.

인권 운동과 민권 운동의 마무리를 하며 나는 이 과정에서 많은 생각을 하게 됐다. '리보니아 재판'에서 만델라는 어떤 각오로 이 운동에 임하는지 최후 진술로 당당하게 말한다.

"모든 사람이 함께 조화를 이루고 동등한 기회를 누리는 민주적이고 자유로운 사회에 대한 이상을 간직하고 있다. 그런 사회야말로 내가 살아가는 목적이고 이루고 싶은 이상적인 사회다. 하지만 필요하다면 그런 이상을 위해 나는 죽을 준비가 되어 있다."

(김성진, 『남아프리카 흑인의 태양 넬슨 만델라』, P.134)

'죽을 준비가 되어 있다'는 각오가 27년의 교도소 생활을 버티게 했으며, 그 기간을 공부의 시간으로 바꿨나 보다. 긴 세월 가족과 사회로부터 단절된 시간을 보냈는데 어쩜 그리 흔들리지 않고 단단해질 수 있는지 놀랍다. 나는 넬슨 만델라를 좀 더 공부하기 위해 『나 자신과의 대화』를 준비해 놓고 있다.

피부색에 상관없이 가진 한 장의 투표권

아이들에게 내가 받은 이런 감동을 전하고 싶었으나 욕심은 금물이다. 욕심내면 내 설명이 길어진다. 그림책은 객관적 서술을 중심으로 하고 있어서 그림이 오히려 에피소드를 설명하고 있다. 그림을 좀 깊이 읽도록 여유를 주면서 읽었다. 감옥 생활이 시작되는 부분을 읽을 때는 몇 해를 보내게 되는지 헤아려 보라고 하니 손가락을 꼽으며 헤아리던 아이들은 계속되는 교도소 생활에 놀라워했다. "도대체 언제 끝나는 거예요?"라는 말이 몇 차례 들렸다. '한 사람이 태어나, 성인이 되고, 사회생활을 적극적으로 하는 시간'으로 헤아리니 정말 까마득하다. 책 읽는 우리야 언제 끝나는지 알지만, 감옥 생활하고 있는 만델라는 한 해 한 해 지날 때마다 어떤 심정이었을지 헤아려지지 않았다.

"해가 바뀔 때마다 지칠 것 같아요."

"전 그 긴 시간 참기보다는 삶을 포기했을 것 같아요."

"계속 들려오는 반 아파르트헤이트 운동이 힘이 되었을 것 같아요."

"동료들이 함께 있어서 흔들리지 않았던 것 같아요."

"자녀가 어린데 아내가 체포되었다는 소식을 들었을 때 아빠인 만델라는 너무나 마음이 아팠을 것 같아요."

"저라면 복수하고 싶은 마음이 들었을 거예요."

"탈출하고 싶은 마음도 있었을 것 같아요."

아이들은 투표하려 끝이 보이지 않을 정도로 줄을 선 사람들이 있는 그림에서 멈췄다. 백인 13% 중 성인에게 주어졌던 투표권이 피부색에 상관없이, 어느 부족인지 상관없이 1인 1표의 투표를 할 때 그 마음이 어땠을까 상상했다. 80세 흑인도 첫 투표였을 것이고, 20세 인도계 사람도 첫 투표였을 것이다.

"국가의 주인으로 투표하는 날이니 모두가 신나는 축제였을 것 같아요."

"다양한 피부색의 사람들이 모두 한 장의 투표권을 갖게 되었으니 평등을 느꼈을 것 같아요."

"이제야 국민이 된 기분이 들 것 같아요."

"나도 투표에 빨리 참여해 보고 싶어요."

"어른이 된 기분이 들 것 같아요."

"백인들은 빼앗긴 기분이 들었을 것 같기도 해요."

"그래도 표현은 못 했을 것 같아요. 좋아하는 사람이 주변에 가득하잖아요."

활동은 '다양한 사람들과 함께하는 나 그리기'를 했다. 내가 어떤 일인가를 할 때 주변에서 함께하는 사람을 다양한 피부색으로 그리며 그 사람이 누구인지, 어떤 일을 나와 협력하는지 말 주머니를 달아 설명하도록 했다. 미래의 나는 우리나라 사람만 만나 소통하는 사람이 아닐 것이기 때문에 다양한 사람들과 의견을 주고받으며 협력하는 상상이다. 이 활동은 미래의 자아상을 머리에 입력하는 과정이다.

3장 주제별 도서 목록

주제	제목 및 서지 정보
야누슈 코르착	**아이들을 사랑한 유대인의 영웅**, 데이빗 A. 아들러 글, 빌 판즈워스 그림, 미래아이, 2007 **블룸카의 일기**, 이보나 흐미엘레프스카 지음, 사계절, 2012 **야누슈 코르차크**, 필립 메리외 글, 페프 그림, 도토리숲, 2014 **바르샤바 게토의 마지막 공연**, 아담 야로미르 글, 가브리엘라 치호프스카 그림, 평화를품은책, 2015 **코르착 선생님과 아이들의 마지막 여행**, 이렌느 코앙-장카 글, 마우리치오 A.C. 콰렐로 그림, 청어람아이, 2015 **마치우시 왕 1세**, 야누슈 코르착 글, 크리스티나 립카-슈타르바워 그림, 시공주니어, 2017
방정환	**방정환**(위인전), 햇살과나무꾼 글, 성병희 그림, 주니어랜덤, 2006 **고정욱 선생님이 들려주는 방정환**(위인전), 고정욱 글, 양상용 그림, 산하, 2019
엘리너 루스벨트	**엘리너 루스벨트**(위인전), 박정희 글, 정병수 그림, 아이세움, 2002 **세상을 끌어안아라**(수필), 엘리너 루스벨트 지음, 크림슨, 2005 **엘리너 루스벨트**(위인전), 메리 윙젯 지음, 성우, 2006 **엘리너 루스벨트**(위인전), 게어 톰프슨 글, 엘리자베스 울프 그림, 을파소, 2010 **세계인권선언의 탄생**(만화), 프랑수아 드스메 글, 티에리 부에르 그림, 푸른지식, 2018
호세 A. 아브레우	**기적의 오케스트라 엘 시스테마**, 강무홍 글, 장경혜 그림, 양철북, 2016

루이 브라유

루이 브라이(위인전),
마가렛 데이비슨 글, 자넷 컴페어 그림, 다산기획, 1999

루이 브라이, 점자로 세상을 열다,
데이비드 A. 애들러 글, 존 윌너·알렉산드라 윌너 그림, 보물창고, 2007

세상 밖으로(위인전),
러셀 프리드먼 글, 케이트 키슬러 그림, 큰북작은북, 2008

루이 브라유(위인전),
테사 포터 글, 헬레나 오웬 그림, 비룡소, 2010

박두성

점자로 세상을 열다(박두성 전기),
이미경 글, 권정선 그림, 우리교육, 2006

훈맹정음 할아버지 박두성,
최지혜 글, 엄정원 그림, 천개의바람, 2018

헬렌 켈러

헬렌 켈러(위인전),
마가렛 데이비슨 글, 웬디 왓슨 그림, 다산기획, 2008

헬렌 켈러(위인전), 권태선 글, 원혜영 그림, 창비, 2010

헬렌 켈러(위인전), 케어 톰프슨 글, 낸시 해리슨 그림, 을파소, 2010

3일만 볼 수 있다면(수필),
헬렌 켈러 원작, 고정욱 엮음, 이성희 그림, 크래들, 2017

나는 헬렌 켈러야, 브레드 멜처 글, 엘리오풀로스 그림, 보물창고, 2018

마더 테레사

마더 테레사의 소망(위인전),
코지마 요시미 글, 사토 히로코 그림, 새터, 1999

캘커타의 성녀 마더 테레사,
브누와 마르숑 글, 노엘르 헤렌슈미트 그림, 분도출판사, 2002

가난한 이들의 어머니 마더 테레사(인물평전),
테레시오 보스코 지음, 가톨릭출판사, 2004

마더 테레사의 자선냄비, 게리 베일리·캐런 포스터 글,
레이턴 노이스·캐런 래드퍼드 그림, 밝은미래, 2013

마더 테레사(위인전), 우봉규 글, 최다희 그림, 책내음, 2014

마더 테레사를 만나요!(위인전),
코니 클락 글, 짐 버로우즈 그림, 생활성서, 2016

알버드 슈바이처

아프리카의 성자 슈바이처(청소년 평전),
황영옥 글, 노희성 그림, 자음과모음, 2004

알버트 슈바이처(어록), 노만 커진스 엮음, 열린서원, 2005

노벨평화상을 받은 아프리카의 성자(위인전),
노원호 글, 정금석 그림, 효리원, 2008

슈바이처 하면 봉사(만화), 김종민 지음, 글수레, 2008

슈바이처, 지렁이를 애도하다(철학소설),
황영옥 지음, 탐, 2014

나의 슈바이처(사상평론), 김건열 지음, 선우미디어, 2018

장기려

할아버지 손은 약손(동화),
한수연 글, 이유진 그림, 하늘을나는교실, 2005

장기려 우리 곁에 살다간 성자(인물평전),
김은식 글, 이윤엽 그림, 봄나무, 2006

성자가 된 옥탑방 의사(동화), 강이경 글, 권정선 그림, 우리교육, 2006

청년의사 장기려(성인소설), 손홍규 지음, 다산책방, 2008

이태석

이태석(위인전), 서지원 글, 방현일 그림, 살림어린이, 2008

친구가 되어 주실래요?(수필), 이태석 지음, 생활성서, 2009

마음을 움직이는 아름다운 향기(위인전),
박연아 글, 장회영 그림, 동네스케치, 2011

내 친구 쫄리 신부님1·2(만화),
이태석 원작, 신명환 지음, 생활성서, 2011

우리 신부님, 쫄리 신부님(위인전), 채빈 글, 김윤정 그림, 스코프, 2019

간디

위대한 영혼 간디(위인전), 이옥순 글, 김천일 그림, 창비, 2000

간디 자서전, 마하트마 K. 간디 글, 동해, 2007

마하트마 간디(위인전),
에마 피시엘 글, 리처드 모건 그림, 비룡소, 2008

인도의 영웅이 된 겁쟁이 소년 간디,
김경희 글, 이주윤 그림, 다락원, 2018

로자 파크스	**사라, 버스를 타다**, 윌리엄 밀러 글, 존 워드 그림, 사계절, 2004
	나는 로자 파크스야!, 브레드 멜처 글, 엘리오풀로스 그림, 보물창고, 2008
	로자 파크스 나의 이야기(자서전), 로자 파크스·짐 해스킨스 지음, 문예춘추사, 2012
	로자 파크스의 버스, 파브리찌오 실레이 글, 마우리치오 A.C. 콰렐로, 담푸스, 2013
마틴 루터 킹	**마틴 루터 킹**(위인전), 권태선 글, 강우근 그림, 창작과비평사, 1994
	흑인인권운동의 기수 마틴 루터 킹(만화), 브누와 마르숑 글, 클로드 미예·디즈니 미예 그림, 분도출판사, 2002
	자유의 노래, 강무홍 글, 박준우 그림, 양철북, 2009
	마틴 루서 킹(위인전), 보니 베이더 글, 엘리자베스 울프 그림, 을파소, 2010
	I HAVE A DREAM(그래픽평전), 아서 플라워스 글, 마누 치트라카르 그림, 푸른지식, 2014
	마틴과 로자, 라파엘 프리에 글, 자우 그림, 내인생의책, 2016
넬슨 만델라	**넬슨 만델라**, 넬슨 만델라 말, 윌리엄 윌슨 그림, 계림북스쿨, 2004
	넬슨 만델라(위인전), 넬슨 만델라 글, 크리스 반 위크 축약, 패디 보머 그림, 두레아이들, 2013
	넬슨 만델라(그래픽 평전), 넬슨 만델라 재단 글, 움란도 웨지톰비 그림, 푸른지식, 2014
	남아프리카 흑인의 태양 넬슨 만델라(청소년 평전), 김성진 지음, 씨앤북스, 2015
	차별 없는 세상을 연 넬슨 만델라(위인전), 권태선 글, 흩날린 그림, 창비, 2015

인권을 공부하며 읽은 책

『환대에 대하여』, 자크 데리다 지음, 동문선, 2004
『호모 사케르』, 조르조 아감벤 지음, 새물결, 2008
『그들도 나처럼 소중하다』, 박경서 지음, 북로그컴퍼니, 2012
『공부 상처』, 김현수 지음, 에듀니티, 2013
『그리고 학교는 무사했다』, 조영선 외 지음, 교육공동체벗, 2013
『사람, 장소, 환대』, 김현경 지음, 문학과지성사, 2015
『천사들은 우리 옆집에 산다』, 정혜신·진은영 공저, 창비, 2015
『청소년을 위한 인권 에세이』, 구정화 지음, 해냄, 2015
『무기력의 비밀』, 김현수 지음, 에듀니티, 2016
『나는 가해자의 엄마입니다』, 수 클리볼드 지음, 반비, 2016
『트라이앵글의 심리』, 이보경 지음, 양철북, 2018
『당신이 옳다』, 정혜신 지음, 해냄, 2018
『말이 칼이 될 때』, 홍성수 지음, 어크로스, 2018
『다양성의 시대, 환대를 말하다』, 최진우 엮음, 박영사, 2018
『호모 쿨투랄리스, 문화적 인간과 인간적 문화』, 최진우 엮음, 박영사, 2018
『학교, 인권을 말하다』, 오동선 지음, 아카데미프레스, 2018
『인권교육 새로 고침』, 인권교육센터 들 지음, 교육공동체벗, 2018
『인권수업』, 이은진 지음, 지식프레임, 2018
『나의 가해자들에게』, 씨리얼 지음, RHK, 2019
『인권도 차별이 되나요?』, 구정우 지음, 북스톤, 2019

『혐오, 교실에 들어오다』 이혜정 외 지음, 살림터, 2019
『희생양과 호모 사케르』 이종원 지음, 계명대학교출판부, 2019
『연대하는 인간 호모 솔리다리우스』 강수택 지음, 지식의날개, 2019
『우리 시대 혐오를 읽다』 인권연대 기획, 김진호 외 3인 지음, 철수와영희, 2019
『인권, 세계를 이해하다』 인권연대 기획, 김누리 외 5인 지음, 철수와영희, 2019
『선량한 차별주의자』 김지혜 지음, 창비, 2019
『사람에 대한 예의』 권석천 지음, 어크로스, 2020

인권 감수성을 기르는 그림책 수업

1판 1쇄 발행 2020년 8월 25일
1판 2쇄 발행 2021년 1월 5일
1판 3쇄 발행 2021년 11월 15일

지은이   이태숙

펴낸이   한기호
책임편집 오선이
편집   여문주, 서정원, 박혜리
본부장 연용호
마케팅 윤수연
경영지원 김윤아
인쇄   예림인쇄

펴낸곳   (주)학교도서관저널
         출판등록 제2009-000231호(2009년 10월 15일)
         주소 서울시 마포구 동교로 12안길 14(서교동) 삼성빌딩 A동 3층
         전화 02-322-9677
         팩스 02-6918-0818
         전자우편 slj9677@gmail.com
         홈페이지 www.slj.co.kr

ISBN 978-89-6915-082-0 03370

이 도서의 국립중앙도서관 출판예정도서목록(CIP)은 서지정보유통지원시스템 홈페이지(http://seoji.nl.go.kr)와 국가자료종합목록 구축시스템(http://kolis-net.nl.go.kr)에서 이용하실 수 있습니다. (CIP제어번호 : CIP2020033040)

책값은 뒤표지에 있습니다.